LOUIS DE LAUNAY

MEMBRE DE L'INSTITUT

LE GRAND AMPÈRE

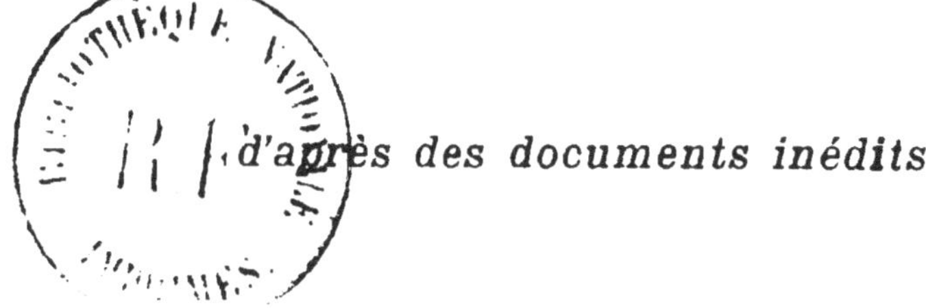

d'après des documents inédits

OUVRAGE ORNÉ DE GRAVURES

Librairie académique PERRIN et C.

LE GRAND AMPÈRE

DU MÊME AUTEUR

Une Famille de la Bourgeoisie parisienne pendant la Révolution, un volume in-8º écu.

POÉSIE

Crépuscules et Nocturnes (Plon, 1908).
Adam (Éditions de la Revue des Poètes, 1913).
Orphée (Jouve, 1922).
Merlin l'Enchanteur et le Chevalier Huon (Éditions de la Revue des Poètes, 1924).

ROMAN

L'envers d'un Crime (Dentu, 1889).

PHILOSOPHIE ET ÉCONOMIE POLITIQUE

Histoire de la Terre (Flammarion, 1907).
La Conquête minérale (Flammarion, 1908).
Qualités à acquérir (Payot, 1918).
Problèmes économiques d'après-guerre (A. Colin, 1919).
Descartes (Payot, 1922).

ETUDES SUR L'ORIENT

Chez les Grecs de Turquie (F. Rieder, 1897).
La Bulgarie d'hier et de demain (Hachette, 1907).
La Turquie que l'on voit (Hachette, 1913).

E. GREVIN — IMPRIMERIE DE LAGNY

ANDRÉ AMPÈRE
d'après son buste en marbre à l'Institut
par Jean DEBAY, 1839

LOUIS DE LAUNAY

MEMBRE DE L'INSTITUT

LE GRAND AMPÈRE

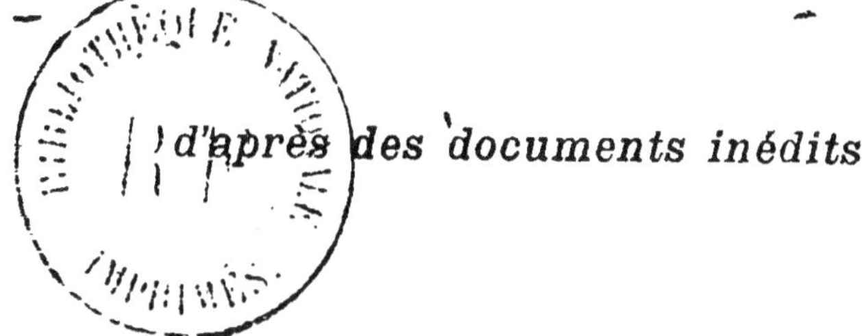

d'après des documents inédits

PARIS

LIBRAIRIE ACADÉMIQUE

PERRIN ET Cⁱᵉ, LIBRAIRES-ÉDITEURS

35, QUAI DES GRANDS-AUGUSTINS, 35

1925

A la mémoire du physicien

ALFRED CORNU

1841-1902

qui a continué, pour la gloire de la science française,

la tradition d'Ampère.

INTRODUCTION

Dans le mouvement scientifique qui, depuis la fin du xviiiᵉ siècle, a révolutionné l'aspect extérieur de l'humanité, il est intervenu toute une armée de travailleurs utiles ou glorieux. Mais, s'il nous fallait choisir les trois noms qui méritent le plus de ressortir en lumière par la portée théorique et pratique de leurs découvertes, nous serions amenés, je crois, à citer Lavoisier, Ampère et Pasteur. Sans doute, on réclamera pour bien d'autres inventions considérables : l'application de la vapeur, l'analyse spectrale, le téléphone, l'aéroplane, la télégraphie sans fil, etc., ou pour ceux qui ont établi des lois nouvelles comme Gay-Lussac, ou Berthollet... Mais, en me bornant au savant qui va nous occuper, y a-t-il là rien de comparable avec la découverte de l'électricité dynamique, la seule électricité pratiquement employée par nous ; avec cette idée, poussée du premier coup jusqu'à sa forme mathématique parfaite, que l'électricité et le magnétisme sont deux manifestations d'une même force ; d'où, théoriquement, un jour, par les phénomènes de Zeeman, l'identité de l'électricité et de la lumière ; l'action du magnétisme, puis de l'attraction, sur la lumière ; la conception moderne d'un dynamisme universel ; d'où, pratiquement, en passant par l'induction d'Arago et de Faraday, le télégraphe électrique, le téléphone, les dynamos, le transport de la force à distance, l'éclairage électrique, etc. ? On a comparé justement l'œuvre d'Ampère à celle de Newton. Si nous étions, en France, plus soucieux de nos gloires, il ne devrait pas y avoir un enfant de nos écoles ignorant ce que représente ce nom.

C'est parce qu'André Ampère a été un homme de génie que nous allons l'étudier : lui, ses ascendants et sa race. Mais on est heureux d'avoir une occasion pour pénétrer dans cette âme admirable, pour analyser ce caractère qui se fait aimer dès qu'on l'approche. Nous rencontrons là un exemplaire accompli du génie apparaissant comme un don divin, comme une « grâce » vivifiante, du génie produisant des découvertes par un phénomène de germination spontanée comparable à une force de la nature. La biographie des plus grands hommes les découvre souvent orgueilleux, égoïstes et bornés. L'âme d'Ampère, transparente comme un cristal, nous attire par sa modestie, sa simplicité presque enfantine, son désintéressement, son ardeur généreuse pour toutes les nobles causes, sa vitalité passionnée, ses élans de foi. Ce n'est pas le génie hautain et dominateur d'un Michel-Ange, d'un Goethe ou d'un Victor Hugo, plus fréquent d'ailleurs en art ou en littérature qu'en science ; c'est un génie candidement amoureux de la vérité, de toute vérité, conscient à coup sûr de sa valeur, mais toujours prêt à s'enthousiasmer devant les idées des autres et plus pénétré encore de l'immense inconnu qui enveloppe les pensées des hommes. Et ce n'est pas non plus un simple fouilleur persévérant ayant approfondi pendant toute une vie le même petit champ de quelques mètres concédé d'abord. à son ambition ; c'est le généralisateur tour à tour attiré par les problèmes les plus divers, comme on pouvait l'être en ces temps heureux où la spécialisation n'imposait pas encore ses chaînes rigoureuses. Ampère a réalisé, en physique et en chimie, des inventions mémorables parce qu'il était, en même temps, un mathématicien de premier ordre et les mathématiques n'étaient pour lui qu'une branche de la philosophie.

Si j'ajoute que cette vie, par ses drames sentimentaux, par ses douloureuses perplexités religieuses, présente un réel intérêt romanesque, on comprendra le motif d'un ouvrage qui va nous permettre d'analyser avec quelque minutie psychologique le domaine, souvent très fermé, d'une âme scientifique : une âme qui fut merveilleusement douée et profondément malheureuse.

On s'est trop habitué à penser que le savant est indépendant de sa science : celle-ci ayant une valeur absolue et objective, sur laquelle ne saurait influer en rien la mentalité par laquelle elle a été évoquée vers la lumière. On considère que le fait scientifique existe par lui-même avant l'esprit humain dans lequel il se reflétera. Le savant, dans cette conception, *découvre*, alors que l'artiste crée, *invente*. Il se contente, en quelque sorte, de fouiller avec plus ou moins de méthode dans un coffre où les faits à reconnaître sont enfermés de toute éternité. Peu importe, dès lors, sa race, son pays, son tempérament. Nul besoin de lui appliquer une théorie du milieu à la Taine. Si on raconte sa biographie, c'est par pure curiosité ou dans un but d'édification, mais non, comme lorsqu'il s'agit d'un poète, d'un peintre ou d'un musicien, pour en chercher le contre-coup dans ses œuvres. Cette idée, très généralement admise, serait à discuter dans sa base même. Mais, en admettant qu'il y ait une Vérité scientifique absolue, ou du moins une vérité humaine, le champ des menus faits, qui s'identifient pour nous avec cette vérité est immense et l'ordre dans lequel on les arrache aux ténèbres pour les faire étinceler dépend du savant.

Nous allons prendre cela sur le vif avec un chercheur comme Ampère, dont la vie, dont la pensée furent constamment tissées à sa science et nous nous attacherons à montrer comment il a été conduit d'une idée à une autre toute différente. C'est une étude qui serait également suggestive pour un Pasteur. Assurément, Ampère et Pasteur n'auraient pas existé que d'autres auraient découvert à leur place, plus ou moins tôt, l'électro-dynamique ou le monde des microbes. Mais il n'est pas indifférent pour l'avenir de l'humanité et même pour le développement de l'esprit humain que ces découvertes aient été réalisées et aient comporté leurs conséquences immédiates, dans tel ou tel temps et dans tel ou tel milieu.

Intéressants d'abord par leur parenté avec le grand physicien André Ampère, son père et son fils présentent également des physionomies très accusées et se sont trouvés participer à deux époques diversement mémorables : le père, défenseur malheureux de Lyon contre la Convention ; le fils, écrivain érudit et fidèle amoureux de madame Récamier. Le journal inédit de Jean-Jacques Ampère, qui fera l'objet d'un ouvrage ultérieur, mérite doublement l'attention par sa psychologie très spéciale et par la lumière qu'il apporte sur un milieu littéraire célèbre.

Pour l'ensemble de ce travail, j'ai pu disposer de très nombreux documents inédits. Les Archives de l'Institut possèdent 34 cartons de manuscrits d'Ampère, d'où l'on s'était borné, jusqu'ici, à extraire quelques pages scientifiques relatives à l'Electro- dynamique [1], mais qui contiennent, en outre, des renseignements personnels de toutes sortes, des notes biographiques, des travaux philosophiques, des correspondances, des vers, etc. De plus, madame la marquise de Montebello a bien voulu me confier tous les papiers légués par Jean-Jacques Ampère, qui avaient déjà fourni à Me Cheuvreux la matière de trois volumes exquis [2], mais surtout consacrés à la partie

---

1. Voir, dans la *Collection de Mémoires relatifs à la physique*, publiés par la Société Française de Physique, les deux volumes de mémoires sur l'électrodynamique réunis par J. JOUBERT (Gauthier-Villars, 1885). — On peut également consulter, pour la science d'Ampère, le numéro spécial de la *Revue générale d'Electricité* à l'occasion du centenaire d'Ampère (novembre 1922).

2. *Journal et correspondance de André-Marie Ampère* (Hetzel, 1872). — *André-Marie Ampère et Jean-Jacques Ampère. Correspondance et souvenirs* (2 vol., Hetzel, 1875).

sentimentale du sujet. Le docteur Lenormant m'a également communiqué de précieux documents relatifs aux relations de madame Récamier avec Jean-Jacques Ampère. Enfin, je dois à M. Frecon d'avoir pu remonter de plusieurs générations dans l'origine des Ampère et M. Guigue a pris la peine d'explorer, avec une obligeance dont je tiens à le remercier, les archives de Lyon.

Mon premier soin a été de préparer ainsi, en y joignant toutes les lettres que j'ai pu me procurer d'autre part, une Correspondance générale d'Ampère, que je me propose de compléter dans la mesure de mes forces et de publier, s'il se peut, un jour, intégralement.

Le classement de cette longue suite a présenté, je dois le dire, plus d'une difficulté. Les lettres, qui, bien souvent, ne sont pas datées et que parfois l'étourderie fameuse d'Ampère a datées inexactement, me sont arrivées dans le plus grand désordre, comme celles de sa femme et de ses amis qui ne montraient pas beaucoup plus de souci chronologique. Elles sont néanmoins assez nombreuses et forment une suite assez continue, avec assez de précisions personnelles, pour qu'en combinant les demandes et les réponses, j'aie pu en retrouver — sans trop d'erreurs, j'espère — la plupart des dates (qui ont été indiquées, dans le texte, entre parenthèses). J'ai reconstitué, de la même manière, une correspondance, non moins intéressante de ses amis Bredin, Ballanche, etc., avec Ampère.

C'est de ces volumes compacts qu'ont été extraits

ensuite les fragments utilisés ici. Malgré l'ouvrage antérieur de M° Cheuvreux, ils sont, pour la plupart, inédits. J'ai évité le plus possible les répétitions et, là où je me suis trouvé reproduire un passage déjà connu, je l'ai toujours corrigé sur l'original, sauf dans des cas très rares, où cet original avait été égaré. Je n'aurais pu, sans un appareil d'érudition lassant pour le lecteur, répéter à chaque lettre citée la source d'où je l'avais tirée, les détails de sa suscription, la mesure dans laquelle elle avait pu être déjà utilisée, etc., de même que j'ai dû, en général, pratiquer de fortes coupures (signalées dans l'impression par des points). Mais je n'ai pas besoin de dire que le style et l'ordre des passages ont été scrupuleusement respectés. Cette observation, si naturelle qu'elle semble aujourd'hui, expliquera plus d'une différence avec les publications antérieures, où l'on avait cru pouvoir combiner et arranger des fragments empruntés à des lettres différentes, modifier les dates et les intervertir, pour réaliser, avec le plus d'agrément possible, une œuvre d'art, que l'on n'avait pas envisagée, à cette époque déjà éloignée, comme un chapitre d'histoire. J'ajoute pourtant que j'ai cru devoir corriger les fautes d'orthographe et rétablir la ponctuation, dont la reproduction intégrale ne présente à mon avis de l'intérêt que lorsqu'il s'agit de fixer le texte ancien d'un écrivain classique.

LE GRAND AMPÈRE

CHAPITRE PREMIER

LE PREMIER JEAN-JACQUES AMPÈRE ET LE SIÈGE DE LYON
L'ENFANCE D'ANDRÉ AMPÈRE JUSQU'EN 1796

Le premier Ampère dont la personnalité nous soit familière est Jean-Jacques Ampère, le père du physicien, né à Lyon le 8 janvier 1733, mort à Lyon sur l'échafaud le 23 novembre 1793. Mais nous connaissons les ancêtres lyonnais depuis le XVIIe siècle : Claude Ampère, tailleur de pierres qui épousa en 1666 Marguerise Chèze ; Jean-Jacques Ampère, maître maçon, marié en 1693 à Simonde Rapillon, fille d'un marchand ; enfin le grand-père du physicien, François Ampère, « marchand fabriquant en étoffes de soie », mari d'Anne Berthay. Jean-Jacques Ampère, père du savant, avait trois frères, négociants en soie à Lyon comme son père et comme lui. C'était un type très représentatif de ces bourgeois honnêtes et lettrés qui favorisèrent par idéalisme les débuts de la Révolution pour en devenir bientôt les sanglantes victimes. La noblesse de son caractère annonce déjà les qualités morales d'André Ampère et son attitude dans les heures tragiques de 1793 mériterait à elle seule de perpétuer sa mémoire.

Ce Jean-Jacques Ampère attendit tard, jusqu'à plus de trente-huit ans, pour se marier, sans doute afin d'avoir réalisé assez d'économies [1]. Il épousa alors une orpheline, également majeure, qui vivait avec sa sœur. Jeanne-Antoinette Desutières-Sarcey, ou plus simplement Jeanne Sarcey, appartenait, elle aussi, à une famille de négociants en soie, à laquelle se rattache le critique Francisque Sarcey, et nous verrons plus tard André Ampère écrire ses souvenirs d'amour, ses vers et son algèbre pêle-mêle sur les vieilles comptabilités de la maison Sarcey et Cie. Cependant ces Sarcey de Sutières n'étaient pas sans quelques petites prétentions nobiliaires. Un oncle de la mariée avait servi pendant vingt-sept ans comme officier dans les armées de Louis XV et de Louis XVI. En 1771, il se qualifiait « ancien capitaine au régiment de Bretagne ». Plus tard, il fut attaché à la maison de Monsieur, Comte de Provence (le futur Louis XVIII), et mourut au commencement de la Révolution à Dardilly. On le citait comme l'auteur du « Cours complet d'Agriculture », collaborateur de l'abbé Rosier. Son fils, « le cousin de Sutières », mort seulement en 1848 à plus de 80 ans, fut un personnage extraordinaire qui aurait plu à Jérôme Coignard : chercheur de pierre philosophale, calculateur de martingales, suiveur de comédiens ambulants, grotesque, ahuri, empressé, toujours à la recherche d'une place et retombant perpétuellement aux crocs de son cousin André Ampère.

1. Sur son acte de mariage, il figure comme négociant et, sur son contrat, comme teneur de livres.

Les deux familles Ampère et Sarcey étaient, sous
Louis XV, dans une assez large aisance. Le 30 juin
1771, nous voyons Jean-Jacques Ampère acheter pour
20.000 livres (dont 6.000 de mobilier) la propriété de
campagne de Poleymieux (hameau de Chavannes),
où son fils, le physicien a passé sa jeunesse. Le
12 juillet 1771, il signe devant Caillat, notaire à Lyon,
son contrat de mariage, dans lequel on constate que
le mobilier de la mariée était estimé 3.000 livres.
Le mariage a lieu le 16 juillet. Enfin, le 8 février 1772,
un oncle, Jacques Sutières-Sarcey, habitant Paris,
donne à sa nièce madame Ampère une somme de
25.000 livres contre une petite rente viagère de 500
livres. Ces quatre faits sont trop rapprochés pour ne
pas être solidaires. En les combinant avec divers
autres renseignements, on voit que le jeune ménage
pouvait alors disposer d'environ 100.000 livres,
somme assez importante pour le milieu et pour
l'époque.

Pendant une dizaine d'années après son mariage,
Jean-Jacques Ampère continua à habiter Lyon, où na-
quirent en 1772 et 1775, sur la paroisse Saint-Nizier,
ses deux premiers enfants : Antoinette, le 22 juin
1772 ; André-Marie, le 22 janvier 1775[1]. A cette
époque, Poleymieux n'était, pour lui, qu'une maison
de campagne où on allait se reposer l'été. Jusqu'à
l'âge de sept ans, André Ampère fut ainsi en grande
partie élevé à Lyon. C'est à cette époque que se rap-

---

1. « Le 22 janvier (1775), j'ai baptisé André-Marie, né le 20, fils de
Sieur Jean-Jacques Ampère, bourgeois de Lyon et de demoiselle
Jeanne-Antoinette de Sarcey, son épouse. Parrain : Sieur André de
Sutières-Sarcey, ancien capitaine au régiment de Bretagne ; marraine :
dame Marie-Magdeleine Bertoy, veuve de Sieur François Haller, marchand mercier à Paris, représentée par demoiselle Antoinette Sarcey,
fille mineure, qui, avec le père, ont signé. »

porte, avec quelques souvenirs recueillis par Sainte-
Beuve, le début suivant d'une autobiographie manus-
crite, où André Ampère parle de lui-même à la troisième personne :

« Avant de pouvoir lire, le plus grand plaisir du
jeune Ampère était d'entendre des morceaux de l'histoire naturelle de Buffon. Il demandait sans cesse qu'on
lui lût l'histoire des animaux et des oiseaux dont il
avait appris depuis longtemps tous les noms en
s'amusant à en regarder les figures. La liberté qu'on
lui laissait de m'étudier que quand il lui plairait de
le faire, fut cause que, quoiqu'il sût épeler depuis
longtemps, il ne lisait point encore, et c'est en s'exer-
çant seul à comprendre l'histoire des oiseaux qu'il
apprit enfin à lire couramment. Bientôt la lecture des
livres d'histoire et des pièces de théâtre qu'il trouvait dans la bibliothèque de son père l'attacha autant
que celle de Buffon. Il se passionnait pour les Athé-
niens et les Carthaginois et prenait en haine les Lacé-
démoniens et les Romains quand il les voyait subju-
guer ou détruire les peuples qu'il affectionnait. Il
prenait un singulier plaisir à apprendre des scènes
entières des tragédies de Racine et de Voltaire et à les
réciter en se promenant seul. Les sentiments que ces
lectures développaient en lui s'exaltaient par ce qu'il
entendait raconter des événements de la guerre que
l'Angleterre et la France se faisaient alors au sujet de
l'indépendance des Etats-Unis. »

Cette dernière observation date la période dont il
s'agit, la paix entre l'Angleterre et la France ayant
été conclue en 1783. C'était se passionner bien jeune
pour l'histoire ancienne et les tragédies : mais tout
ce que nous savons sur la jeunesse d'Ampère accuse,
avec sa prodigieuse mémoire et une intensité de sen-

LA MAISON DES AMPÈRE A POLEYMIEUX
et le bouquet de tilleuls sous lequel s'asseyait André Ampère.
A droite, l'église neuve de Poleymieux

timents qui ne s'atténua jamais, une étonnante précocité.

En 1782, Jean-Jacques Ampère, qui touchait à la cinquantaine, prit sa retraite et alla se fixer dans sa maison de Poleymieux, se bornant désormais à revenir pendant deux mois d'hiver à Lyon, où il avait conservé son domicile. Poleymieux, dont nous entendrons beaucoup parler, est situé à environ 10 kilomètres au nord de Lyon, sur le flanc nord du Mont d'Or, dans un pays riant, aujourd'hui peuplé de blanches villas, du haut duquel on domine les méandres de la Saône. La maison de famille y subsiste avec sa terrasse plantée de quatre tilleuls, sous lesquels se tenait volontiers la famille Ampère[1]. Elle regarde, au bout d'un jardin verdoyant, l'église neuve de Poleymieux. Vers l'Est, des chemins creux sous les noisetiers descendent rapidement à la Saône, à Albigny ou au port de Villevert, en face Neuville-l'Archevêque. Un peu au Nord et en contre-bas est le village de Saint-Germain-au-Mont-d'Or, tassé autour de son vieux château à tour carrée et remparts : gros bourg où habitait celle qui sera plus tard la femme d'André Ampère, Julie Carron. A Poleymieux, Jean-Jacques Ampère utilisait ses loisirs à lire, à écrire, à surveiller l'exploitation de son domaine que cultivait un « granger » Delorme ; mais il avait, en outre, pris une de ces fonctions qu'occupaient fréquemment les commerçants aisés et instruits de petites villes. Il était le procureur fiscal, c'est-à-dire quelque peu l'intendant du seigneur de Poleymieux, Messire Guillin Dumontet, colonel d'infanterie, ancien gouverneur du Sénégal et des possessions françaises de

1. Planche 2.

la côte d'Afrique. Il remplissait également, ce semble, le rôle de juge de paix. Les almanachs de 1782 à 1786 le mentionnent comme « procureur du roi à la gruerie de Lyon, procureur fiscal du seigneur de Poleymieux, conseiller du roi ».

Sa principale occupation était toutefois l'éducation de ses deux enfants : éducation très conforme aux idées avancées de l'époque, très inspirée de l'*Emile* et qui, à en juger par les résultats, ne paraît pas avoir trop mal réussi. Jean-Jacques Ampère prétendait qu'il faut laisser les enfants se former seuls sans contrainte, en se bornant à leur inspirer le désir de savoir, en répondant à leur curiosité et en les dirigeant presque à leur insu. Dans cet heureux temps, où l'obsession des examens et la rigidité des programmes n'emprisonnaient pas les esprits dès le berceau, le système était louable. Il était, en outre, appliqué par un père très lettré, très instruit, très fin, à deux enfants admirablement doués. Jean-Jacques Ampère se présente à nous comme un de ces petits bourgeois, si fréquents à la fin du xviiie siècle, que le souci de leurs affaires et la connaissance pratique du droit n'empêchaient pas de savoir Virgile par cœur, d'étudier les Encyclopédistes et de composer des tragédies. Lui et sa femme prêchaient moralement et intellectuellement d'exemple. Son fils n'avait qu'à imiter ce beau caractère droit et ferme, cette intelligence fortement mûrie. La mère, de son côté, donne toujours une impression remarquable de sérieux et de calme. Pour Ampère comme pour beaucoup d'autres petites gens, ces années qui précédèrent la Révolution furent des années heureuses, dont le fils, malgré tous ses succès et ses honneurs, ne retrouvera jamais l'équivalent.

Au début de 1785, un troisième enfant naquit, une

fille, Joséphine, qui devait plus tard tenir à Paris le ménage de son frère André Ampère. Quelque temps après, eut lieu un événement intime qu'Ampère désignait, dans sa vieillesse, comme ayant exercé une influence capitale sur toute sa vie : sa première communion. Madame Ampère était animée d'une foi religieuse tellement profonde qu'elle touchait presque au fatalisme. Elle avait transmis ses sentiments à son fils, dans l'esprit duquel la religion catholique occupa, jusqu'à la fin, en dépit d'éclipses momentanées, une place essentielle. Mais ce cerveau, toujours en ébullition, trouvait moyen de s'enflammer, en même temps et presque également, pour les articles de l'*Encyclopédie* qu'il apprenait par cœur et pour l'*Eloge de Descartes* par Thomas, dont la lecture fut, pour lui, une véritable révélation.

En 1788, André Ampère avait treize ans. Son éducation à bâtons rompus avait été surtout littéraire et seulement complétée par les « leçons de choses » que son père donnait à sa sœur comme à lui dans leurs longues promenades ; quand, brusquement, se produisit en lui une de ces sautes de vent qui, toute sa vie, devaient l'entraîner successivement vers les recherches les plus diverses. A ce moment, raconte-t-il, « les éléments de mathématiques de Rivard et de Mazéare étant tombés sous sa main, toute autre étude fut oubliée. Il s'en occupa uniquement et la lecture de ces deux livres fut suivie de celle de l'algèbre de Clairaut et des traités des sections coniques de la Chapelle et du marquis de l'Hôpital. Ne connaissant personne qui eût la moindre connaissance des mathématiques, il se mit à composer un traité des sections coniques avec les matériaux qu'il trouvait dans ces ouvrages et des démonstrations qu'il imaginait et croyait nouvelles. Mais, quand il voulut lire les articles de mathématiques de l'*Encyclopédie*, il fut arrêté par l'emploi du calcul infinitésimal dont il n'avait aucune idée. Ayant, à cette époque, pendant un séjour de quelques mois que son père fit à Lyon, eu l'occasion de voir M. Daburon, alors professeur de théologie au collège de la Trinité de Lyon, aujourd'hui inspecteur général des études, qui s'était beaucoup occupé de mathématiques, il lui raconta l'embarras où le mettaient les *d* qu'il trouvait dans ces articles, sans qu'on eût dit ce que cette lettre représentait. M. Daburon fut frappé de ce que le jeune Ampère avait fait sans autre secours que les livres qu'il avait étudiés ; il eut la bonté de lui donner quelques leçons de calcul différentiel et de calcul intégral, et lui aplanit ainsi les difficultés qui l'avaient arrêté.

« Son père, pénétré de reconnaissance, se lia d'une intime amitié avec M. Daburon, qui venait parfois passer quelques jours à la campagne, où il avait ramené son fils. M. Daburon dirigea les études mathématiques du jeune Ampère, et lui inspira une nouvelle émulation qui rendait ses progrès plus rapides. Chaque année, M. Ampère passait deux mois à Lyon ; il conduisait son fils à quelques leçons du cours de physique de M. le professeur Mollet. De retour à la campagne, le jeune Ampère lut quelques ouvrages de physique et, quelque temps après, la lecture des lettres de Rousseau sur la botanique lui ayant inspiré une grande ardeur pour l'étude de cette science, il partagea son temps entre les herborisations et les calculs. »

Nous assistons là à la formation de ce qu'on appellerait aujourd'hui barbarement un autodidacte. Visiblement, ce père extraordinaire n'ambitionne pour

son fils aucune carrière, ne le prépare pour aucun
métier. Il se borne à élever un homme. André Ampère, de son côté, avec la puissance d'absorption dans
le présent qu'il gardera toujours, étudie uniquement
pour le plaisir de savoir, sans songer à tirer un parti
quelconque de sa science. Si la Révolution n'était
venue, il se serait peut-être borné à vivre paisible et
heureux dans sa maison de campagne entre sa bibliothèque et son herbier. La Révolution allait en décider
autrement et le jeter dans une vie de gloire, d'agitations et de souffrances.

Nous arrivons, en effet, en 1789. La prise de la Bastille produisit, sur André Ampère, une impression
qu'il comparait plus tard à celle de sa première communion. On ne saurait mieux exprimer ce que fut,
presque dans toute la France, ce premier élan de foi.
La famille Ampère était monarchiste et chrétienne ;
mais, en 1789, cela n'empêchait à peu près personne
de saluer avec enthousiasme l'aurore d'un temps nouveau. D'ailleurs, tout se passait alors dans le domaine
de la théorie idéaliste qui plaît si fort au tempérament
français. Jean-Jacques Ampère, poète à ses heures,
traduisit ses sentiments dans une tragédie intitulée
Artaxerxe ou le Roi constitutionnel, dont les indications de mise en scène sont peut-être la partie la plus
originale : « Acte premier. Le théâtre représente le
jardin intérieur du palais correspondant à divers ap-
partements. Il fait nuit et clair de lune. Le décorateur
pourrait ménager un lointain, où serait représentée
La Bastille. » Et, au 4ᵉ acte (car l'unité de lieu n'est
pas respectée : « Le théâtre représente la salle du
conseil où sont assemblés les mages et les grands officiers du royaume. On voit, sur l'un des côtés, une
prison construite sur le plan de la Bastille. » Ces

indications, dans le goût du temps, avertissent aussitôt qu'il s'agit d'Artaxerxe, fils de Xerxès et Roi des Perses.

Faut-il, pour satisfaire l'ombre du grand honnête homme que fut Jean-Jacques Ampère, indiquer le sujet de cette tragédie ? Elle nous intéresse, d'autre part, comme atavisme ; car chéz les trois Ampères, le besoin d'écrire des tragédies fut héréditaire. Celle-là n'est ni plus ni moins mauvaise que toutes celles de cette piteuse époque littéraire. Le sujet fait penser à Corneille et les vers ressemblent à ceux de Voltaire. Xerxès est un tyran qui persécute son général Arbace :

> Sous quel prétexte, hélas ! Citoyen populaire,
> J'ai blâmé les abus du pouvoir arbitraire
> Et c'est par mon avis qu'ont été discutés
> Les droits des nations, de l'homme et des cités...
> Le caprice du sort donne le rang suprême...

Or, le père de ce « citoyen populaire » Arbace, le ministre Artaban conspire contre Xerxès qu'il fait assassiner. Inutile d'expliquer comment Arbace se trouve accusé du crime, refuse de se défendre pour ne pas compromettre son père et, malgré cela, est sauvé par le nouveau Roi, Artaxerxe, prince « sensible », incapable de croire au crime. Tout le monde fait assaut des sentiments les plus généreux, jusqu'au criminel lui-même qui amène le dénouement heureux par une « sensibilité » égale à celle de tous les autres personnages. A travers cette intrigue erre Mandane-Chimène, fille de Xerxès, qui, naturellement, aime Arbace, mais qui connaît assez les précédents pour savoir qu'elle doit demander sa tête en craignant de l'obtenir. Voici simplement quelques vers pour donner la note politique :

ARTABAN

Les rois les plus vantés n'ont fondé leur puissance
Qu'en trompant des humains l'aveugle confiance...

MANDANE

Vous hasardez beaucoup. Un père est toujours père.
Et, pour son sang, jamais il n'est assez sévère.

ARTAXERXE

Il est père, il est vrai ; mais il est citoyen !

Ou encore ce dialogue par alexandrins se ripostant, dont nous retrouverons l'écho en des heures tragiques :

MANDANE

L'apparence et les faits décèlent l'assassin.

SEMIRE

Quel juge prononça jamais sur l'apparence ?...

MANDANE

Les lois sans la rigueur n'ont point d'autorité.

SEMIRE

L'autorité des lois n'est rien sans l'équité...

Les deux premières années de la Révolution furent tranquilles dans la montagne de Poleymieux. André Ampère vivait avec ses parents et sa sœur (plus âgée de trois ans), étudiant les plantes de la campagne ou absorbé par la géométrie et l'algèbre, comme on l'est quand on pénètre pour la première fois, avec la passion de la jeunesse, dans ce monde enchanté. Plus tard, dans une élégie intitulée « l'Amitié et l'Amour, ou les Vicissitudes de ma vie », il se reporte avec regret vers ces heureux jours pour célébrer la mémoire de sa sœur aînée, la compagne de son enfance, qu'il allait voir mourir à vingt ans :

Jours d'innocence et de félicité,
Où, libre encore et maître de moi-même,

> J'étais aimé de tout ce que j'aimais !
> Jours fortunés : Ne pourrai-je jamais
> Vous retrouver auprès de ce que j'aime ?
> Je m'en souviens, à peine à mon printemps
> Je respirais pour la plus tendre amie [1] !
> Quel calme heureux, quels doux épanchements
> Faisaient alors le charme de ma vie !
> De nos deux cœurs la tendre sympathie,
> Ces riens naïfs, ces premiers sentiments
> Que la nature inspire à notre enfance,
> Les plaisirs purs que sa main nous dispense,
> De ces beaux jours filaient tous les moments...

Le 3 mars 1792, on enterra cette sœur aimée, Antoinette Ampère, âgée de vingt ans, dans le cimetière de Poleymieux. C'était le premier des malheurs qui allaient fondre sur cette famille.

Un peu avant ce moment, J.-J. Ampère, qui avait perdu, après le 4 août 1789, ses paisibles fonctions de procureur fiscal à Poleymieux, était devenu juge de paix à Lyon dans le canton de la Halle au blé. Dans une lettre à sa femme du 17 octobre 1793, il parle de cette place qu'il a occupée deux ans et qui lui a coûté 3.000 livres de son capital, non compris la dépense extraordinaire qu'elle a entraînée en exigeant de lui « un loyer, un domestique, un ménage et trois feux de plus. »

Quel sentiment l'avait entraîné à cette décision, nous ne sommes pas en état de le préciser. Le 26 juin 1791, le Seigneur de Poleymieux fut assassiné dans une émeute que Taine a mise en lumière. Ce drame contribua-t-il au départ de J.-J. Ampère. Ou se solidarisa-t-il de suite avec le parti Girondin quand celui-ci prit le pouvoir ? Il y eut, après la fuite de Varennes et la Constitution du 13 septembre 1791 qui termina l'œuvre de la Constituante, un moment d'accalmie,

---

1. André Ampère a ajouté en note sur le manuscrit : « ma sœur ».

où beaucoup de libéraux crurent la Révolution terminée et arrivée à un heureux aboutissement. Si le pauvre J.-J. Ampère partagea un moment cette illusion, elle lui coûta la tête.

Cependant le début de 1792 fut encore paisible. A cette époque, « le montagnard devenu juge de paix à Lyon » comme il s'intitule, achève et retouche sa tragédie. Circulant fréquemment entre Poleymieux et Lyon, il apporte et remporte la correspondance scientifique de son fils avec des Lyonnais ; il achète, pour celui-ci, non sans s'en excuser auprès de sa femme, des livres et des instruments de géométrie. A Lyon comme dans toute la France, la crise tragique commença après la journée du 10 août 1792 qui mit le pouvoir dans les mains des Jacobins. J.-J. Ampère, en sa qualité de juge de paix, se trouva, comme la plupart des administrateurs taxés de modérantisme, avoir à combattre contre la bande d'énergumènes que conduisait le fameux Chalier, ancien commerçant en soie lui aussi, avec lequel son négoce avait pu déjà le mettre en relations. J.-J. Ampère, à cette époque, n'est plus seulement juge de paix ; il est officier de police de sûreté et préside le tribunal de police correctionnelle. Tous ceux qui troublent l'ordre comparaissent donc devant lui et accumulent contre lui les rancunes. Je ne veux pas me laisser entraîner à raconter ici l'histoire de Lyon pendant la Terreur[1]. Il faut néanmoins en connaître assez pour comprendre le rôle propre de J.-J. Ampère et le contre-coup des événements sur son fils.

---

1. Voir : *Histoire du siège de Lyon* (1797, 2 vol.) ; ALEXANDRINE DES ECHEROLLES, *Une famille noble sous la Terreur* ; MADELIN, *Fouché*, avec toute la bibliographie donnée t. I, p. 121 ; CHUQUET, *Charles de Hesse ou le général Marat* ; WAHL, *Les premières années de la Révolution à Lyon*, etc.

La ville de Lyon était, en 1792, beaucoup plus républicaine qu'elle ne le devint dans la suite après qu'une certaine république eût prétendu s'imposer à elle par les horreurs de Collot d'Herbois et de Fouché. Néanmoins, les Jacobins n'y régnaient pas aussi absolument en maîtres que dans d'autres grandes villes. Il existait, parmi les ouvriers, les canuts, des souffrances aigries, des misères exaspérées qu'on retrouvera plus tard dans les émeutes de 1831 et 1834 ; mais il y avait aussi une bourgeoisie plébéienne à la manière des Ampère qui, selon le mot de Lamartine, « sortait sans cesse du peuple et y rentrait sans honte par le travail des mains », bourgeoisie à la fois libérale de doctrine et conservatrice par tempérament. On vit aussi assez vite, quand la ville engagea le combat contre les Jacobins de Paris, toute une population de réfugiés à teinte plus ou moins royaliste accourir des régions voisines. L'histoire de J.-J. Ampère, pendant cette année, se résume dans sa lutte contre Chalier, qu'il contribua à faire exécuter, mais dont la mort le fit à son tour monter ensuite sur l'échafaud.

Ce Chalier, que l'on prétendit un jour faire passer pour un martyr et pour les mânes duquel Fouché célébra des messes laïques où un âne buvait dans un calice, était un individu étrange. Italien élevé par des moines, il se caractérisait surtout par un besoin trépidant d'agitation et de renouvellement. Dans sa jeunesse, il reprochait à Dieu d'être trop tranquille. A l'époque où nous l'abordons, il nous apparaît comme un demi-fou, un de ces agités, de ces anxieux, à tournure mystique, à façons de prophètes, qui sont prêts à commettre tous les crimes pour assurer le bonheur de l'humanité et qu'il est particulièrement dangereux de laisser errer librement par les rues dans les pé-

riodes de crise. Remarqué par Marat et Robespierre,
il était venu à Lyon fonder le club central, qui s'occupa aussitôt de chercher des têtes à couper et des
« boyaux à dévider ». On se demande comment J.-J.
Ampère pouvait présider le tribunal de police correctionnelle dans une ville que gouvernait le fameux
général Marat, le prince de Hesse et où Chalier régnait en maître, avec quelques acolytes dignes de lui,
tels que le ci-devant Riard de Beauvernois, l'imprimeur Dodieu, le vicaire défroqué Portalier, etc.

La guerre civile s'était engagée presque ouvertement après le 10 août. Dès le 25 août, le prince de
Hesse, d'accord avec les Jacobins, faisait arrêter de
malheureux officiers que le général de Montesquiou-
Fezensac, commandant l'armée du Midi, avait en-
voyés à la frontière et que l'on accusa de vouloir émi-
grer. Puis la nouvelle des massacres de septembre
suscita dans la bande Chalier une louable émulation.
Le 9 septembre, la foule marcha sur la prison de
Pierre Scize, la Bastille de Lyon, en arracha les officiers sous prétexte qu'ils n'étaient pas assez bien
gardés et les massacra pour plus de sécurité, en leur
adjoignant deux prêtres enfermés à la prison de
Roanne (au centre de la ville). Deux jours après, le
prince de Hesse pouvait écrire avec satisfaction :
« Le peuple de Lyon a coupé hier douze têtes et les a
promenées par la ville... 1.500 prêtres chassés en trois
jours de temps d'ici et la catastrophe d'avant-hier
font partir les émigrés et les aristocrates et, à présent,
nous avons la majorité dans Lyon. »

Tout l'hiver, en effet, Chalier, devenu officier municipal et juge, domina la ville. Il ne parlait plus que
de couper des têtes. Mais, devant l'imminence du
danger, tous les éléments honnêtes qui, là comme

partout, avaient commencé par manquer de cohésion
et d'initiative, finirent par se grouper et l'instinct de
conservation leur inspira la vigueur nécessaire pour
résister aux bandits. Cette étape nouvelle de la lutte
commença en février 1793. Devant une attaque armée
de Chalier qui avait installé sa guillotine toute prête,
le maire Nivière fit garder l'hôtel de ville par des
troupes, mais, trop généreux, sauva ce jour-là ses
adversaires. Cependant les Girondins avaient repris le
dessus. Ils avaient appelé deux bataillons de Marseil-
lais qui chantaient les louanges de Roland ; ils sacca-
gèrent le club central des Jacobins. Représentons-
nous l'organisation récente des Fascistes contre les
Bolchevistes italiens. La majorité jacobine de la Convention se jugea bravée et envoya trois commissaires
pour rétablir ce qu'elle appelait l'ordre, c'est-à-dire
sa souveraineté devenue de droit divin. Chalier recom-
mença à dresser des listes de proscription qu'il appelait « la boussole des patriotes. » Ainsi que cela s'était
fait à Paris, il préparait les massacres par des visites
domiciliaires. Enfin, pour ne laisser aucun doute sur
ses intentions, il avait proposé une formule de ser-
ment où on jurait « d'exterminer tous les tyrans,
ainsi que leurs suppôts désignés sous le nom d'aristocrates, de feuillantins, de modérés... et tous les
inutiles citoyens de la caste sacerdotale. »

Le 14 mai, les Jacobins mirent le feu aux poudres
en organisant le pillage et la proscription sous prétexte d'emprunt forcé et de levée contre les Vendéens.
Il arrive souvent que les hommes faibles trouvent plus
de vigueur pour défendre leur bourse que pour sauver
leur vie. Un officier municipal, nommé Sautemou-
che, dont nous allons retrouver le nom mêlé à l'histoire d'Ampère, se signala alors en allant extorquer,

le sabre en main, 4.000 livres à deux pauvres femmes,
dont l'une, dit-on, mourut de terreur. Chacun se sentit
menacé et s'arma. Pendant quelques jours, les deux
partis restèrent en présence. Enfin, le 29 mai, la bataille éclata entre Girondins et Jacobins : une véritable
bataille rangée, dans laquelle les Jacobins furent très
étonnés de ne pas avoir le dessus. C'est alors surtout
que J.-J. Ampère se trouva mis en évidence et,- par
suite, compromis.

Cela avait débuté banalement, trois jours avant, par
une émeute populaire au sujet d'un prétendu accapa-
rement de beurre. L'émeute fut apaisée. Mais on vit
bientôt aux prises les *Sections* constituées en majorité par la bourgeoisie, et la *Municipalité* jacobine :
les sections voulant casser la municipalité ; le directoire du département (c'est-à-dire l'administration)
soutenant les sections et deux conventionnels, ac-
courus aussitôt, Nioche et Gauthier, essayant de défendre les municipaux. Dans la journée du 29, on en
vint aux armes. Les modérés s'emparèrent de l'Ar-
senal et constituèrent un Comité d'insurrection. Après
une première escarmouche devant l'Hôtel de Ville,
4.000 Girondins se mirent en marche sur les quais de
la Saône, ayant à leur tête comme otages deux officiers municipaux faits prisonniers, Carteron et Saute-
mouche. Abritée sur la place des Carmes en face de
l'Hôtel de Ville, cette colonne tira le canon contre la
municipalité. Le représentant Gauthier, accouru en
parlementaire, dut signer la suspension de la municipalité et les modérés envahirent l'Hôtel de Ville à
cinq heures du matin. Une « réaction » de quatre
mois allait commencer.

Le rôle de J.-J. Ampère dans cette grave journée et
dans les semaines qui suivirent, nous est connu par

les dénonciations dont il fut l'objet plus tard et par les interrogatoires qu'il subit. On le voit très pénétré de son point d'honneur professionnel, cherchant à remplir son devoir qui est de maintenir l'ordre et de faire respecter la loi, peu sympathique assurément aux terroristes, mais s'efforçant, même quand il s'agit d'eux, de rester équitable et correct.

La « municipalité provisoire » qui s'établit et les comités girondins des sections font incarcérer des Jacobins. Sur la dénonciation de l'accusateur public, J.-J. Ampère lance les mandats d'arrêt, notamment contre Chalier, commence les enquêtes, recueille les renseignements, interroge les prévenus, forme en résumé des dossiers qu'il transmet au tribunal. On lui reprochera, dans la suite, d'avoir mené avec partialité et lenteur les procédures contre « les clubistes et les patriotes, » de les avoir appelés scélérats, d'avoir voulu leur faire avouer que leur dessein était d'assassiner les honnêtes gens, d'avoir dit aussi que ces derniers ne pourraient triompher si l'on ne détruisait les Jacobins.

« Je conviens, répondra-t-il, d'avoir instruit la procédure du citoyen Chalier sur la dénonciation qui m'avait été faite le 27 mai par l'accusateur public qui avait le droit de provoquer mon ministère. J'ai fait également plusieurs instructions contre des officiers municipaux à la suite du 29 mai et, en statuant sur ces procédures, j'ai renvoyé à la forme de la loi par devant le directeur du jury tous les prévenus. Le titre d'accusation réglant seul ma compétence, je me suis conformé à l'instruction sur les fonctions des officiers de police, qui sont uniquement préposés pour recueillir les vestiges des délits, et en renvoyer le jugement aux tribunaux qui en doivent connaître. Les

circonstances étaient telles que la prudence concourait
avec mon devoir pour me prescrire la marche indi-
quée par la loi... » Alors qu'il défendait ainsi en
légiste son attitude de juge, Ampère était un vaincu,
condamné d'avance. Dans une défense écrite adressée
quelques jours avant aux représentants du peuple, il
met en évidence un autre côté de son rôle :

« Il est notoire, dit-il, que des agitateurs (royalistes)
avaient l'intention de mettre à profit ces circonstances
pour faire massacrer l'ancienne municipalité (jacobine) et ses partisans.

« L'exposant rencontrait journellement des groupes
où l'on s'efforçait d'enflammer les citoyens pour cette
horrible mesure. Il était obligé de leur représenter
à tout moment qu'en employant des partis violents,
ils discréditeraient leur cause et se rendraient coupables ; que l'on s'occupait d'informer contre les per-
turbateurs de la tranquillité publique ; que répandre
le sang de ses frères accusés, mais réputés innocents
jusqu'à ce que la loi les eût déclarés coupables, serait
le plus grand des forfaits ; qu'ils ne pourraient
échapper aux reproches, aux remords et au supplice
s'ils osaient égorger l'innocence, qui était toujours
présumée lorsque la loi n'avait pas parlé... » Lui et
ses collègues, conclut-il, n'ont eu, dans l'exercice de
leurs fonctions, « que le goût, la passion et le courage de leur devoir. » Cette lenteur des interrogatoires
dont on lui fait maintenant un crime, comme d'avoir
cherché à consoler plusieurs détenus sur la longueur
de leur captivité, ne sont-elles pas à son honneur ?
Et il cite avec raison le cas du municipal Sautemou-
che, que l'on a eu l'imprudence de mettre en liberté
le 27 juin après un mois de détention et qui fut aussitôt écharpé par le peuple. On sent l'homme con-

sciencieux et probe que les énergumènes révoltent, qui se trouve pris entre deux violences opposées, mais qui, dans ces circonstances difficiles, reste fidèle en pratique aux sentiments de devoir jadis exprimés en vers par sa tragédie.

D'autres pièces d'archives le montrent s'intéressant à la santé des prisonniers malades et appelant sur eux la « sollicitude paternelle » des officiers municipaux. Mais il est inutile de dire qu'on ne lui savait aucun gré de son équité et le procès « monstrueux » du « vertueux » Chalier devait déchaîner contre lui la colère des Jacobins.

Chalier avait été incarcéré le 30 mai. Ampère n'avait pas à le juger, mais à instruire son affaire. Malheureusement, ce procès, qui dura deux mois, se déroula dans une atmosphère de guerre civile.

Le même jour du 29 mai, où les Girondins prenaient le pouvoir à Lyon, on sait qu'ils étaient vaincus à Paris et bientôt décrétés d'accusation. Dès lors, Lyon et Paris se regardent en se bravant et une première partie se joue sur la tête de Chalier.

Dès qu'ils apprennent les événements de Paris, les Lyonnais décrètent que la représentation nationale n'est plus libre et qu'ils mourront « pour le maintien d'une représentation nationale républicaine libre et entière. » Le 5 juillet, les Jacobins de la Convention décrètent que les dépositaires actuels de l'autorité dans Lyon répondront individuellement sur leur tête des mesures prises contre les citoyens arrêtés le 29 mai (Chalier et sa bande). Le 8 juillet, la « Commission républicaine et populaire de Lyon » riposte que la Convention n'est plus composée que d'un reste impur de factieux et de scélérats, contre lesquels elle décide de former une armée départementale. Le 12 juillet, la Convention exaspérée déclare Lyon en état de révolte ouverte. « Tous les administrateurs, officiers municipaux et fonctionnaires, seront déclarés traîtres et leurs biens séquestrés. » Le 16 juillet, en réponse, la tête de Chalier tombait et, le lendemain, celle d'un autre Jacobin, Riard. C'en était trop. La guillotine, amenée par Chalier pour ses adversaires, ne pouvait sans monstruosité être inaugurée par lui ! Ces Lyonnais manquaient à toutes les règles du jeu ! Il fallait dompter la ville rebelle, d'autant plus qu'au même moment, la révolte grondait à Bordeaux, à Toulouse, à Nîmes, à Montpellier, à Marseille. La Convention abandonna la défense des frontières pour foncer d'abord contre l'adversaire de l'intérieur et faire, à Lyon, à Toulon, des exemples sanglants. Le 7 août, l'armée de Dubois-Crancé paraissait devant la ville et, le 10 août, le bombardement commençait.

J.-J. Ampère n'avait pas songé un instant à abandonner son poste, si faible que pût être dès lors l'espoir d'être délivré par les Piémontais et par d'autres insurgés. Du reste mieux valait combattre, puisque, de toutes façons, la mort était à peu près certaine. Il s'installa donc en permanence dans la ville avec une tante qu'on appelait la Tatan. Mais il voulut épargner à sa famille les horreurs prévues du siège. Il laissa à Poleymieux, dont l'accès resta longtemps ouvert, sa femme et ses deux enfants. Il avait ordonné de ne rien dire à son grand garçon et celui-ci, absorbé par ses mathématiques, était, dès lors, si distrait qu'il se laissa faire, sans soupçonner toute la gravité du drame joué à ses côtés.

Le siège de Lyon dura deux mois, du 10 août au 9 octobre. Les assiégés avaient un chef énergique Précy et un bon officier d'artillerie Agnel de Chenelette pour organiser les fortifications. Ils luttaient, de plus, avec le courage du désespoir. Il fallut peu à peu amener contre eux 60.000 hommes et changer plusieurs fois le général. Mais le parti jacobin de l'intérieur était au moins aussi dangereux que l'ennemi du dehors. La redoute de Sainte-Foy fut livrée par trahison et, dans la nuit du 8 au 9 octobre, Lyon se trouva ouvert. Le 9 octobre, tandis que Précy, avec quelques troupes fidèles, essayait de s'échapper, les assiégeants pénétrèrent dans la ville.

Cette entrée, contrairement à ce qu'on aurait pu attendre, étant donné les mœurs du temps et la longueur de la résistance, se fit presque en ordre et ne ressembla nullement d'abord au sac d'une ville conquise. Couthon, qui était accouru avec des paysans d'Auvergne pour emporter enfin la place, exerça alors une influence apaisante, dont on doit lui savoir gré. Cependant les fonctionnaires, pas plus que les chefs de l'armée, ne pouvaient échapper à une condamnation qui était presque légale puisqu'elle était explicitement énoncée dans les féroces décrets du 5 et du 12 juillet. Dès le 9 octobre, Ampère fut incarcéré avec beaucoup d'autres « à la réquisition d'un jeune citoyen qu'il ne connaissait pas et duquel il ne croyait pas avoir jamais démérité ». « Il fut, dit-il, arraché de son domicile au milieu du jour et traduit à la maison commune, escorté d'un canonnier de l'armée de la République qui lui tint, pendant le trajet, son pistolet à deux doigts de la tempe droite. Ce jeune citoyen le désignait à la force armée de la République qui remplissait toutes les rues de la ville, comme un chef de la Vendée. » On l'enferma à la prison dite de Roanne, cachot n° 5, où il attendit son sort, bien peu douteux, pendant six semaines.

Il était prisonnier depuis huit jours quand, le 17 octobre, il put faire parvenir à sa femme une longue instruction pratique, qu'il signa « juge de paix jusqu'à ce moment » et où, sans aucune illusion sur l'avenir, il lui indiquait les moyens de défendre, après sa mort, le patrimoine de ses enfants. La lettre est d'un homme courageux et très maître de lui, qui ne néglige aucun détail, jusqu'à expliquer avec minutie quels propriétaires ont, avec lui, fourni les meubles de sa salle d'audiences [1]. Mais son but principal est d'indiquer à sa femme la procédure à suivre pour garder, malgré la confiscation, sa fortune propre qu'il estime à environ 64.000 francs, — ou plutôt, car la lettre peut tomber en des mains indiscrètes, « au cube de 4 par le cube de 10 approchant. »

Il lui explique avec soin comment elle pourra revendiquer la propriété de Poleymieux en invoquant son contrat de mariage. Dans ce moment tragique, il pense à la prémunir contre « 50 bouteilles de rencontre dont il ne faut pas se servir sans les avoir fait nettoyer et éprouver. » Enfin, il donne à sa femme les raisons pour lesquelles leur fortune s'est trouvée notablement diminuée par sa charge de juge, quoique ses seules dépenses personnelles se soient bornées à quelques livres et instruments pour l'éducation de son fils, et, comme conclusion, il authentifie la pièce avec une rigueur de légiste en stipulant qu'elle contient « 3 pages entièrement écrites de sa main. »

A ce moment, cependant, il aurait pu reprendre un peu d'espoir. Le 12 octobre, la Convention avait bien rendu le décret célèbre, par lequel il était décidé que la ville de Lyon serait détruite, sauf les maisons des

---

1. On la trouvera en grande partie dans le premier volume de Me Cheuvreux, p. 9.

Jacobins et son ncm effacé du tableau des villes de la République. Mais Couthon mettait quelque modération dans le châtiment des révoltés comme dans l'exécution de ce décret insensé. Seuls, les chefs des belligérants pris les armes à la main étaient fusillés sur l'ordre d'une Commission militaire. Pour les autres cas, une « Commission de justice populaire » procédait avec lenteur et se bornait, en trois semaines, à une trentaine d'exécutions. Paris trouva que Couthon trahissait et, le 30 octobre, l'ami de Robespierre dut quitter la ville, bientôt remplacé par Collot d'Herbois et Fouché dont on connaît assez le rôle sinistre. Immédiatement, la repression s'accéléra et on s'occupa de terroriser les Lyonnais. C'était chose difficile. Comme l'expliquait Collot le 7 novembre en écrivant au Comité de Salut Public, « la prolongation du siège et les périls que chacun à courus ont inspiré une sorte d'indifférence pour la vie. » L'ancien acteur et le futur ministre de l'Empire allaient, malgré tout, trouver le moyen de réaliser la Terreur.

A peine Fouché est-il là que l'on rétablit le séquestre sur les biens des suspects et que l'on célèbre la fête sacrilège en l'honneur de Chalier (10 novembre). En même temps, on organise une « Commission temporaire de surveillance républicaine » et trois comités, un de commission révolutionnaire, un de séquestre et un de démolition. Le lendemain, 11 novembre, Dorfeuille présidait, pour la première fois, la Commission de justice populaire, devant laquelle Ampère comparut le 23 novembre. Les juges se nommaient Cousin, Daumale et Baigue ; Merle était accusateur public. Ampère bénéficia encore de quelques formes légales, que le désir d'accélérer les mouvements allait bientôt faire disparaître. Nous avons le

l'innocence à la justice, malgré la fragilité de
notre nature. J'adresse à la tatan les plus
tendres adieux et je compte sur son amitié pour
toi et tous tes soeurs puisse-t-elle avoir une
partie du courage qui m'anime, afin que vous
vous encouragiez mutuellement, ne parle pas
à ma Josephine du malheur de son pere fais
ensorte qu'elle l'ignore, quant à mon fils
il n'y a rien que je n'attende de lui tant
que tu les possederas et qu'ils te possederont
embrassez vous en memoire de moi je vous laisse
à tous mon coeur adieu tendre amie reçois les
derniers élans de ma tendresse et de ma sensibilité
dis à celui qui partagea notre retraite que je l'aime
autant que je l'honore rapelle moi au souvenir des
C. Per. et Pr. Cat. G. et mr. J'ai oublié de te marquer
que je dois 6: à 700: par Billet aux C. Selonnes
Anne Catalan. adieu, mon chere amie
Ce 23. 9bre 1793.   J.J. Ampere

LETTRE TESTAMENTAIRE DE JEAN-JACQUES AMPÈRE
le 23 novembre 1793, avant de monter sur l'échafaud

procès-verbal de son interrogatoire et son arrêt rédigé dans une forme correcte avec considérants. Il y est constaté en 4 pages que le prévenu a pu fournir ses moyens de justification et de défense, que le crime est avéré, qu'il tombe sous le coup des deux lois des 5 et 12 juillet entraînant la condamnation à mort. « L'exécution se fera le même jour. Ecriteau qui aura ces mots : « Juge de paix qui a lancé le mandat d'arrêt contre Chalier. »

Rentré dans sa cellule, Ampère écrivit à sa femme une lettre d'une sérénité admirable, dans laquelle se trouvent ces paroles prophétiques : « Quant à mon fils, il n'y a rien que je n'attende de lui. » « Je désire, dit-il, que ma mort soit le sceau d'une ré-conciliation générale entre tous nos frères ; je la pardonne à ceux qui s'en réjouissent, à ceux qui l'ont provoquée et à ceux qui l'ont ordonnée... Puissent mes enfants jouir d'un meilleur sort que leur père et avoir toujours devant les yeux la crainte de Dieu, cette crainte salutaire qui opère en nous l'innocence et la justice malgré la fragilité de notre nature[1]. »

Petit détail qui achève de peindre ce caractère, le billet une fois plié et cacheté, une pensée revient au condamné et il ajoute, avant de partir à l'échafaud, ce post-scriptum pratique : « Je ferai passer à la Manin par Ampère le guichetier, les deux couvertures, mon habit brun, ma veste grise et un gilet d'indienne... Je ferai en sorte que les matelas puissent être lavés... »

Quelques instants après, ce grand honnête homme était guillotiné, et bientôt la terrible nouvelle arrivait à Poleymieux comme un coup de foudre. Jus-

---

1. Voir, pl. 3, la fin de cette lettre testamentaire, déjà publiée sauf le post-scriptum (Me Cheuvreux, loc. cit., p. 12).

qu'au dernier moment, André Ampère n'avait conçu aucun soupçon de la vérité. Son père avait exigé qu'on lui dissimulât tout et y avait étrangement réussi. A 10 kilomètres de Lyon, dans la région par laquelle essayèrent de s'évader les compagnons dispersés de Précy, le jeune homme avait vécu, jusqu'au dernier moment, absorbé dans son rêve mathématique. « D'après les ordres de son père, raconte l'autobiographie que nous avons déjà citée, le jeune Ampère fut retenu dans la campagne où il l'avait laissé. On le berçait de la vaine espérance que son père allait lui être rendu et l'étude des mathématiques l'occupait plus que jamais parce qu'on avait eu soin de lui procurer, peu avant le siège de Lyon, la mécanique analytique dont la lecture l'avait animé d'une nouvelle ardeur. Il en refaisait tous les calculs dans l'instant où le sort de son père lui fut révélé... » On a accumulé plus tard les légendes sur la distraction fameuse d'Ampère ; il n'en a peut-être jamais donné d'exemple plus complet qu'en ces jours d'horreur où sa puissance d'abstraction rivalisa avec celle d'Archimède.

Mais, en même temps qu'il était ainsi capable de s'absorber dans sa pensée jusqu'à l'oubli complet de la réalité, André Ampère était, dès lors, l'exalté, le passionné, dont nous constaterons sans cesse l'intensité de sentiments presque maladive. Plus le malheur fut, pour lui, imprévu, plus il fut profond. Il tomba dans une prostration qui, d'après son récit, ressemblait à une véritable imbécillité et il resta ainsi, durant une année entière, incapable d'aucun travail, d'aucune distraction, d'aucune pensée suivie, vivant d'une vie purement végétative.

Cette année-là fut cependant, pour le pays tout

entier et pour cette famille en particulier, une année décisive, où les événements extérieurs valaient la peine qu'on s'en occupât. Au début, ce sont les massacres de Lyon. Jean-Jacques Ampère avait été un des derniers prisonniers jugés avec quelque régularité. Quatre jours après sa mort, le 27 novembre, Collot et Fouché instituaient la sinistre commission des sept, dont les jugements n'étaient plus que des gestes, et, dès le 5 décembre, ils commençaient ces mitraillades collectives, auxquelles les contre-révolutionnaires « anti-patriotes » répondaient en chantant sous les boulets l'hymne des Girondins : « Mourir pour la Patrie... » Les biens des Ampère avaient été mis sous séquestre pour être confisqués au profit de la nation. Sa veuve et ses enfants, réfugiés chez des amis, restaient toujours sous le coup d'une dénonciation. Puis, à partir de février, ce fut la volte-face de Fouché s'adoucissant à mesure que Robespierre devenait plus terroriste. Le 18 février, il fermait la liste des arrestations et, le 16 mars, le tribunal criminel était soustrait à l'influence des jacobins lyonnais pour être transféré près de la famille Ampère, à Neuville-sur-Saône.

A partir de ce moment, on voit madame Ampère, aidée par quelques amis fidèles, multiplier les démarches, conformément aux instructions laissées par son mari, pour sauver à son fils et à sa fille quelques miettes de leur patrimoine. La fortune propre de Jean-Jacques Ampère avait été confisquée ; mais comme, suivant l'usage des périodes révolutionnaires, la spoliation et l'assassinat s'attachaient à parodier les formes de la légalité, on admettait la distinction de droit entre les biens du mari et ceux de la femme, justifiés par des contrats réguliers. Néanmoins, jusqu'au 9 thermidor, ces essais semblent avoir été faits avec quelque timidité et sans grand succès. Mais, Robespierre disparu, on accueille avec une visible indulgence une pétition du 18 août 1794, par laquelle, « la citoyenne Sarcey, veuve du nommé Ampère tombé sous le glaive de la loi », réclame la jouissance de sa maison à Poleymieux. Cette maison ayant été mise en adjudication, elle peut ensuite s'en rendre acquéreur. Le 3 mars 1795, on liquide ses biens, du moins théoriquement, à la somme de 65.000 francs qu'elle demandait. Enfin, le 2 juillet 1795, au moment où allait s'établir le Directoire, la levée définitive du séquestre est prononcée. Mais celui-ci avait produit ses effets ordinaires et, en fait, la famille Ampère, presque complètement ruinée, ne retrouvait guère, avec quelques créances douteuses, que le petit bien de Poleymieux représentant à peine une vingtaine de mille francs. Comme la mère et les enfants étaient à peu près aussi incapables les uns que les autres d'administrer leurs biens, cet avoir modique était lui-même destiné à disparaître et la question d'argent a joué, dans toute la vie du pauvre Ampère, si indifférent à l'argent, un rôle sur lequel nous serons obligés d'insister parce qu'il a fortement influé sur la conduite de sa carrière.

Cependant, au premier moment, l'insouciance absolue d'André Ampère pour ces questions pratiques fit qu'il attacha une importance médiocre à sa ruine. Il ne s'en apercevait pas, puisqu'il avait le gîte et la nourriture assurés. Le jour seulement où il tombera amoureux et voudra se constituer un ménage, il se réveillera de ce nouveau rêve pour découvrir l'emprise brutale des nécessités.

En attendant, la vie avait fini par reprendre son

cours et la politique, à laquelle nous avons dû attacher une importance spéciale dans la première partie de cette histoire, avait disparu de son esprit, pour n'y reparaître jamais. Disons de suite qu'il est impossible d'imaginer une vie d'homme généreux et intelligent, — mieux que cela, d'homme passionné et, comme on disait alors, « sensible », — où les grands événements contemporains occupent moins de place que dans celle-là.

Le retour à la vie, raconte-t-il, lui vint à l'automne 1794 par une passion scientifique nouvelle ou du moins renouvelée, celle de la botanique, « lorsqu'il rouvrit les yeux pour revoir dans les campagnes où il avait tant de fois herborisé, les plantes dont il avait déterminé les noms ». Bientôt il retrouva le charme qu'il avait éprouvé autrefois en récitant dans ces promenades solitaires des vers français ou latins. Ce n'est qu'alors que la langue latine lui devint familière par une étude suivie des écrivains de l'ancienne Rome. En même temps, il dévorait la bibliothèque paternelle et toutes les connaissances encyclopédiques qu'il accumulait pêle-mêle venaient se fixer et s'ordonner dans son étonnante mémoire. Il apprenait des langues étrangères. Il composait des vers. Enfin, il n'avait pas non plus, comme on pourrait le croire d'après son propre récit, abandonné les mathématiques.

Nous assistons à cette merveilleuse activité cérébrale, semaine par semaine, dans une correspondance que lui adresse un certain Philippon, ami d'un autre curieux nommé Couppier, auquel il avait envoyé également des lettres scientifiques, par l'intermédiaire de son père, au début de 1793. Cette correspondance, qui fait penser à celle de Descartes et du père Mersenne, témoigne de la haute estime où l'on tenait ce jeune homme que l'on consultait, comme un dictionnaire toujours ouvert, sur toutes les sciences humaines. Il y est question tour à tour de mécanique, de physique, de météorologie, de botanique, de poésie, de philologie, mais surtout d'astronomie. En même temps, nous continuons à y entendre gronder parfois au début quelques derniers échos de la politique. La première lettre subsistante, écrite par ce Philippon après l'émeute du 1ᵉʳ avril 1795, est un chant de triomphe sur l'arrestation de Collot d'Herbois, l'exterminateur des Lyonnais. On y parle aussi des soi-disant volontaires qui multiplient les brigandages dans le pays. Mais les deux amis apportent beaucoup plus de zèle à étudier le choc des corps, le frottement des engrenages, la théorie des horloges, l'ascension des ballons, les procédés pour mesurer la vitesse d'un courant par l'épaisseur de l'eau, la densité des pierres, la hauteur des montagnes, etc.

Dès avril 1795, Ampère, toujours changeant, déclare qu'il a cessé d'étudier la botanique. Mais il a commencé un poème épique, l'*Américide*, sur lequel nous aurons à revenir. En septembre, nous le voyons envahi par une autre idée, celle d'une langue universelle. En octobre, il n'est plus occupé que de cerfs-volants scientifiques à plans multiples, avec lesquels il espère monter à plusieurs milliers de mètres pour faire des expériences sur l'électricité, la température de l'air, etc. En novembre, il traduit Horace en vers et apprend le grec. En décembre, il imagine un instrument destiné à faire des observations astronomiques sans correction de réfraction et sans pendule : instrument que son correspondant déclare extrêmement pratique. En même temps qu'il témoigne ainsi d'une activité intellectuelle admirable, il développe aussi un talent d'expérimentateur et de constructeur, une véritable habileté manuelle, qui lui serviront plus tard au moment de ses grandes découvertes et que l'on n'aurait pas attendus de ce rêveur enfoncé dans ses abstractions. Ampère a, dès sa jeunesse, appris cet art de construire lui-même, avec des matériaux quelconques, des instruments parfaits, qui caractérise d'autres grands physiciens français. Elevé à l'école de la pauvreté, qui fut toujours celle de la science française, il a montré par son exemple qu'il n'est pas indispensable, pour accomplir des découvertes géniales, d'avoir des laboratoires outillés à coups de millions de dollars, bien que ceux-ci ne soient pas toujours inutiles.

Nous aurons à étudier Ampère comme savant et comme poète. Pour le moment, je me bornerai, entre tant de travaux, à retenir son projet d'une langue universelle, éternel sujet d'efforts qui séduisait déjà Descartes et que nous voyons sans cesse reparaître, comme l'espoir d'une paix générale. Cette noble ambition correspond, en effet, chez Ampère, à un besoin de simplification, d'unification, de classification, d'ordre en un mot, qui a dominé jusqu'à la fin ce puissant cerveau et que l'on rattacherait aisément à ses enthousiasmes de jeunesse pour la méthode cartésienne ou pour les Encyclopédistes. Toute sa vie il cherchera ainsi ce lien logique des phénomènes épars, qui est le fondement même de la science envisagée comme ayant son couronnement dans une formule mathématique. En chimie, il s'est efforcé de trouver le « pourquoi » à une époque où l'on se satisfaisait encore du « comment ». En physique, sa découverte capitale, l'identification de l'électricité et de magnétisme, a eu pour résultat de confondre en un seul groupe deux séries jusque-là distinctes, de phénomènes.

Nous ne possédons que des notes assez sommaires sur cet esperanto. Nous savons seulement qu'Ampère avait commencé par étudier à fond la construction et la grammaire de plusieurs langues, latin, grec, italien et français. Sans être aussi polyglotte que le fut plus tard son fils lisant des manuscrits chinois après avoir déchiffré des hiéroglyphes, Ampère avait le don des langues. Mais son défaut était peut-être d'embrasser si complètement toutes les faces d'un sujet qu'il y introduisait quelques complications. Sa langue, au début, ne comportait pas moins de 82 temps. Il est vrai qu'il réussit à en éliminer les temps composés dont il considérait l'introduction comme un abus. Il y suppléait par l'emploi d'adjectifs passés, présents, futurs, etc., associés avec un auxiliaire unique. Les divers temps étaient eux-mêmes obtenus par une simple terminaison : *at* au présent, *it* au passé, *et* au futur. Par exemple, le radical *liber* impliquant l'idée de liberté, on avait : *liberat*, qui est libre ; *liberit*, qui a été libre ; *liberet*, qui sera libre. Ses phrases se construisaient ainsi comme s'il avait dit : « Je suis qui battra ; tu es qui a battu, etc... » Il recherchait l'harmonie et la brièveté. En même temps, il étudiait la prononciation ancienne et nous le voyons d'accord avec de récentes instructions pontificales pour déclarer que l'*u* latin devait se prononcer *ou* et l'*um, oum*, « *labiis coeuntibus* ». Ballanche prétendait qu'il avait poussé sa langue assez loin pour y écrire en vers.

Tout l'hiver 1795-1796 se passe ainsi dans cette activité libre et vagabonde qui butine tour à tour les connaissances lés plus diverses, errant dans la campagne, lisant et composant des poésies ou cherchant un problème d'algèbre tout en examinant les pistils d'une fleur, absolument insouciant de l'avenir et simplement assoiffé de savoir. Au moment où il va arriver à la phrase de production, nous devons peut-être répéter que, sauf quelques conseils de son père ou de MM. Daburon et Mollet, André Ampère n'a eu aucun maître et n'a passé par aucune école, pas même l'école primaire. Il n'avait jamais appris que ce qui lui plaisait : c'est pourquoi il le savait bien. Dans la partie de sa vie que nous aborderons bientôt, nous allons le voir, au contraire, saisi par les dents féroces d'un engrenage administratif qui lui mangera son temps en leçons insipides, en rapports, en inspections, en commissions, qui, le jour, où il sentira une découverte chimique sur le point d'éclore, le forcera à travailler l'analyse mathématique pour entrer à l'Institut et qui, lorsqu'il sera en pleine fièvre électro-dynamique, le contraindra à aller vérifier si un professeur de Nîmes ou de Toulouse fait bien son cours. La compensation, nous l'avons déjà annoncé, fut que, forcé d'entrer dans l'enseignement pour nourrir sa femme, puis son enfant, Ampère fut amené à canaliser son effort et conduit ainsi à ses découvertes. Par le mystérieux concours d'événements qui entraîne les actions humaines, l'invention du télégraphe électrique tint ainsi : d'abord à la Révolution qui avait ruiné la famille Ampère ; puis à la rencontre qu'il fit, le 10 avril 1796, d'une belle jeune fille aux cheveux d'or, nommée Julie Carron.

CHAPITRE II

ANDRÉ AMPÈRE AMOUREUX
(1796-1797)

Le roman d'André Ampère et de Julie Carron est à la fois exquis et triste. Trois ans d'attente, un an de bonheur ; puis, aussitôt, la maladie, la séparation et la mort. Cette douloureuse histoire a déjà été racontée deux fois : d'abord par Sainte-Beuve avec sa finesse de touche habituelle, puis par madame Cheuvreux dans un livre délicieux. Aussi résisterai-je au plaisir d'insister sur cette partie de mon sujet. Mais peut-être ne sera-t-il pas inutile de préciser l'atmosphère exacte dans laquelle s'est passée cette idylle à la façon d'*Hermann et Dorothée* et d'en faire connaître au moins les principaux personnages.

La scène se passe dans les deux villages voisins de Poleymieux et de Saint-Germain au Mont d'Or : l'un où vit André avec sa mère, sa sœur de onze ans et la « Tatan » ; l'autre où demeure Julie avec sa grand'mère et sa sœur Elise.

Le personnage le plus respectable est madame Ampère : une excellente femme très chrétienne, très placide, très douce, dont la conversation et les lettres abondent en réflexions de ce genre arrivant à tout propos : « Il faut faire comme l'on peut et non comme l'on veut... Il faut se soumettre aux événements de la vie, adorer la main qui nous frappe et ne pas nous laisser abattre... » Brisée par deux désastres successifs, la mort de sa fille et celle de son mari, elle n'attache plus grande importance aux choses terrestres. Mais les peigneurs de chanvre qui travaillent chez elle, disent dans le pays que sa maison est la « maison du bon Dieu, où tous sont si bons, si bons que c'est plaisir avec eux ».

Nous avons déjà entrevu André Ampère. C'est une de ces physionomies que l'on n'oublie plus et dont le portrait est facile. Moralement, on remarque d'abord chez lui l'intensité extrême de tous les sentiments, amour, enthousiasme, imagination, colère, illusion, désespoir. Sa facilité émotive va jusqu'aux larmes. Pour un rien, ses yeux brillent et son menton tremble comme s'il allait pleurer. Avec cela, une honnêteté absolue ; une véracité tellement dénuée d'artifices mondains qu'elle en apparaît candide ; une jeunesse de cœur qui ne s'atténuera jamais ; un idéalisme inné. Ajoutons une certaine gaucherie de manières, de la timidité et cette fameuse distraction, sur laquelle sa mère, puis sa fiancée le plaisantent déjà doucement, comme le feront plus tard, avec une nuance de respect, ses collègues de l'Institut ou ses élèves de l'Ecole Polytechnique.

Ampère, à vingt ans, avait, d'après son signalement, les cheveux et les sourcils blonds, les yeux gris, le nez gros et une grande taille. N'ayant jamais quitté son village de Poleymieux que pour de rapides séjours à Lyon, il devait ressembler un peu à un paysan, mais pourtant à un paysan passionné et génial, sachant tout, capable de tout entreprendre, avec un cœur toujours prêt à se donner et une certaine finesse de sentiments qui décèle aussitôt les fils élevés par leur mère. Il possédait surtout ce don suprême auquel on ne se trompe pas, la vie.

Imaginons-le, tel que nous le décrit sa future belle-sœur quand l'amour commence à lui. inspirer le goût de la toilette, « avec son chapeau de toile cirée, ses culottes à la mode et sa petite tournure », ou encore avec son anglaise toute neuve (sorte de redingote). La servante s'écrie qu'il a maintenant l'air d'un muscadin. Mais sa bonne figure rasée laisse trop voir des dents gâtées[1] et les jeunes filles se moquent de son entrée dans un salon ou de ses saluts. Elles lui trouvent l'air d'un vieux. « Il est si sérieux. On ne le voit jamais rire. »

A deux kilomètres nord de Poleymieux, à Saint-Germain, habitait une sœur de madame Ampère avec sa fille et, près de là, se trouvait « la petite maison », où demeurait la famille Carron. Le voisinage rendait les communications naturelles et il est tout simple que Roméo ait rencontré Juliette, appelée ici Julie.

La famille Carron appartenait au même milieu de commerçants que la famille Ampère ou la famille Sarcey. Peut-être, avant la Révolution, avait-elle une fortune moindre. Mais la Terreur, en l'épargnant, avait plus que rétabli l'équilibre. Le père, Claude Carron, ancien fabricant d'étoffes de soie, paralysé depuis le début de 1795, ne comptait plus guère et devait mourir bientôt. Des quatre enfants très espacés qu'avait eus le ménage, les deux aînés étaient déjà

---

1. Il y a, dans les cartons de l'Institut, un curieux autographe d'Ampère, une feuille de figures géométriques, au haut de laquelle il a écrit naïvement : « J'ai dans la bouche de l'esprit-de-vin pur pour le mal de dents. »

mariés : une fille à son cousin Jean-Marie Périsse
imprimeur à Lyon (né en 1758) ; un fils avec Agarite
de Campredon (celui-ci établi à Paris). Il restait deux
jeunes filles : Julie (qui s'appelait, en réalité, Catherine) et Elisabeth, dite Elise. Les Carron, comme les
Ampère, avaient un logement à Lyon et une maison de
campagne, leur demeure habituelle. Julie passait seulement à Lyon les deux mois de décembre et de janvier, ce qui lui permettait d'y mener un peu la vie
mondaine : bals (parfois costumés), théâtre, etc...
Pour nous représenter ce milieu si différent de ce
que l'on rencontre aujourd'hui dans la même classe
sociale, il faut imaginer les femmes occupées aux
soins du ménage, à la cuisine, à la lessive, au re-
passage, malgré la présence de deux ou trois domestiques. Les hommes ont de l'instruction ; les femmes
de la finesse d'esprit, avec des goûts littéraires très
supérieurs à ce que l'on observerait un siècle plus tard
dans la même petite bourgeoisie. Un peu partout,
chez les Carron d'abord, mais aussi chez leurs amis,
les soirées en commun sont occupées par des lectures sérieuses à haute voix ou des jeux d'esprit.
La bibliothèque est bien fournie de classiques. On
converse sur Richelieu, la princesse de Clèves ou madame de Sévigné. On écoute attentivement les pensées
de Cicéron. Chacun compose en vers des énigmes, des
charades, des chansons, des élégies, des épîtres, voire
même des tragédies. Il est impossible de pénétrer dans
l'intimité de cette vieille France sans un sentiment de
regret en pensant à la trépidation maladive, au sentiment d'instabilité, à l'inquiétude, à l'affectation, au
débraillé qui ont remplacé cette simplicité de mœurs,
cette assurance tranquille dans les habitudes, les
traditions et la foi et, comme conséquence, même

alors, même au sortir des temps tragiques, chez de si petites gens confinant au peuple, cette manifeste douceur de vivre.

Notons toutefois, par souci de l'exactitude, un détail qui surprend d'abord nos préjugés modernes quand on commence à lire les correspondances de ce temps lointain. Ces femmes intelligentes et éclairées, qui savent si bien exprimer une nuance de sentiment et tourner finement des vers, nous apparaissent en défaut sur un point auquel notre démocratie, férue d'examens, a fini par attacher ridiculement une importance prépondérante, l'orthographe. Je vais peut-être donner une idée fâcheuse de Julie Carron. Mais il faut pourtant avouer que ses lettres sont souvent difficiles à comprendre, malgré son élégante écriture, quand on ne les lit pas à haute voix ; car elle écrit couramment : Saint Medi pour samedi ; Bataime pour baptême ; en cort pour encore ; un cayé (cahier) ; yher (hier) ; jeguesige (j'exige) ; je croirez ; fossefor (phosphore), etc.

Julie, en 1796, à vingt-trois ans, était une jeune personne très courtisée. Pendant plus de trois ans, elle avait vu soupirer un médecin nommé Dumas, qui était venu à cause d'elle s'établir à Lyon avant le siège et qui commençait maintenant une brillante carrière à Montpellier. Elle était, à cette époque, gaie, vive, malicieuse, aimant fort la danse et remarquablement jolie. Une mèche de ses cheveux, conservée dans les austères cartons de l'Institut, montre que le mot « des cheveux d'or » devait être entendu littéralement. Ampère l'a deux fois décrite, la première en vers italiens, la seconde en vers français sous forme de chanson :

> Des cheveux d'or, des yeux d'azur ;
> Un teint où l'on croit voir des roses
> Nager dans le lait le plus pur ;
> Sur les lèvres à demi closes
> D'une bouche digne des dieux,
> Un sourire naïf et tendre ;
> Une voix, pour être amoureux,
> Qu'il suffit seulement d'entendre...

Peut-être avait-elle aussi ce charme si fréquent chez les prédisposées à la phtisie.

Près d'elle, une jeune sœur Elise, spirituelle et enjouée, dont le tour de pensée original éclate constamment dans une boutade ou une expression piquante : « Je serai plantée là comme une oie qu'on a étourdie à force de la secouer... Tu es froide pour moi comme une chaîne de puits... Je fus bien contente de leur voir les talons... Je ne sais sur quelle corde t'écrire... Tirez-vous cette épine, vous en avez d'autres... Il ne disait mot ; enfin nous avons crevé en même temps... »

Quant au sujet de l'idylle, il est on ne peut plus simple et sans aucune péripétie : « Il la vit, l'aima passionnément, réussit à se faire aimer avec plus de calme et l'épousa au bout de trois ans »... L'idée d'un mariage entre Julie et Ampère aurait pu cependant soulever une objection si l'amour d'un Ampère admettait des objections. Julie avait quinze mois de plus que son prétendant et, comme celui-ci, lorsqu'il la rencontra, n'atteignait pas encore vingt et un ans, la différence était sensible. Elle devait malheureusement s'accentuer encore dans la suite par le fait des souffrances et c'est ce qui explique le ton maternel que prenait habituellement plus tard Julie avec son grand enfant de mari.

Dans ce roman d'amour, où Ampère se donne avec

toute l'ardeur brûlante de ses vingt ans, la jeune fille plus mûre représente, dès le début, comme elle le fera jusqu'au bout, la raison. Quand elle connaît Ampère dans l'été de 1796, elle est encore tout étourdie de son projet de mariage avec Dumas qui a été débattu pendant près d'une année, qui l'a certainement tentée et auquel elle n'a résisté que pour ne pas quitter sa famille. Une lettre curieuse de sa sœur montre qu'il est encore question de ce mariage, alors que commence à se développer « le petit coin secret d'Ampère ». Elle arrive de Lyon, où les jeunes muscadins lui ont fait au bal une cour suivant la mode. Elle rentre à la campagne et elle se trouve devant ce gamin de vingt ans aux gros souliers, aux vêtements taillés à coups de serpe par un tailleur de village, flanqué de son parapluie qu'il oublie à chaque visite. Ampère commence à la dévorer des yeux. Peut-être, au début, est-elle tentée d'en sourire ; en tout cas, ses amies plaisantent volontiers son amoureux de village. Et pourtant les yeux d'Ampère, cette flamme qui anime toutes ses actions ne la laissent pas indifférente. Mais elle n'éprouve aucun coup de foudre pareil à celui de son amoureux et elle ne peut s'empêcher de trouver ce soupirant un peu encombrant. Ampère arrive sans cesse chez madame Carron sous le prétexte transparent d'un livre à emprunter ou à rapporter et s'installe pendant des heures. On cherche à l'occuper ; on s'efforce de le faire partir ; on lui insinue, on est forcé bientôt de lui dire clairement qu'il est prié de venir moins souvent, de rester moins longtemps, de modérer ses expansions compromettantes. Il écoute avec contrition, confesse humblement sa faute et recommence.

Cependant toute la famille Carron se laisse doucement conquérir. L'amoureux s'enhardit peu à peu, apporte des fleurs ou des vers, risque enfin des déclarations en prose qui ne peuvent plus surprendre personne. Sans qu'une promesse formelle ait été faite, le mariage n'est plus douteux pour personne et, cependant, à partir du jour où Ampère inscrit sur son journal une date heureuse en grosses capitales deux fois soulignées, on le fera encore attendre deux ans. C'est que la réalité fâcheuse intervient dans l'idylle et que les deux mères se demandent comment le jeune ménage pourra vivre. Alors surtout la nuance s'accentue entre les deux fiancés. Julie trouve doux de se laisser aimer ; elle éprouve pour Ampère beaucoup d'amitié, de sympathie ; mais la vie de famille ne lui paraît pas mal arrangée telle qu'elle est. Avec quelle humilité l'amoureux parle d'elle comme d'une reine ! Dans ses notes les plus intimes, elle est sa « bienfaitrice » ; « elle a daigné... elle a accepté... elle lui a parlé avec grâce !... »

Auprès de ces deux personnages principaux, il y eût un rôle discret et touchant, que nous croyons deviner après plus d'un siècle ; c'est celui de la jeune sœur Elise. Elise était beaucoup plus en rapport d'âge avec Ampère que son aînée et, s'il y avait une logique en amour, c'est elle qu'il aurait dû plutôt aimer. Il semble bien qu'elle (mais elle seule) en ait eu la pensée plus ou moins consciente. En tout cas, elle est la première de la famille à apprécier les qualités d'Ampère, à s'étonner que sa sœur hésite, à la pousser. Elle écrit alors des phrases très nettes : « Il m'intéresse par sa franchise, sa douceur et surtout par ses larmes qui sortent sans qu'il le veuille... Arrange-toi comme tu voudras ; mais laisse-moi l'aimer un peu avant que tu l'aimes ; il est si bon ! » Gaie avec une nuance de malice au début, elle fut, le mariage une fois fait, prise d'humeurs noires qui se traduisaient par des bouderies à l'égard de sa sœur, bouderies bientôt finies par des baisers. Enfin, quand Julie est mortellement frappée d'une maladie contractée à la suite de ses couches, elle a, en écrivant, à son beau-frère, ce cri de désespoir : « Et c'est moi qui l'ai convaincue, qui étais fière alors de mon courage, et qui l'ai ainsi tuée !... » Et, sans doute, ce courage, elle l'explique par le chagrin qu'elle éprouvait alors de se séparer de sa sœur aînée. Mais n'y avait-il vraiment que cela ?... Ampère n'aurait pas, d'ailleurs, été plus heureux avec elle qu'avec Julie. Cette pauvre Elise devait survivre à peine cinq ans à son aînée pour mourir, comme elle, de la poitrine.

Nous possédons le journal d'Ampère pendant ses trois ans d'attente, avec cette inscription en tête : *Amorum.* Ce journal, par son aspect matériel seul, peint bien notre héros. Ampère a eu toute sa vie une énorme écriture de bébé qui commence à tracer des lettres entre deux lignes. Et, par là, ses autographes ne ressemblent à rien d'autre. Mais, en outre, dans cette période, il utilisait, pour écrire, les feuillets blancs de vieux registres commerciaux ayant appartenu, vers 1760, à son grand père Sarcey. Sur ces feuillets d'un énorme papier carton, qu'il avait pliés tant bien que mal et rattachés par une ficelle, il notait pêle-mêle les pensées très diverses, par lesquelles il était agité tour à tour. Si bien qu'en surcharge sur d'anciens comptes, on y voit des calculs d'algèbre, alternant avec un commencement de poème épique, des scènes de tragédie, des charades, des élégies ou des récits amoureux.

dimanche. 10. avril. je l'ai vue pour la première fois.
samedi. 20. aoust. je suis allé chez elle, et on m'y a
          prêté les nouvelle morale de joaue.
Dimanche. 21. j'ai été avec elle chez mr. rijaucberi
vendradi. 26. j'ai rencontré chez elle toute la maison boeuf
samedi. 3. 7bre mr. couppier etant parti la veille je
          suis allé rendre les novelle morale, ou
          m'a donné à choisir dans la bibliotheque
          j'ai pris mr de Destouches, je suis resté
          un moment seul avec elle.
Dimanche. 4. j'ai accompagné les deux jours après
          la messe et j'ai rapporté le premier
          tome de bernardin, elle me dit
          qu'elle serait seule, sa mere et sa
          soeur partant le mercredi.
Vendredi. 9. mr couppier qui etait parti le jour
          de la nativité 8, après etre venu le 6 ...
          allai le 9 et je ne trouvai qu'elise.
Dimanche. 11. en sortant de la messe j'allai rendre
          le 1er vol. de bernardin, je fus d'abord avec
          mr de coupay, j'appris que julie reviendrait
          mais avec genie.
mercredi. 14. je portai voltaire, je les trouvai à
          table, et les accompagnai à curis.
vendradi. 16. je fus rendre un 2d volume de bernardin
          je fis la conversation avec elle et genie
          je promis des comedies pour le lendemain
samedi. 17. je les portai, et je commençai à ouvrir
          mon coeur.
Dimanche. 18. je la vis jouer aux dames après la messe

Malgré son aspect informe, ce journal devait être
une mise au net écrite après coup de mémoire ou
d'après des notes ; car, avec son étourderie habituelle,
Ampère y reproduit deux fois un même passage, de
même qu'il date 1788 pour 1798 et se trompe dans
les quantièmes du mois ou les jours. Mais, si la
forme laisse à désirer, le fond est charmant de juvé-
nile fraîcheur. Ces jolies pages naïves ayant été publiées à peu près intégralement, nous ne les repro-
duirons pas. Mais certains traits qui ont été sup-
primés par un scrupule excessif, achèvent de peindre
notre futur grand homme. Ce n'est pas seulement
avec madame Carron ou avec Elise qu'il apporte une
franchise toujours touchante : « ... Il se peut qu'on ait
lu dans mon maintien ; car je suis bête, si bête !... »
Ou, lorsqu'il a été voir Julie à Lyon en l'absence de
sa mère et que celle-ci lui tend la perche pour atté-
nuer la faute : « Mais, Monsieur, vous ne pouviez pas
prévoir que ma fille était à Lyon !... — Hélas, madame, je le savais de la veille, je vous ai bien dit
que je le savais ! »... S'il cherche à se rattraper, « la
pièce, comme dit Elise, ne va pas au trou. » Mais,
même quand il écrit pour lui seul, il n'est pas moins
extraordinairement franc : « Je me fis, dit-il sans
contrition bien réelle, maladroitement répéter de
m'en aller. » Ou, un soir où les deux demoiselles
Carron viennent dîner chez sa tante : « Elles chantè-
rent, note-t-il ; mais au lieu du plaisir que j'attendais,
je manquai de m'endormir ». C'est bien le même
homme rigoureusement sincère qui, vingt-cinq ans
plus tard, disait à son fils Jean-Jacques, accouru
d'Italie après une séparation douloureuse avec ma-

1. Planche 4.

dame Récamier, sur un appel désespéré du père :
« C'est curieux, Jean-Jacques, je croyais, en te re-
voyant, éprouver plus de joie. »

Il avait beau paraître sérieux ; cette candeur, jointe
à sa jeunesse réelle et à son manque absolu de situation, durent contribuer à prolonger les hésitations.
La première rencontre est du 10 avril 1796, l'aveu du
17 septembre ; la date écrite en capitales, celle du
3 juillet 1797, et le mariage eut lieu seulement le
2 août 1799. Pendant la dernière année, tout le monde,
parents, amis, s'occupe à trouver pour Ampère une
situation lucrative. Ne songe-t-on pas un moment au
métier d'agent de change ? Le commerce est plus sérieusement envisagé et contenterait Julie. Mais on
arrive peu à peu à l'idée logique d'utiliser ses goûts
scientifiques. L'amour, en effet, n'empêche pas Ampère de continuer à travailler. Un jour, nous le voyons
très occupé à observer une éclipse dont il a calculé
d'avance les phases. Un autre jour, il mesure par
la trigonométrie la distance d'un clocher voisin. Il
emploie sa science et ses loisirs, non seulement à
instruire sa petite sœur ou à donner des leçons d'italien dans la famille Carron, mais aussi à commencer
l'éducation mathématique d'un jeune cousin Périsse,
qu'il conduira plus tard à l'Ecole Polytechnique.
Les amis de la maison apportent alors des avis, qui
sont parfois mal reçus : « Pourquoi n'irait-il pas s'établir à Paris comme professeur de sciences ? » disent
tour à tour son ancien professeur de physique,
M. Mollet et un M. Vial, si bien que Julie pousse ce
dernier par les épaules en lui disant : « Allez-vous-en ;
nous n'avons besoin de vos conseils ! » A la fin, la
décision est prise. Il viendra à Lyon, soit dans le ma-
gasin du beau-frère Périsse, soit dans un appartement

à lui ; il y donnera des leçons d'algèbre et il tâchera
d'obtenir un poste dans les Ecoles centrales qui viennent d'être créées.

Cela s'exécute en décembre 1797 : sans regret puisqu'il s'agit de Julie. Néanmoins c'est l'adieu définitif à l'existence indépendante et libre, à la science
pour le plaisir de savoir, à la flânerie. C'est même,
pour le moment, l'exil loin de Julie. Désormais,
il ne pourra plus aller à Saint-Germain que le
dimanche. Il apprend à connaître ces séparations qui
formeront jusqu'au bout la trame de sa vie sentimentale. Et l'on aura la cruauté de lui faire « espérer »
encore dix-huit mois le mariage. Mais, pour sa vie
scientifique, c'est l'entrée dans une phase nouvelle.
L'étape de la première jeunesse est terminée. Les relations qu'il va se créer à Lyon, le développement
progressif de son enseignement, qui portera bientôt
sur la physique, la chimie, l'astronomie, l'entraîne-
ront de plus en plus vers la science. Adieu, pour
quelque temps, à la vie littéraire et aux compositions
poétiques qui ont, jusqu'alors, occupé la plus grande
partie de son temps ! C'est donc le moment d'étudier
succinctement Ampère poète.

CHAPITRE III

Ampère a gardé toute sa vie le culte de la poésie, ou du moins de ce que l'on désignait par ce beau nom au temps de sa jeunesse. Dans sa pleine maturité, ayant déjà inventé l'électro-dynamique, il rêvait pour son fils, comme la gloire suprême, les succès du poète tragique, il retouchait avec minutie les tragédies de Jean-Jacques et composait des vers pour lui venir en aide. Pendant trois ans surtout, de 1795 à 1797, il a couvert de ses vers d'innombrables cahiers qui accusent à l'évidence sa manière de rédiger habituelle par brouillons successifs, généralement inachevés et conservés ensuite côte à côte. Beaucoup de ces pièces ont été uniquement destinées à Julie et à Élise Carron ; mais quelques-unes ont eu les honneurs d'une demi-publicité à la Société d'Emulation de l'Ain ou à la Société littéraire de Lyon et subsistent dans leurs archives. Assurément, si Ampère n'avait pas témoigné ailleurs de son génie, personne ne s'aviserait aujourd'hui de lire ces élégies, ces chansons, ces morceaux de poème épique ou de drame. Ce n'est pas que les vers d'Ampère soient très inférieurs à ceux des illustres contemporains qu'il se proposait pour modèles, Bernard, Gresset, Hamilton, Bernis, Voltaire, Demoustier, Sainte-Aulaire, etc., dont il retrouve parfois la grâce facile ou l'esprit ; ils ont le même défaut capital d'être poétiquement inutiles. Comme eux tous, Ampère, si merveilleusement doué à tant d'autres égards, ne possédait aucun sens artistique. Il lui manque ce don de l'image et de la forme, cette sincérité de sentiment, auxquels on croyait alors suppléer par quelque adresse dans le tour et par des imitations banales. Ce tisseur d'abstractions était de ceux pour lesquels le concret existe à peine et qui, suivant le mot de Théophile Gautier, interpellés à l'improviste, ne sauraient dire de quelle couleur est le papier de leur chambre. Physiquement, Ampère était myope et Sainte-Beuve nous a raconté comment il eut très tard la révélation de la nature réelle, de ses horizons et de ses plans, un jour où Ballanche lui posa devant les yeux des lunettes. Néanmoins, les poésies d'Ampère ne nous laissent pas indifférents parce qu'elles sont d'Ampère et parce qu'elles nous apportent quelques indications sur ses sentiments de jeunesse.

Son poème épique l'*Américide*, qui date de septembre à décembre 1795, n'a jamais été poussé plus loin que le début du premier chant, cinq ou six fois recommencé. Il s'agit de chanter Colomb et la découverte de l'Amérique. Mais ne cherchons ici rien de pareil aux Conquérants de l'Or célébrés par de Heredia. Le titre du poème est peut-être ce qu'il contient de plus original. Comme le *Roi constitutionnel*, tragédie de son père, il nous révèle, en effet, à lui seul toute une mentalité de l'époque, L'*Américide*, c'est le meurtre de l'Amérique. En fidèle disciple de Rous-

seau, Ampère va pleurer sur les vertus des bons sau-
vages, pervertis par la civilisation :

> Je chante les malheurs de ces tristes contrées,
> Par l'immense Océan de nos bords séparées,
> Où, loin de ces faux biens dont l'éclat nous séduit,
> Trouvant dans le repos le bonheur qui nous fuit,
> L'homme vivait sans soins, sans esclave et sans maître,
> Des trésors que pour lui la terre faisait naître
> Et passait tous ses jours pleins de tranquillité
> Dans le sein de la paix et de la liberté ;
> Mais où l'on vit soudain une troupe en furie
> De Barbares vomis du fond de l'Ibérie,
> Porter partout la mort et la flamme et le fer
> Et changer l'Amérique en un vaste désert...

De la tragédie *Agis*, il reste également un premier
acte en nombreuses variantes. Cela se passe à Sparte,
et la famille Carron, plus romantique, conseillait à
Ampère de préférer un sujet contemporain. Mais le
sentiment de l'actualité ne fait pas totalement défaut
et certains vers donnent à penser qu'Ampère, si peu
Bonapartiste plus tard, applaudissait en 1797, peu
avant le traité de Campo-Formio, aux signes précur-
seurs d'un régime nouveau. Il s'agit en effet, d'un
changement de dynastie. Cléomène, fils du souverain détrôné, aime, comme on pouvait le prévoir,
Agiatis, fille de l'usurpateur et Agiatis, qui veut ral-
lier son amant, lui dit :

> Quoi, sans les admirer, tu peux voir cet empire,
> Dans l'heureux changement dont Agis est l'auteur,
> Reprendre ses vertus, ses mœurs et sa grandeur ;
> Voir les citoyens nés dans des partis contraires,
> Ces rivaux acharnés ne sont plus que des frères...
> Voir ce peuple qu'Agis rend digne de sa gloire
> Se changer à sa voix en autant de héros
> Et bénir à l'envi son règne et ses travaux...

Nous avons, du reste, pour connaître les sentiments

politiques d'Ampère à cette époque, toute une série de pièces où l'on s'étonne un peu de l'entendre, lui, le fils du guillotiné de 1793, mettre la Terreur en chansons, épigrammes et rondeaux ; mais c'était le style du temps et sa future belle-sœur Elise Carron composait des chansons analogues d'un tour à peu près pareil : par exemple sur « la Terreur et l'Espérance ».

Dans ces vers politiques qui datent surtout de 1796, Ampère parle souvent des brigands qui « depuis sept ans », oppriment la France et c'est bien, en effet, à 1789 qu'il fait remonter le brigandage, lui jadis enthousiasmé par la prise de la Bastille ; car voici comment il parle maintenant de ce grand événement :

> Et que le jour sanglant de nos premiers forfaits
> Ait détruit ces cachots, l'opprobre des Français,
> Où le fatal abus d'un pouvoir légitime
> Enchaînait tour à tour l'innocence et le crime...

Il y peint également la Constituante :

> De mille députés la stérile éloquence
> Se charge d'assurer le bonheur de la France
> Et, livrés à l'intrigue, en proie aux factions,
> Ils remplissent l'Etat de leurs divisions...

Ou bien, il plaisante sur la « République infernale » que « Chalier et toute sa clique » veulent introduire aux enfers et sur le désordre que Robespierre, « depuis qu'il est là-bas, » provoque dans le royaume de Pluton.

> Aux Enfers, avec fracas,
> Chalier et toute sa clique
> Demandent la République ;
> Mais Pluton ne la veut pas :
> Pour perdre ainsi ses états
> Il est trop bon politique !...

> Pour terminer ces débats,
> Il fait faire une chaudière
> Où l'on cuira Robespierre,
> Qui, depuis qu'il est là-bas,
> Veut, malgré lui, mettre au pas
> Jusques aux sœurs filandières.
>
> Mais, tandis qu'en diligence
> On fait chauffer le chaudron,
> Robespierre écrit, dit-on,
> A toute sa saine engeance,
> De quitter vite la France
> Pour le séjour de Pluton...

Ou encore, c'est un « rondeau » contre les Maratistes :

> Vive Marat, criait-on dans le temps
> Que, désolant nos villes et nos champs,
> Des Jacobins la horde sanguinaire
> Sous le couteau mettait la France entière
> Et se gorgeait du sang de ses enfants.
> On dit qu'en France il est force brigands
> Qui du repos se montrent mécontents
> Et qui crieraient si l'on les laissait faire :
> Vive Marat !
>
> Mais il n'est plus le règne des tyrans !
> Qu'on aille ailleurs exercer ses talents
> Quand on ne sait que dénoncer ou braire,
> Comme faisaient, sous ce bon Robespierre,
> Ceux qui criaient en égorgeant les gens :
> Vive Marat !

Evidemment, quand le jeune orphelin rimait ainsi, l'époque de la grande émotion était passée.

Mais nous avons hâte d'arriver aux élégies, parfois gracieuses, où Ampère a célébré l'amour de Julie. Un jour, il décrit la douce journée de printemps où il la vit pour la première fois ; puis, c'est une chanson où il dialogue avec l'amour. Le Dieu qu'il implore lui promet le bonheur pour prix de sa constance :

> Ah ! s'il ne faut qu'être fidèle
> Pour obtenir un tel bonheur,
> Celle que j'adore est trop belle
> Pour que je craigne ta rigueur.
> Mais on m'a dit dans mon enfance
> Que l'amour est un dieu trompeur.
> Eglé, que faut-il que je pense
> Des promesses de ce flatteur ?

Ailleurs, il gémit, dans un style presque Lamartinien, sur l'absence de l'adorée :

> Que j'aime à m'égarer dans ces routes fleuries,
> Où je t'ai vue errer sous un dais de lilas :
> Que j'aime à répéter aux nymphes attendries,
> Sur l'herbe où tu t'assis, les vers que tu chantas !
>
> Au bord de ce ruisseau dont les ondes chéries
> Ont, à mes yeux séduits, réfléchi tes appas,
> Sur les débris des fleurs que tes mains ont cueillies,
> Que j'aime à respirer l'air que tu respiras !
>
> Les voilà ces jasmins dont je t'avais parée.
> Ce bouquet de troenne a touché tes cheveux.
> Tout ici me retrace une image adorée.
> Tout y plaint les tourments d'un amant malheureux.
>
> Regarde cette rose aujourd'hui desséchée !
> Hier, elle exhalait les plus douces odeurs,
> Sur ton sein palpitant tu l'avais attachée !
> Quel injuste dédain a flétri ses couleurs !
>
> Tout passe ! C'est ainsi que la course des âges
> Sur les ailes du temps emporte nos beaux jours,
> Qu'un ciel pur et serein se couvre de nuages,
> Que l'absence succède aux plus tendres amours !
>
> O Fanny ! C'est ici que mon âme éperdue
> Nourrira les chagrins dont je suis déchiré.
> J'y dirai tous les jours : « C'est là que je l'ai vue !
> En me disant adieu c'est là qu'elle a pleuré !... »

Un autre jour, il célèbre la solitude :

> Je viens au pied de ces chênes
> Pleurer le sort d'Ilion ;
> J'y viens partager les peines
> D'Andromaque et de Didon
> Ou pleurer avec Chimène...

En décembre 1797, lorsqu'il se fixe à Lyon, il écrit, sur la demande d'Elise Carron (Emilie), une longue épître agréablement tournée « dans le style de Gresset et d'Hamilton » pour regretter la présence de Sylvie (Julie), qui lui inspirait ses chants et comparer avec mélancolie les mœurs de Lyon aux charmes de la campagne [1] :

> L'absence est l'hiver des amants...
> Il n'est de bonheur qu'au village...

Enfin, pour terminer, voici des vers de circonstance accompagnant l'envoi d'un chat à une jeune fille. Je ne dis pas que Marot, en pareil cas, n'eût pas trouvé mieux. Mais pour le xviiie siècle, la conclusion n'est pas sans agrément :

> Lise, ne vous défiez pas
> D'un chat offert par vos amies.
> Redoutez plutôt certains chats
> Qui voudraient égarer vos pas
> Dans les bocages d'Idalie.
> Ceux-là sont tendres, complaisants.
> Ils parlent amoureusement,
> Mais ils ont des griffes cruelles.
> Ils en veulent au cœur des belles
> Et, si le vôtre était surpris
> Par un de ces croque-poulettes,
> Il s'en jouerait comme vous faites
> De tous ceux que vous avez pris.

---

1. L'original de cette pièce se trouve à Bourg, dans le tome III des manuscrits de la Société d'Emulation de l'Ain, sous le n° 48, où Geoffroy Saint-Hilaire l'avait copiée deux fois : d'abord pour Arago, qui en utilisa un trait dans son éloge, puis pour Jean-Jacques Ampère.

CHAPITRE IV

LE MARIAGE D'ANDRÉ AMPÈRE ET LE SÉJOUR A LYON
(1797-1802)

Nous avons abandonné Ampère au moment de son installation à Lyon. Jusqu'alors, il avait à peine quitté son village de Poleymieux et, malgré la proximité de Lyon, il n'avait pu contracter, parmi les savants ou les écrivains, que des amitiés peu nombreuses. On ne l'entend guère parler que de ce M. Couppier, personnage méthodique et correct, aux politesses d'ancien régime, avec lequel, dès 1793, il échangeait une correspondance mathématique, ou encore de Camille Jordan, son aîné de quatre ans, qu'il appelle toujours cérémonieusement M. Jordan : Camille Jordan qui avait joué un rôle actif dans la défense de Lyon. Au contraire, dès son arrivée à Lyon en décembre 1797, il s'occupe de chercher des élèves, de se faire connaître dans les milieux scientifiques ; il se lie avec un certain nombre de jeunes gens partageant les mêmes goûts sérieux : Lenoir, Bonjour, Journet, Barret, Ballanche et, plus tard, Beuchot. Ce premier séjour d'Ampère à Lyon devait durer quatre ans jusqu'en février 1802 et, pour beaucoup de détails relatifs à cette période, il est difficile de préciser les dates faute de lettres contemporaines. Nous voyons cependant Ampère, presque dès son arrivée, se faire recevoir à la Société littéraire, où il exerça bientôt un rôle actif de secrétaire qui a laissé sa trace dans une volumineuse correspondance. Il s'ocupe également de l'Athénée. .Enfin, d'après Sainte-Beuve, il avait constitué autour de lui un petit cercle d'amis qui se réunissait dans l'après-dîner, de quatre à six, à un cinquième étage, rue des Cordeliers, chez Lenoir. Là on causait sciences, philosophie ou littérature, et on lut, par exemple, à haute voix, le « Traité élémentaire de chymie d'après les découvertes modernes », par Lavoisier (1789), dont la doctrine, encore nouvelle, exerça sur l'esprit d'Ampère une puissante séduction, en contribuant à le reporter des mathématiques vers la chimie[1]. Ampère, comme tous les caractères confiants et expansifs, se liait aisément, et ses qualités morales lui attiraient des amitiés fidèles, qui ne firent que se multiplier avec les années.

Parmi ces amis de jeunesse, nous aurons plus tard à étudier Ballanche, le fidèle compagnon de toute sa vie, ainsi que Bredin et Roux-Bordier, avec lesquels il se lia seulement après son veuvage. Les autres ont une personnalité moins accentuée, ou du moins insuffisamment connue, à l'exception peut-être de Barret, qui finit par se faire prêtre et jésuite. D'une façon générale, ce petit groupe était composé d'esprits originaux, à tournure mystique, que les questions religieuses et philosophiques occupaient ardemment, en sorte que, suivant les époques, ils se convertissaient l'un l'autre, ou se détournaient momentanément de la religion.

1. Dans une lettre du 19 mai 1816, il rappelle que Bonjour l'a initié à la chimie en lui lisant Lavoisier chez le frère de Nizier.

Ampère passa plus d'un an et demi à Lyon avant
de réaliser le mariage si longtemps désiré. Il commença par y loger et donner ses leçons rue Mercière
dans un coin de la maison appartenant aux cousins
Périsse ; puis il paraît s'être établi rue Grolée près la
place des Cordeliers et, quand la date du mariage fut
fixée, il loua un appartement 6, rue du Bât-d'Argent.
Toute la vie de la famille Ampère à Lyon tient dans
un coin de la vieille ville, entre la place des Jacobins et la place des Terreaux, entre la Saône et le
Rhône. A l'Ouest, c'est le quai Saint-Antoine où habitait au n° 44, Jean-Jacques Ampère en 1793. Parallèlement, entre le Pont-du-Change et la place des
Jacobins, court la rue Mercière, rue d'aspect archaïque,
étroite et commerçante, où Jean-Jacques Ampère
avait déjà demeuré avant son mariage et où revint
André Ampère ; puis, vers l'Est, la rue Grolée ; la rue
du Bât-d'Argent, perpendiculaire au Rhône, sur laquelle se trouve aujourd'hui le lycée Ampère et enfin,
plus au Nord, au delà de l'Hôtel de Ville, dans la direction de la Croix-Rousse, la rue du Griffon, où se
trouvait la maison de la famille Carron.

Mais, quand Julie Carron ne venait pas habiter
Lyon, ce qui n'avait guère lieu qu'au cœur de l'hiver,
le fiancé s'échappait le plus possible vers Saint-Germain : au moins les samedis de chaque semaine. La
distance de Lyon à Saint-Germain n'est pas, nous
l'avons dit, bien grande, une douzaine de kilomètres
en pays assez accidenté. Ampère la franchissait souvent à pied dans la belle saison, avec des stations possibles à Coullonges où habitait la famille Campredon
alliée aux Carron et surtout à Poleymieux chez sa
mère. Mais, en hiver, il fallait recourir à la diligence
de Neuville qui mettait environ trois heures, traverser

la Saône et monter à « la petite maison blanche »
par un chemin que l'on appelait dans le pays le chemin des Amoureux. Une lettre d'Ampère, tournée
avec un esprit qui commence toujours par étonner
chez ce personnage grave et qui pourtant se rencontre
assez souvent dans sa correspondance, nous peint
d'avance les impatiences de l'amoureux destiné à par-
courir le surlendemain ce long trajet avec sa vieille
tante, la Tatan, moins pressée que lui d'arriver au
but : « A sept heures je m'embarque avec ma Tatan
sur la diligence de Neuville. Elle reste souvent plus
de trois heures en route ; mais j'espère que, ce jour-là,
elle fera plus de hâte et qu'à dix heures j'aurai au
moins déjà traversé la Saône. Me voilà montant à
Saint-Germain par le chemin des Amoureux ; jamais
il n'aura mieux mérité ce nom. J'aperçois bientôt
dans le lointain la jolie maison blanche, et mon pas
devient plus rapide sans que je m'en aperçoive. Pour
ne pas quitter ma Tatan au milieu du bois, je re-
viens cinq ou six fois sur mes pas... O disgrâce imprévue, il faut l'accompagner chez madame Sarcey !
Voilà un des plus beaux moments de ma vie retardé
de cinq minutes ! Cinq minutes sont bien longues
dans une pareille circonstance ; mais les pieds me dé-
mangent et ma visite s'abrège en disant que madame
Périsse m'a donné telle ou telle commission pour madame Carron... »

Le temps d'épreuve touchait à sa fin, et pourtant la
date du mariage n'était pas encore fixée, quand, au
mois de février 1799, Ampère fut atteint d'une maladie enfantine, la rougeole [1]. Dans l'impossibilité de

---

1. Les manuscrits d'Ampère renferment une note du 11 février 1799,
où il indiquait un procédé nouveau pour obtenir l'oxyde de carbone
(découvert deux ans avant par Priestley) en chauffant du marbre avec

faire son voyage hebdomadaire, il obtint alors, à force
de supplications, l'autorisation d'écrire à Julie et,
bienfait plus précieux encore, il reçut une première
lettre d'elle. Oh ! cette lettre, qu'il appelle son « ta-
lisman », comme il la conservera précieusement
parmi ses plus chères reliques, avec la violette qui...,
avec la campanule que..., avec tous ces souvenirs
d'instants délicieux que chaque génération retrouve
à son tour et qui constituent l'éternel et charmant
enfantillage des amoureux ! La lettre où il en remercie
touche au lyrisme : « Par quel témoignage d'un
amour éternel pourrai-je jamais m'acquitter de la
moindre partie de ce que je vous dois ? En vous con-
sacrant ma vie, je travaillerai à mon propre bonheur, je ne ferai que contracter de nouvelles obliga-
tions... Mes lettres n'ont pu que vous ennuyer en
vous peignant froidement ce que je sentais si vivement. Quelle plume de feu, quel écrivain sublime
aurait pu trouver dans notre langue des expressions
qui peignissent tous les transports de mon cœur ?
Toutes les fois que j'ai eu le temps de relire mes
lettres, j'ai senti cette différence, j'ai gémi de mon
inaptitude à bien écrire, de la faiblesse de mon style,
de celle peut-être de notre langue, et j'ai souhaité inutilement qu'on pût écrire le langage du cœur : ce langage qui n'a besoin du secours des paroles pour se
faire entendre aux âmes sensibles. Ah ! Mademoiselle,
si vous voulez vous faire une idée plus juste de mes
sentiments, déchirez ces lettres insignifiantes, prenez
une glace et lisez-les sur les traits charmants qu'elle
vous offrira ; vous y verrez se peindre l'âme la plus
pure et la plus sensible et vous direz : « Quel doit

du charbon pulvérisé et où il montrait les conséquences théoriques
de l'expérience.

être l'amour de celui qui les a contemplés tant de fois depuis trois ans et qui après avoir fait dépendre son existence d'un léger retour d'une si charmante personne, vient d'apprendre qu'elle l'a choisi... pour son époux ! »

Cette lettre est du 9 mars et c'est seulement le 2 août 1799, près de cinq mois après, que le notaire de Neuville vint à Lyon, chez madame Carron, faire signer le contrat. Le 6 août, on célébrait le mariage religieux, « après les publications possibles dans les circonstances présentes », à demi ouvertement et enfin, le 7 août, le « président de l'Administration municipale du Nord, canton de Lyon, certifiait avoir vu comparaître devant lui, au lieu de la réunion des citoyens, André-Marie Ampère « mathématicien » et Catherine Antoinette Carron (j'ai déjà dit que c'était le nom officiel de Julie), « lesquels lui ont déclaré à haute et intelligible voix se prendre librement et volontairement pour époux ». Le marié avait alors vingt-quatre ans et la mariée près de vingt-six. Le jeune ménage s'établissait rue du Bât-d'Argent et, profitant des vacances que l'on avait attendues pour la cérémonie, partait bientôt passer l'été à Saint-Germain et à Poleymieux.

Puisque nous nous trouvons en présence d'un contrat notarié, l'occasion est bonne pour examiner quelle était, à cette époque, la situation de fortune d'Ampère.

Lui-même, pour sa part dans la succession paternelle, recevait de sa mère le quart du revenu de Poleymieux, net de toutes charges et sa mère lui donnait de plus en dot la moitié d'une créance Guérin de 10.000 francs, dont il est bien souvent question dans la correspondance ultérieure, mais qui ne fut touchée que plus de trois ans après. Poleymieux pouvait valoir une vingtaine de mille francs ; le quart du revenu annuel représentait au plus 300 francs. Julie Carron, qui avait également droit à la succession de son père, était presque exclusivement fournie en meubles, trousseau, argenterie, bijoux et, sur un total estimé à 12.000 francs, recevait seulement 1.200 francs en espèces. On s'explique comment la question d'argent allait jouer un rôle si tristement important dans leur vie et comment la jeune femme, dans sa première lettre à sa mère, écrit : « Plus je le connais, plus je le trouve bon et sensible. Avec de la fortune, tout irait parfaitement bien. »

Nous avons peu de chose à dire sur la première année de mariage 1799-1800. C'est la lune de miel sans incident. Plus tard, dans les tristesses de sa vie, Ampère se reportait toujours vers ces seuls moments lumineux de la rue du Bât-d'Argent. Nous voyons alors une Julie gaie et malicieuse, active ménagère, ne détestant ni le théâtre, ni les soirées, ni même la danse ; une Julie qui disparaîtra ensuite trop vite, comme « la lumière qui s'éteint. » Le dimanche, on aperçoit les deux ménages Ampère et Périsse se promenant ensemble paisiblement sur le quai. Le soir, après avoir dîné chez le beau-frère Périsse, les amoureux reviennent de la rue Mercière à la rue du Griffon, penchés l'un sur l'autre. Ampère donne ses leçons, qui réussissent, à des élèves de plus en plus nombreux. Il continue à fréquenter son groupe d'amis et, pour les jours de fête, Julie et André s'adressent mutuellement des vers : les vers de Julie accompagnés d'une fameuse cravate, à laquelle Ampère, dans la suite, fait de fréquentes allusions. De temps en temps, madame Ampère envoie de Poleymieux à

Lyon, un tonneau de vin, une charge de fruits, du bois, ou, présent plus raffiné, des truffes, avec lesquelles on confectionne des gâteaux succulents. Ces jours-là, son granger Delorme descend de la montagne avec son attelage rustique et se plaint que les bœufs soient bien difficiles à conduire dans les rues.

L'amour d'Ampère ne fait que s'exalter. Quand sa femme retourne à Saint-Germain, au printemps, il lui écrit, avec sa grosse écriture maladroite, de longues pages de tendresse, terminées par des conclusions comme celle-ci : « ... J'ai le plaisir d'écrire à mademoiselle Carron, à mademoiselle Catherine, à mademoiselle Julie, à la jeune madame Ampère, à ma maîtresse, à mon amie, à mon épouse et à la maman de ma petite Julie » (c'est le nom que l'on donnait d'avance à l'enfant espéré, qui devait s'appeler Jean-Jacques)... « Je t'écris pendant la leçon de M. Champ et de ses camarades, qui murmurent des distractions que me cause une si douce occupation... »

Ampère professeur n'avait pas attendu longtemps, on le voit, pour s'attirer un reproche qui le poursuivra si longtemps, sans d'aussi bonnes raisons, dans la suite. Julie aime certainement beaucoup aussi son mari. Mais il y a, je l'ai indiqué, entre les expressions de leurs deux tendresses, une nuance très marquée, qui va s'accentuer plus tard et qu'elle-même précise de suite, soit en prose, soit en vers. Elle aime plus placidement, plus « amicalement » et aussi plus maternellement celui qu'elle commence dès les premiers jours à appeler « son fils, » tandis qu'elle reste pour lui « la bienfaitrice. » Ce n'est pas dix-huit ou vingt mois qu'elle a de plus que lui ; ce sera vite dix ans. Elle cherche à la fois à modérer ses expansions (surtout en public, mais même dans l'intimité) et à le façonner, à lui inculquer les qualités pratiques et un peu mondaines qui lui manquent. Cet homme de génie est, pour elle, ce qu'il sera pour la plupart de ceux qui l'aborderont, et même un jour pour son fils, un enfant auquel il convient d'apprendre la prudence, le calme et la raison. Cela ressort sans cesse de la correspondance. Dans ces couplets de Julie pour la fête de son mari, qui semblent si doux à celui-ci, elle dit, avec une malice évidente :

> Je voudrais te faire un couplet
> Qui ne fût ni froid ni trop tendre,
> Qui te peigne un cœur satisfait
> D'en voir un qui sait bien l'entendre.
> Ce sort nous unit pour toujours,
> – Toi tendre ami, moi bonne amie ;
> Et, sans être brûlant d'amour,
> Heureuse sera notre vie...

Ailleurs, on cueille au hasard des phrases dans ce genre : « Si je n'aime pas les mêmes formes que toi pour prouver la tendresse, les fonds de nos sentiments sont les mêmes et ta Julie t'assure qu'elle t'aime bien... » « Mon cœur t'aime bien tranquillement, mais bien pour toujours... » « Tu trouveras ta femme disposée à bien dormir et qui *aime à t'aimer* tout paisiblement... » « Ta Julie t'aime bien ; mais c'est un mari raisonnable et prudent qu'elle veut avoir... » Si tu ne m'embrasses guère en entrant, si tu es bien gai, je t'aimerai tant, tant, tant que je pourrai. Crois que je peux beaucoup et que je veux aussi t'aimer toute ma vie... » « Demain, j'arriverai par la diligence... Je te prie, mon bon ami, si tu me dis bonjour en m'embrassant devant tout le monde, n'aie pas ton air ordinaire à me serrer dans tes bras. Je t'en prie, réserve cela pour quand nous serons seuls et je t'en saurai bien bon gré... »

Réunies ainsi artificiellement, ces phrases, qui reviennent si souvent dans les lettres de Julie, pourraient nous donner une idée de froideur très inexacte. Mais c'est qu'Ampère était incorrigible dans ses exubérances. Ainsi elle lui envoie un messager pour un rendez-vous pressé à changer. Il répond, puis écrit, en patois de sa grosse écriture, sur le papier qu'il rend au porteur : « Io t'amo » et signe A. Ampère.

Ou bien, à un autre messager qui repart pour Saint-Germain, il donne, et non pas seulement une fois, sa lettre ainsi adressée : « *A ma Julie*, chez madame Carron, » si bien qu'il s'attire justement cette réponse affectueusement moqueuse :

« Mon bon ami, j'ai reçu ce matin ta lettre et, comme l'adresse était *à ma Julie*, celui qui me l'a remise prétendait que j'étais sa Julie. Ainsi voilà à quoi tu t'exposes en mettant une adresse comme cela !... Tu me demandes si j'aime le samedi (jour de leur réunion). J'espère, mon bon ami, que tu ne doutes pas de mon cœur qui, comme tu le dis, t'aime bien tranquillement, mais bien pour toujours, quoique je te dise quelquefois le contraire. Tu sais si mes petits raffolages sont sur des choses qui puissent compromettre notre amitié et si j'aime moins ceux que j'aime quoique je ne les embrasse pas si souvent. Je t'assure, mon bon ami, que je crois que c'est un peu l'habitude ou envie de faire quelque mouvement. Si tu m'embrassais moins, je serais sûre que tu le fais avec plaisir. Mais je ne sais pourquoi je te dis tout cela ; c'est bien assez de t'en parler sans te l'écrire. Ce que je veux te répéter, c'est que tu es mon bien bon ami et que, si j'étais mademoiselle Julie et que je voulusse un mari, ce serait toi ; mais, pour t'assurer que j'en voulusse un, c'est ce que tu ne sauras pas, ni moi non plus. Car on ne sait jamais ce que l'on voudra faire demain ; comment savoir ce que l'on aurait toujours pensé ?... Adieu, mon frère ; adieu, mon André, mon amoureux et mon mari constant. Voilà bien des titres pour te dire à mon tour que je suis ta meilleure amie... » Le ton n'est évidemment pas tout à fait le même des deux parts ; et c'est dommage ; car ce pauvre Ampère était si profondément heureux dès qu'il recevait un mot un peu affectueux et il méritait si bien de l'être !...

Après avoir passé le printemps 1800 à Saint-Germain chez sa mère, Mme Ampère-Carron revint à Lyon pour la naissance de son fils Jean-Jacques (le futur académicien et ami de Mme Récamier). Jean-Jacques Ampère naquit le 12 août 1800, 18, rue Mercière, au premier. Le jeune ménage venait de déménager pour venir habiter près de la sœur, Mme Périsse, logée au 15 de la même rue. En quittant la rue Bât-d'Argent, il y abandonnait dans le passé à peu près tout le lot de bonheur qui lui était réservé par la destinée. Immédiatement après ses couches, la jeune femme tomba gravement malade et commença à souffrir d'une tumeur abdominale qui devait empoisonner ses trois dernières années de vie. A partir de ce moment, ses lettres ne parlent plus guère que de ses souffrances, cependant bien courageusement supportées. A de très rares exceptions près, adieu tous les plaisirs d'une vie normale ! La relation trop évidente de cette maladie avec la grossesse devait rester pour elle une sorte de grief informulé et, pour lui, un véritable sujet de remords.

A cette époque, l'habitude était, malgré la prédication de *l'Emile*, de mettre les enfants en nourrice. Julie, si souffrante qu'elle fût, tint à nourrir le sien pendant plus d'une année. L'enfant réveillait sa mère la nuit, les parents se disputaient le soin de le bercer et le pauvre Ampère écrivait des lettres éplorées dans ce genre : « J'ai pleuré en chemin de ma bêtise à croire que le petit dormirait sans qu'on le berçât... »

Cependant l'hiver 1800-1801 se passa encore dans une douce intimité. Ampère avait accru le nombre de ses élèves qui, d'après les noms cités incidemment dans ses lettres, devaient être au moins une dizaine. Aux leçons d'algèbre, il ajoutait maintenant la chimie et la physique. Dans l'appartement nouveau de la rue Mercière, il avait fait établir des cloisons pour constituer un laboratoire. Il avait acheté des appareils assez nombreux dont nous avons la liste, notamment une machine électrique, une machine pneumatique, une machine à faire de l'eau, une cornue de fer, une cuve à mercure, un globe céleste de huit pouces de diamètre, un baromètre, etc. Des hommes mûrs, et non pas seulement des enfants, venaient assister à ses conférences.

Il faisait des expériences, pour lesquelles il lui arrivait de recourir à des artifices qui amusent rétrospectivement de la part de ce grand honnête homme [1] : « Mes expériences ont paru réussir complètement ; mais j'ai eu recours à un peu de supercherie qui, du reste, n'a rien gâté. » Il avait raison de rassurer sa femme sur le succès des expériences ; car Julie garda toujours pour la chimie, science malodorante et corrosive, une antipathie qui lui est commune avec plus d'une bonne ménagère, femme de savant. Elle reprochait aux acides de gâter les vêtements, aux gaz de détruire la santé et elle abondait en recomman-

---

1. Comparer *A. de la Rive*, par Louis Soret, 1877, p. 18.

dations, d'ailleurs point inutiles avec son distrait de mari : « Pense à ta femme ; ne goûte point de tes drogues en faisant de tes expériences et pense que tu me fais du chagrin quand tu te fais mal... ». Distraction à part, elle devait frémir quand Ampère lui écrivait dans un de ses grands désespoirs habituels : « J'éprouve tous les jours davantage qu'il n'y a que toi qui fasses que je me soucie de vivre. Je faisais hier des préparations avec de l'acide sulfurique et il me semblait que je n'aurais point eu de répugnance à en boire un verre si ce n'est que ma Julie est à moi et le petit qu'elle m'a donné. » En même temps qu'il travaillait la chimie, Ampère restait, avant tout, mathématicien, comme il le sera au moins une dizaine d'années encore ; cet hiver-là, il présente à l'Académie de Lyon son premier mémoire scientifique sur l'égalité des polyèdres symétriques.

Mais tout cela ne donnait que bien juste de quoi vivre et, si peu dépensiers qu'ils fussent l'un et l'autre, les deux époux n'arrivaient pas à grossir la toute petite réserve qu'ils appelaient leur « Trésor »: Les conseils financiers abondent dans les lettres de la femme : « L'argent est bien précieux pour nous qui en avons tant besoin et 33 livres (qu'elle lui reprochait d'avoir égarées) peuvent acheter bien des biscuits à ton petit et des briquettes à ta femme. J'espère qu'en pensant à elle tu feras un peu attention à ce que tu fais de ton argent. Si tu ne le fais pas, nous serons bien mal dans nos affaires. » Affectueux de la part de Julie, les reproches d'esprit peu pratique prennent parfois une tournure plus vive de la part des parents : non pas de la belle-mère, trop bonne pour récriminer, ni de la mère trop pieusement confiante dans la Providence, mais de la Tante Boyron par exemple (une sœur de madame Carron). Un jour, Ampère écrit une lettre désespérée parce que la tante lui a reproché de contribuer à la maladie de sa femme en ne sachant pas « s'intriguer » davantage pour augmenter le nombre de ses élèves, en négligeant de voir les personnages importants, comme Monge, qui vient de venir à Lyon faire passer les examens de l'Ecole polytechnique, auxquels un élève d'Ampère, Derrion, a brillamment répondu.

Aussi il est à la recherche d'un poste fixe dans l'Université qui se constitue : un poste lui assurant le pain. On parle beaucoup, autour de lui, des prytanées, des écoles centrales départementales, qui, fondées depuis 1795, jouent, dans chaque chef-lieu, le rôle de lycées. Ampère fait des démarches. Il en fait faire par son ami, Camille Jordan, plus influent. Il en demande aussi à son beau-frère Carron, qui, au début de 1800, a été appelé à Paris par un oncle et qui, en février 1801, y transplante décidément sa famille. Carron va voir, pour Ampère, un certain M. Caire dont nous entendons fréquemment le nom, un M. Carret, etc. Généralement les démarches sont bien accueillies par ceux qui ont déjà entendu parler d'Ampère, dont la réputation mathématique commence à s'établir. D'autre part, Ampère écrit et commence à faire imprimer chez son beau-frère Périsse un ouvrage de physique. Tout cela contribue à le mettre en évidence. Dans cet heureux temps, il n'était point nécessaire pour enseigner, même officiellement, d'avoir longtemps fait queue entre les barrières rigides des programmes et traversé les guichets multiples des examens. Un ministre, un préfet pouvaient avoir l'audace scandaleuse de confier une chaire à un Ampère qui se bornait à être un cerveau admirable sans avoir même jamais mis le pied dans une école. Néanmoins, il fallait attendre une place vacante dans la région lyonnaise : Ampère, et surtout sa femme, ne pouvant songer à s'expatrier.

L'hiver 1800-1801 s'étant passé ainsi, au printemps 1801, Julie retourna, avec son enfant, s'installer à Saint-Germain et son mari reprit le régime sévère des venues dominicales. Julie était de plus en plus souffrante. On avait déjà essayé de nombreux remèdes. En juin 1801, il y eut une consultation d'un docteur Petetin qui fut tout un drame de famille ; car le médecin ne pouvait venir jusqu'à Saint-Germain, et Julie ne pouvait quitter toute une journée son enfant, qu'elle refusait de sevrer. On trouva le moyen terme de faire rencontrer le médecin et sa cliente à mi-chemin, à Collonges, chez des amis et il en résulta quelques prescriptions qui ne produisirent aucun effet. A l'automne, autre ennui, une longue coqueluche de l'enfant, moins fatigante encore pour lui que pour la mère. Enfin, l'on revient à Lyon pour un dernier hiver en commun et voici qu'en décembre on aperçoit la possibilité d'une place. Mais c'est à l'école centrale de Bourg, et Bourg, où l'on se rend maintenant de Lyon en une heure et quart d'express, était alors séparée de la ville par 60 kilomètres de mauvaises routes, que l'on mettait pratiquement un jour et demi à franchir. Dans l'état de santé de Julie, avec un enfant de dix-huit mois, sa transplantation en hiver loin de sa famille, dans cette ville inconnue, parut impossible. Le départ d'Ampère était néanmoins le seul moyen d'obtenir plus tard un poste à Lyon. On se résigna alors à une séparation qu'on espérait brève, jusqu'au printemps tout au plus et qui devait être en réalité, presque définitive. Quelques jours après le voyage de Bonaparte à Lyon (26 janvier), le 17 février 1802, Ampère dit adieu à sa femme éplorée et une voiture, qui s'embourba deux fois, l'amena le lendemain matin à Bourg, où il devait passer quinze mois et qu'il ne quitta, en avril 1803, que pour revenir assister aux derniers jours de sa femme. C'est un autre chapitre de sa vie que nous abordons : un chapitre pour lequel nous sommes abondamment renseignés, les lettres du mari et de la femme constituant un véritable journal presque quotidien de leurs deux existences. On pourrait l'intituler : « Un début dans l'instruction publique en 1802. »

CHAPITRE V

AMPÈRE PROFESSEUR A BOURG (1802-1803)

Ampère, en arrivant à Bourg pour remplacer le citoyen Tissier, révoqué par le Ministre de l'Intérieur depuis le 15 décembre 1801, n'était pas officiellement nommé. Il lui fallait remplir la formalité de passer devant un jury d'instruction publique local présidé par le préfet. La formule de l'arrêté qui le nomme à la date du 19 février 1802 (30 pluviôse an X) est imposante : « Vu le procès-verbal dressé par le jury d'instruction publique à la date de ce jour, duquel il résulte qu'après avoir examiné le citoyen André-Marie Ampère... il est convaincu que ledit citoyen Ampère réunissait toutes les conditions requises pour occuper la place de professeur de physique près l'Ecole Centrale de ce département... Arrête... que le citoyen Ampère sera installé dans ses fonctions le 1ᵉʳ ventôse (20 février) par les membres du jury d'instruction publique, après avoir toutefois souscrit la promesse de fidélité à la Constitution de l'an VIII... » Le récit fait par Ampère à sa femme est plus simple : « J'ai été chez les jurés, chez le préfet. Les jurés m'ont fait un acte que j'ai été reprendre et porter chez le préfet. Il m'a très bien reçu les deux fois... » Son traitement était désormais de 2.000 livres, ou, plus exactement, de 2.018 livres, 8 sols parce qu'on le payait en francs républicains, plus quatre louis de casuel et les leçons particulières : ce qui lui permettra, vivant pour une quarantaine de francs par mois, d'envoyer le reste à sa femme.

Les débuts de cette correspondance continuent à nous montrer un Ampère très amoureux de sa Julie, inquiet de sa santé, se désolant pour une lettre en retard et employant toutes ses heures libres à lui écrire : ce qui ne peut nous surprendre et ce qui durera jusqu'à la fin ; mais ils nous découvrent, en même temps, un Ampère, observateur humoristique du milieu nouveau où le sort l'a jeté. Ce milieu était fort original, toujours pour la raison qui permettait à Ampère lui-même de venir enseigner sans diplôme, parce que les professeurs de cette époque n'étaient pas nécessairement tous coulés dans le même moule (autant du moins qu'il appartient à des règlements administratifs d'uniformiser les hommes). En cette période de reconstruction, où la France passait la tête hors des catacombes pour respirer un air plus libre, l'enseignement recueillait des épaves de tous genres : des hommes à l'existence accidentée, dont le moindre défaut était la banalité. Voici quelques croquis de professeurs esquissés par Ampère, qui n'était pas méchant et dont les peintures se trouvent en outre confirmées par un manuscrit inédit de l'astronome Jérôme de Lalande décrivant Bourg à la même époque[1].

La première personne que va voir Ampère en arrivant, et le professeur le plus en vedette est M. Ri-

---

1. *Tablettes chronologiques pour servir à l'histoire de Bourg et de la Bresse*, 1764-1806 (Bibl. de la ville de Lyon). Jérôme de Lalande (1732-1807) était né à Bourg-en-Bresse.

boud qui l'invite aussitôt à dîner avec un jeune collègue, M. Beauregard. Thomas Riboud, âgé de quarante-sept ans, presque deux fois l'âge d'Ampère, avait été procureur du Roi à Bourg en 1779, procureur général de l'Ain en 1790, membre de l'assemblée législative en 1792, emprisonné pendant la Terreur, membre du Conseil des Cinq Cents en 1798. Il professait alors à l'Ecole Centrale de l'Ain l'histoire philosophique, avant de redevenir membre du Corps législatif de 1806 à 1811. Il était correspondant de 3ᵉ classe de l'Institut, où il envoyait des mémoires sur les substances bitumineuses de l'Ain et sur la topographie du département. M. Riboud frappe surtout Ampère par son air froid. « Sa femme plaira à Julie quand elle la verra, quoiqu'elle soit bien bavarde. Ils ont de nombreuses demoiselles qui paraissent bien peu aimables. » Le bibliothécaire vient après le dîner chez M. Riboud : « Il a l'air bien bête ». Quant au jeune collègue, M. Beauregard, professeur d'histoire, il se met en quatre pour le nouveau venu, tellement qu'Ampère quitte l'auberge Renoud où il est d'abord descendu, pour prendre pension chez lui. Mais bientôt il en apprend de belles sur le compte de ce ménage. On lui dit que toute la ville se gausse de sa naïveté parce qu'il s'est montré pudiquement choqué à l'auberge par quelques propos grivois pour venir loger chez une drôlesse sur le retour, devenue seulement à peu près sage parce que personne n'en veut plus... Personne, sauf cependant M. Mermet, professeur d'éloquence, que l'on rencontre trop souvent chez elle. Ampère, qui l'observe « depuis qu'il est au fait du revers de la médaille », raconte à sa femme un dîner plaisant chez ce M. Mermet avec les deux Beauregard, mari et femme, où la mère de M. Mermet, grosse et franche paysanne qui n'a voulu se mettre à table qu'un instant, adressa au mari « un petit avis très énergique dans le goût du pays et dont chacun a été déconcerté. « Je me mordais les lèvres pour ne pas rire de la colère concentrée de Beauregard. » M. Beauregard pousse, d'ailleurs, le zèle jusqu'à assister à toutes les leçons d'Ampère pour lui donner publiquement des conseils, si bien que celui-ci, toujours brave homme, a de la contrition d'avoir cru les malveillants. « Il n'y a point, dit-il, de fumée sans feu. Mais, comme disait un grand seigneur à une dame de la cour qui se plaignait d'être accusée d'avoir eu six enfants d'un évêque : « Rassurez-vous, Madame, on sait bien que, de tout ce qui se dit à la Cour, on n'en doit croire que la moitié. »

Indiquons de suite comment se termina cette relation avec les Beauregard. Au début, la dame se met en frais pour Ampère qui lui paraît fort gentil et, comme elle le voit pudibond, elle affecte elle-même la plus grande réserve de langage et réprimande sévèrement ceux qui se permettent des incorrections devant elle : M. Mermet en premier lieu. Mais, peu à peu, cela se gâte. Elle trouve alors qu'Ampère mange trop pour le prix de sa pension. Il commence par ne plus prendre qu'un repas chez elle. Puis, comme, décidément, elle en a assez de ce trop sérieux convive, un jour où il arrive à table les doigts tachés de nitrate d'argent, elle lui fait une algarade sur ce qu'elle ne mange pas avec des gens qui travaillent dans le fumier. Ampère comprend et quitte la maison. Lorsqu'il reviendra à Bourg après les vacances, il se bornera à lui faire une visite de cérémonie, où elle l'accueillera avec de grands airs pincés.

Le M. Mermet, qui courtisait cette dame, « bavard

sans être bête, » n'avait pas d'abord trop déplu à
Ampère, malgré « son défaut de rire sans cesse au nez
de ceux avec qui il fait la conversation ». Mais voici
ce que notre ami écrit quelques jours après : « Je fais
tous les jours des découvertes désagréables au sujet
des autres professeurs. Ce M. Mermet, qui me paraissait d'une assez douce société, est peut-être le pire
de tous. Quoique curé, il s'était servi de son ascen-
dant sur les esprits faibles pour engager une très
jeune personne d'une bonne famille à l'épouser et,
quand il a vu que les prêtres mariés étaient honnis,
il l'a chassée de chez lui et l'a plongée ainsi dans la
plus déplorable situation. » Avec cela, un poltron qui
tombe malade de frayeur pour un léger accident de
route. « Sa voiture est restée, d'après ce que m'a
dit son imagination effrayée, enfoncée et à moitié
versée dans un trou plein de boue d'où rien ne pouvait la sortir. »

Le Mermet dont il s'agit, a laissé une toute petite
renommée littéraire. Défroqué de la Terreur, comme
le dit Ampère, puis réconcilié avec l'Eglise quand le
danger fut passé, il devint plus tard censeur du lycée
de Moulins et finit chanoine honoraire de Versailles.
En 1802, âgé de quarante ans, il avait déjà publié à
Bourg, en 1797, des lettres sur la musique moderne.
Il écrivit plus tard divers ouvrages, dont le principal,
daté de 1803, est intitulé *Leçons de belles-lettres* et
forme trois volumes. Il y travaillait quand Ampère l'a
connu.

Si nous continuons le défilé, nous trouvons
M. d'Avrieux, l'un des jurés, « que tous les professeurs détestent, » mais qu'Ampère juge un homme
plein de moralité et même de connaissances malgré
son originalité. « Mme d'Avrieux, plus jeune de beau-

coup que son mari, serait assez aimable ; mais elle a
un défaut nuisible aux agréments de la société ; elle
est sourde, et malheur à ceux qui ont des oreilles ;
sa voix les déchire et

> Semble un violon faux qui jure sous l'archet.

« La mère de cette dame est si singulière, si comique, si originale que ce n'est rien de le dire. On
joue beaucoup dans cette maison ; il y avait douze personnes à dîner, un repas superbe à deux services... »
Quant à M. Tissier, le professeur révoqué que rem-
place Ampère, « il se lamente tout à son aise. »
En définitive, le seul professeur qui soit sympathique à Ampère et avec lequel il va se lier d'une
amitié durable, est M. Clerc, professeur de mathématiques, qu'Ampère, toujours modeste, commence par
regarder avec quelque déférence, mais dont il décou-
vrira peu à peu le tuf. Ce M. Clerc est un fils de
paysan jurassien, élevé au séminaire, dont le frère,
« niais de mine et de langage, est à peine capable de
s'exprimer par monosyllabes dans son patois de
Saint-Claude. » Lui, intelligent, a su se former lui-
même et présente une grande qualité, qui devait
plaire particulièrement à Ampère : « C'est un homme,
dit-il, qui laisse voir toutes ses pensées comme dans
un miroir. »
On remarquera qu'Ampère, malgré sa distraction,
était parfaitement capable d'ouvrir les yeux en société et lui-même nous dit qu'il s'amuse à deviner les
motifs secrets de ceux qu'il voit et « à faire ses petites
observations dans un monde nouveau. » Cette période d'analyse psychologique n'a pas duré ; ou du
moins, Ampère n'en a pas fait profiter longtemps sa

femme, et nous, par contre-coup, ayant été vite absorbé par des réflexions plus abstraites. Mais elle complète son universalité, en nous découvrant la possibilité d'un Ampère « nouvelliste. » Il devait, à cette époque, avoir un certain esprit de conversation s'ajoutant à l'intensité de vie qui pétillait en lui et à ce don qu'il garda toujours de parler avec une abondance intarissable sur n'importe quel sujet. Sa femme lui écrit un jour : « J'ai vu chez Lempereur une vieille tante, à qui tu as tourné la tête et qui voulait absolument me faire chanter une chanson que tu avais faite. » Et lui-même écrit en plaisantant : « La conversation étant devenue générale et très intéressante, je m'y mêlai et j'entendis Mme Fontaine qui disait à Michallet que j'avais bien de l'esprit ; apparemment comme il arrive que, quand on a bien froid, on trouve chaud tout ce qu'on touche. »

Naturellement, ce n'est pas seulement ses collègues qu'il examinait, et nous avons par lui quelques autres croquis de ce milieu « petite ville », en cette période de déséquilibre où une société se reconstituait sur les ruines de l'ancienne, comme après un tremblement de terre et où on n'avait pas encore inventé de canoniser Robespierre et Danton.

C'est le Préfet Ozun (mort quelques mois plus tard) et son successeur M. Jacobi, ancien conseiller de préfecture de la Ruhr, personnage important, superficiel et phraseur, qui daigne se montrer bienveillant avec ses administrés, mais qui fait de l'esprit facile à leurs dépens et se croit très supérieur à eux. Un jour où le pauvre Ampère, anxieux et intimidé, vient implorer de lui un crédit de 100 francs pour pouvoir continuer ses expériences de physique, M. le Préfet s'amuse à embarrasser ce petit professeur en le laissant dans l'incertitude et lui disant, pour conclure, qu'il va en conférer avec sa femme.

C'est le maire, « homme entier dans ses idées, ex-noble et militaire qui a fait chasser les femmes des professeurs de l'école et ne veut point de bien à tout l'établissement qui sent la Révolution [1] ».

C'est M. de Rohan, un vieux monsieur très accueillant, chez lequel Ampère « ne s'ennuie pas à cause de ses connaissances physiques et mathématiques. » Quand celui-ci arrive à s'épancher, il fait pitié en racontant ses malheurs et la mort de sa femme. « Depuis dix ans, il n'y a plus de bonheur pour lui. Je lui ai vu des larmes dans les yeux, qui faisaient un contraste singulier avec son air dur et franc de militaire. Elle est morte des chagrins que lui a causé l'emprisonnement de son mari, toujours menacé de la mort pendant près d'un an. »

Mais ceux-là même qui pleuraient en secret étaient obligés de se laisser reprendre par les engrenages de la vie et il y en avait beaucoup d'autres qu'avait tout simplement gagnés la frénésie générale du plaisir et qui n'étaient pas tous des « nouveaux riches. » A peine Ampère était-il arrivé que Riboud lui envoie une invitation de bal. Il répond qu'il ne danse pas (et nous aurions été un peu surpris de le voir danser). Mais Mme Clerc va à ce bal, sans son mari qui ne danse pas non plus, accompagner le ménage Beauregard.

On touche, alors au mardi gras (2 mars) : « Je viens de souper et j'ai été poursuivi des masques comme Pourceaugnac des lavements. Au reste, tu

---

1. Les Ecoles centrales de 1795 furent considérées comme symbolisant le matérialisme scientifique de Locke et de Condillac, et c'est pourquoi, quand eut lieu en 1802 le retour au catholicisme, on les remplaça par les lycées.

sauras que c'est ici la mode, que toutes les honnêtes femmes se masquent aussi bien que les hommes. On donne des bals masqués dans les meilleures maisons. Mme de Joux (sœur de M. de Rohan), en avait un chez elle avant-hier, où l'on m'a dit qu'il y avait soixante personnes. Mlle de Rohan y fut masquée, accompagnée de son père aussi masqué. Cet usage paraît d'autant plus comique qu'on ne sait ici ce que c'est qu'un carrosse et qu'ainsi toutes ces belles masques vont à pied dans les rues. Toute cette société de Mme de Joux fut ensuite au bal où l'on payait et où le préfet était aussi... »

On peut remarquer qu'à ce bal chez une « ci-devant » assistent les professeurs et les fonctionnaires, préfet, inspecteur des contributions, etc. Il n'était pas question à cette époque de la cloison étanche qui s'établira entre les deux sociétés en province, sous la troisième République.

Cependant, tout en observant, Ampère est très occupé de s'installer dans ses nouvelles fonctions. Comme célibataire, il a droit à une petite chambre au lycée, dans laquelle il fait apporter de Bourg un lit, un bureau et des chaises. Mais il est surtout satisfait de trouver des machines de physique et un laboratoire de chimie avec un grand manteau de cheminée, « par où, se hâte-t-il de dire à sa femme, doivent s'exhaler toutes les vapeurs nuisibles. » Son premier soin est de demander à Lyon la *Description et usage d'un cabinet de physique* par Sigaut de la Fond et un certain nombre d'appareils complémentaires.

Le 23 février, les membres du jury et du bureau viennent définitivement l'installer, passer l'inventaire des machines et lui remettre la clef de son domaine. Le lendemain, il couche à l'école et commence à ranger ses appareils, tout en préparant son premier cours. Comme il l'expliquait plus tard, la nécessité où il se trouva à ce moment de se tirer d'affaire avec des instruments imparfaits et le secours rudimentaire d'un horloger inexpérimenté l'amena à s'ingénier pour construire lui-même ses appareils.

Très absorbé par son travail, il s'accorde pourtant le dimanche une promenade dans la campagne. Mais il n'est pas curieux d'archéologie et c'est après quatre mois de séjour seulement (le 18 juin), qu'il trouvera le temps de visiter, avec peu d'enthousiasme, la principale curiosité de Bourg, la jolie église de Brou, devant laquelle il a déjà passé au moins deux fois sans y entrer.

Pendant toute cette première période, il vit dans l'espérance que sa femme pourra venir le rejoindre à Pâques et sa préoccupation est de savoir comment ils se logeront, s'ils obtiendront la permission de s'établir au collège, si la chambre dont il dispose leur suffira, quels meubles complémentaires il faudra apporter, s'il faut mettre de suite l'écriteau sur leur appartement de Lyon.

Comme il réclame à sa mère quelques objets restés à Poleymieux, celle-ci lui répond une lettre qui montre à la fois sa tournure d'esprit et l'opinion qu'elle avait sur l'ordre de son fils :

« Tu dois te ressouvenir, mon cher ami, que tu emportas ta lunette dans le temps que tu étais dans la rue Mercière et que nous te dîmes que c'était une lunette perdue ; mais, comme à ton ordinaire, tu fis à ta tête. Pour les morceaux de vitre, ils sont en poussière. Les chats, en ratant, les ont fait tomber... Nous avons eu aujourd'hui des nouvelles de ta femme ; elle était bien. Tout s'accorde pour que je ne puisse pas la voir ici. Je ne peux plus avoir de plaisir en ce monde. »

La pauvre femme, écrivait Julie, était bien triste de ce départ et le fils, qui écrivait de si longues lettres à sa femme, ne trouvait jamais le loisir d'un petit mot pour sa mère. Il fallait que, sans cesse, Julie le lui rappelât, en songeant elle-même longtemps d'avance à ce qu'elle souffrirait quand une bru lui enlèverait son Jean-Jacques !

Le vendredi 12 mars 1802, il inaugure son cours par un discours d'ouverture « qui, dit-il, a été bien accueilli, mais assez mal entendu, parce que la salle est très vaste et que l'on m'avait placé très loin des auditeurs. » Nous possédons le morceau. Il n'est pas banal et accuse déjà chez Ampère la tendance généralisatrice, le goût de la classification, qui envahiront de plus en plus son esprit à la fin de sa carrière. C'est un programme et un tableau de la physique à cette époque : une physique qui comprenait la chimie, la mécanique et l'astronomie, mais qu'il appelait « un amas informe de découvertes sublimes que le temps n'a point encore réunies, dont le travail assidu de plusieurs siècles n'a point, comme dans d'autres sciences, comblé les intervalles et rétabli la chaîne des idées intermédiaires. »

Pour expliquer l'objet de son cours, il commence par esquisser une véritable classification des sciences. D'un côté, les propriétés de l'être matériel; de l'autre, les modifications de la substance intelligente. Dans le premier groupe, l'étude particulière des êtres ou des espèces est l'objet de l'histoire naturelle ; la recherche des propriétés qui leur sont communes et qui constituent les lois de l'univers, forme la physique, dont l'expression, encore plus généralisée, donne les mathématiques. La physique emprunte le secours des mathématiques et l'histoire naturelle celui de la physique. C'est pourquoi, dit-il, la physique est en retard. « Il suffit, en effet, pour perfectionner l'histoire naturelle, de rassembler un grand nombre de faits toujours aisés à vérifier ; on ne peut se tromper en mathématiques qu'en raisonnant mal... Mais le travail le plus opiniâtre aurait en vain rassemblé tous les matériaux de la physique, s'il ne s'était rencontré des hommes capables de trouver, dans ce labyrinthe de faits sans liaison et sans dépendance mutuelle, le fait unique dont ils n'étaient que des conséquences, et qu'on devait regarder comme une des lois de la nature... »

Et il cite, à ce propos, Newton et Lavoisier, là où nous ajoutons aujourd'hui Ampère... « Le but de la science, continue-t-il, est de réduire au plus petit nombre possible les principes qui doivent servir de base à toutes les explications et d'apprendre à en déduire les conséquences les plus éloignées avec autant de facilité que celles qui en découlent immédiatement... »

Puis il indique les trois divisions de son cours : 1° Physique cosmographique, avec applications à la géologie, à la chronologie, à la navigation ; 2° physique mécanique ou expérimentale ; 3° physique chimique. « Le peu de progrès qu'a faits encore la théorie de l'aimant et de l'électricité m'obligera, dit-il, à poser deux nouveaux principes, démontrés par une foule d'expériences, tant à l'égard de l'électricité que du fluide magnétique, et qui suffiront pour expliquer tous les phénomènes que présentent ces deux fluides. » Nous ignorons malheureusement quels étaient ces deux principes, formulés par Ampère dix-

huit ans avant la découverte de l'électro-dynamique.
Mais une lettre de lui dit que, dans l'ouvrage de physique, imprimé en grande partie chez son beau-frère
avant son départ de Lyon, cette question était particulièrement développée. Les découvertes physiques
d'Ampère semblent historiquement un incident dans
sa vie. Mais ce fut un incident dès longtemps préparé.

Dans le passage relatif à la physique expérimentale,
on remarque encore cette phrase qui semble d'un
autre temps : « Aidé du secours de la physique,
l'homme plane dans les airs. Voyez les intrépides dé-
fenseurs de la France décider, de cette haute région,
la victoire de nos armées. » Enfin, le cours se termi-
nera par la « physique chimique », nom retrouvé de
nos jours après une longue période où les deux
sciences ont semblé trop distinctes : c'est-à-dire par la
thermo-dynamique (qu'il n'appelle pas encore de ce
nom) et par les lois des combinaisons. A ce dernier
propos, il y a une phrase curieuse sur les « effets de
cette poudre à canon qui a fait tant de mal, et peut-
être tant de bien à l'humanité ».

Le soir de cette inauguration qui l'avait fortement
ému, Ampère éprouva un sentiment bien connu de
tous ceux qui ont dépensé leur fluide nerveux dans
la préparation d'un discours ou d'une conférence ex-
ceptionnelle. Il tomba dans une singulière apathie,
douce et pénible à la fois, où seul surnageait le regret
de sa femme abandonnée et où, trait particulier qui
apparaîtra sans cesse chez lui, toutes les idées religieuses revenaient à la fois flotter dans sa tête, si
bien qu'il demanda à sa femme de lui envoyer un
psautier et un livre d'heures. A cette époque, la foi
d'Ampère subissait une de ces crises qui le trouble-
ront à diverses reprises : une crise dont nous n'au-

rons la révélation que par un aveu fait à Julie un an plus tard. Il assiste aux offices ; il accomplit un vœu fait à la naissance de son enfant ; sa femme lui écrit même pour le prier de ne pas se fatiguer à faire le carême ; il lit comme on le voit, des livres pieux. Il garde donc le sentiment religieux, qui était, chez lui, indélébile. Mais, depuis nous ne savons combien de temps, il s'est éloigné des sacrements et il n'y reviendra un jour que par une sorte de conversion. Julie, ignorante de cette crise, se borne à comparer l'état qu'il lui a décrit ainsi à celui qu'elle-même a éprouvé le soir de son mariage : extrême agitation avant la signature, hébètement après.

· Cinq jours plus tard, le mercredi 17 mars, Ampère commence moins solennellement ses leçons proprement dites, exactement un mois après son arrivée à Bourg, et, désormais, il va continuer tous les jours, sauf les quintidi et les decadi qui étaient alors jours de congé, en alternant les leçons principales, auxquelles assistent ses deux collègues Clerc et Beauregard, et les répétitions. Pendant les jours de congé, il fait, avec M. Clerc, ces grands travaux de chimie qui navrent tant sa femme. Tout en travaillant son algèbre, il passe par une passion pour la chimie qui s'atténuera, puis reviendra encore une fois pour disparaître. Son cours a du succès; et c'est heureux pour lui ; car, à peine est-il installé à l'Ecole centrale de Bourg qu'on parle très sérieusement de supprimer toutes les écoles centrales : ce qui aura lieu, en effet, un an après. D'où la nécessité de se prémunir pour obtenir une place dans le lycée que l'on va organiser à Lyon. Cette place de Lyon, c'est, pendant tout le séjour de Bourg, la pensée constante du ménage ; et d'autant plus que l'espoir de se réunir à Bourg après

Pâques s'éloigne de plus en plus, à mesure que le mal dont Julie est atteinte, s'aggrave au lieu de se guérir.

Les premières lettres de Julie témoignaient encore de quelque activité. Elle y raconte des visites, les mots de son petit devant une lanterne magique, voire un essai de danse, sans parler d'un rêve où elle recommandait son mari à Bonaparte, « qui l'écoutait fort attentivement et finissait par lui promettre tout plein de choses agréables pour tous deux. » Elle trouve moyen de plaisanter tristement sur ce qu'elle ne le voit plus autour d'elle venir lui demander tantôt son chapeau, tantôt sa cravate et de ce qu'elle ne peut plus le gronder de chercher bien loin ce qui est sous ses yeux. Mais sa correspondance s'atrophie rapidement et la graphologie la plus élémentaire y révèle la souffrance. Comme leur séparation est causée par le manque d'argent, elle ne peut s'empêcher de remarquer le contraste de sa situation avec celle de sa sœur qui est en pleine satisfaction de voir son mari associé à la maison d'édition fraternelle et disposant d'au moins 200.000 livres. « Tu sais pourtant, dit-elle, si je peux être jalouse de ma sœur. »

Enfin, le 29 mars, il s'échappe pour aller passer quatre jours à Lyon. On n'est plus au bon temps de Saint-Germain, où l'on pouvait du moins se réunir tous les dimanches. Jusqu'aux vacances d'août, il réussira seulement à voir sa femme en tout quatre fois, une fois par mois. Ce premier voyage est rendu possible par une interruption des cours, pendant que les élèves passent un examen de mathématiques et quelle désolation quand, en rentrant, il apprend que les examens ne sont pas terminés et qu'il aurait pu rester à Lyon quatre ou cinq jours de plus ! C'est que chacun de ces voyages était une véritable expédition. Il fallait généralement quitter Lyon à l'aurore et coucher en route à Villeneuve, à Châtillon, à Neuville-les-Dames ou bien à Montluel ou Chalamont suivant qu'il passait par Trévoux ou par les Dombes et faisait par économie plus ou moins de chemin à pied. On n'arrivait en tout cas à Bourg que le lendemain matin. Les correspondances des diligences manquaient souvent et le pauvre Ampère tombait alors de fatigue après avoir traîné sous ses souliers, pendant des lieues de pluie continuelle, toutes les boues de la Bresse.

Ce premier voyage fût gâté par un petit accident que causa la distraction d'Ampère et qu'il se reprocha ensuite amèrement. Tandis qu'il gardait le petit, celui-ci tomba près du feu et se brûla légèrement la joue. On croit entendre les exclamations merveuses de la mère et, sous la première émotion, ses reproches un peu vifs à son étourdi de mari. « Je trouve, écrit Ampère contrit, que tu as été trop bonne et je suis sûr, quand j'y pense, que tu as dû te faire une grande violence pour ne pas me dire toutes les injures que j'ai méritées. »

C'est seulement après un second voyage à Lyon pour Pâques qu'Ampère trouve le temps de reprendre son ouvrage de physique, dont le texte était déjà presque entièrement terminé et les figures en cours avant son départ de Lyon. Sa femme l'en presse, aussi bien que l'éditeur, le beau-frère Marsil Périsse, si admirablement complaisant qu'il soit. La famille attache un grand intérêt à cet ouvrage pour la carrière d'Ampère et pour le profit matériel qu'il pourrait en tirer et tous regrettent qu'il perde autant de temps à piler, broyer, porter du charbon et souffler le feu pour ses expériences de chimie. Notons ici que cet ouvrage, pourtant si avancé, ne paraît pas avoir jamais été terminé : Ampère s'étant lancé à corps perdu, avec son amour ordinaire pour les idées nouvelles, dans une autre voie.

Il est bien rare dans cette correspondance, qu'Ampère fasse la moindre allusion aux événements contemporains, qui traversent, en 1802, une période de calme. Il remarque cependant, à Pâques, l'effet du Concordat : « Je te dirai pour nouvelle qu'on a rendu ici l'église de Notre-Dame aux prêtres assermentés, que les autres ont fait contre cette opération une protestation qui n'a rien produit et que, le jour de Pâques, on a dit une grande messe solennelle où le préfet a assisté. Toutes les avenues de l'église étaient, dit-on, encombrées de monde depuis sept heures du matin jusqu'au soir. » Ce « dit-on, » tient à ce qu'il était à Lyon pendant ce temps-là. On change également les jours de congé républicains pour rétablir le dimanche et le mercredi.

Le 14 juillet, nous retrouverons une note dans le même genre, qui précise l'effet produit sur lui par ce replâtrage de la Terreur avec le catholicisme. « J'ai été averti que c'était le 14 juillet par une invitation du maire d'assister à une messe avec *Te Deum* pour célébrer l'anniversaire de la prise de la Bastille. Les prêtres catholiques chanteront le *Te Deum.* Cela est tout comique ; mais je n'ai que faire d'y assister et je crois que bien d'autres feront comme moi. »

Bien plus que par la politique, il est occupé par la santé de plus en plus languissante de sa femme. Il a dû abandonner tout espoir de réunion à Bourg. Maintenant on se raccroche à l'attente d'un traitement que doit essayer le docteur Petetin et qu'il retarde toujours, ou à une saison d'eaux à Charbonnières. De nouveaux symptômes fâcheux sont apparus, notamment un point de côté qui marque sans doute l'introduction de la tuberculose dans un organisme débilité.

Or voici qu'à la fin d'avril, on apprend que « les professeurs des lycées ne seront nommés ni à Paris ni par les jurys, mais par des commissaires, membres de l'Institut, qui parcourront les provinces et, « si je veux me présenter pour les mathématiques, il faudra que je subisse un examen sur les hautes parties des mathématiques dont je ne me suis pas occupé depuis cinq ans. » En réalité, il ne devait pas y avoir examen, mais simplement avis donné par les commissaires d'après les renseignements recueillis et leur impression personnelle. Mais Ampère, à ce moment, n'en sait rien. Il abandonne donc la physique et la chimie et se remet ardemment à l'algèbre. En même temps, comme il faut gagner sa vie, il prend, à raison de 18 francs par mois chacun, un élève de mathématiques, puis un élève de chimie. C'est alors que, le 27 avril 1802, il pousse ce cri de joie : « Il y a sept ans que je m'étais proposé un problème de mon invention, que je n'avais point pu résoudre directement, mais dont j'avais trouvé par hasard une solution dont je connaissais la justesse sans pouvoir la démontrer. Cela me revenait souvent dans l'esprit, et j'ai cherché vingt fois sans succès à trouver directement cette solution. Depuis quelques jours, cette idée me suivait partout. Enfin, je ne sais comment, je viens de la trouver, avec une foule de considérations curieuses et nouvelles sur la théorie des probabilités. Comme je crois qu'il y a peu de mathématiciens en France qui puissent résoudre ce problème en moins de temps, je ne doute pas que sa publication dans une brochure d'une vingtaine de pages ne fût un bon moyen de parvenir à une chaire de mathématiques dans un lycée. »

Cette date du 27 avril marque, dans la vie d'Ampère, un de ces tournants où se décide la vie d'un homme. Car le mémoire sur le jeu, dont il eut la première idée ce jour-là, devait commencer sa carrière de mathématicien et l'amener ainsi, non seulement au lycée de Lyon, mais à l'Ecole polytechnique et à l'Institut. Ampère se faisait, d'ailleurs, dans le premier moment, des illusions sur le temps qu'il y consacrerait ; car il croyait l'avoir terminé le surlendemain, alors qu'en réalité, de correction en correction, ce mémoire devait l'occuper près de dix mois et lui causer une série d'émotions que nous raconterons bientôt. Si court qu'il estime ce travail, le brave homme est très occupé de s'excuser auprès de son éditeur, dont l'ouvrage sur la physique ne sera, dit-il, retardé que d'une huitaine.

Pendant les semaines qui suivent, l'envoi du mémoire, toujours annoncé pour le mercredi suivant, est renvoyé de courrier en courrier... La précision des dates a ici sa valeur pour peindre ce caractère à la fois si ardent et si bourrelé de scrupules. C'est, le 4 mai, une lettre écrite sur un papier de taille démesurée qui devait enfin servir d'enveloppe à l'ouvrage. Il commence en disant qu'il l'envoie après l'avoir récrit trois fois et finit en annonçant qu'il a changé d'avis. Les jours suivants, il le récrit encore et accepte l'offre d'un élève de le copier pour épargner les frais d'un écrivain public. Le 12 mai, le manuscrit part, mais non pas pour être imprimé aussitôt. Ampère veut auparavant s'assurer qu'il n'existe pas de travail antérieur sur le même sujet et il n'a pas trouvé meilleur moyen que de le faire examiner à ce propos par son ami Roux, dont, cependant, il n'ignore pas la force restreinte en mathématiques. Ampère offre, on le voit, un singulier mélange de modestie timide, avec une conscience de sa supériorité que justifie la précision des mathématiques. Il écrit souvent à sa femme des phrases dans ce genre : « Je suis à peu près sûr que le concours qu'on ouvrira à Lyon ne présentera personne qui, pour les mathématiques, l'emporte sur moi. » Ou bien : « Dans l'état où est mon mémoire, il n'y a guère de mathématicien en France capable d'en faire un pareil. » Et, en même temps, il demande humblement des avis à tout le monde.

En vain, sa femme, plus maligne, le met en garde. Le résultat est que M. Roux garde indéfiniment sans se prononcer un manuscrit auquel il ne paraît pas comprendre grand'chose. Ampère en soumet une autre copie à M. Clerc, qui n'est pas beaucoup plus compétent et qui doit avouer au bout de huit jours n'en avoir pu encore lire la moitié.

C'est cependant avec M. Clerc qu'il commence le 17 mai un second mémoire mathématique : « les séries et autres formules indéfinies. » Ils projettent de le publier ensemble et les deux auteurs conçoivent de singulières illusions sur le débit de leur ouvrage qu'ils croient devoir assurer un bénéfice à l'éditeur. Ampère a peur seulement que le public n'attribue à M. Clerc, comme professeur de mathématiques, tout le mérite du travail. En même temps, il répond à des objections politiques que lui ont faites les Lyonnais à propos de son mémoire sur le jeu, où il a cherché à mettre les joueurs en garde contre ce qu'il y a de fatal dans le calcul des probabilités. Non, le gouvernement ne s'en offensera pas comme d'une attaque à la loterie.

Et, le 8 juin, tandis que sa femme attend toujours avec impatience le mémoire sur le jeu destiné à l'impression, il lui écrit : « J'ai fait hier une importante découverte sur la théorie du jeu, en parvenant à résoudre un nouveau problème plus difficile que le précédent et que je travaille à insérer dans le même ouvrage : ce qui ne le grossira pas beaucoup... » Oui, mais ce qui va retarder de deux grands mois encore la remise à l'imprimeur. Il se rend bien compte de l'inconvénient que lui cause ce retard sans cesse accru, car il écrit : « Il faudra se dépêcher pour sa publication, puisque l'examen des lycées doit se faire décidément cet automne. » A quoi sa femme répond fort judicieusement : « Tu me dis toujours qu'il faudra se presser d'imprimer. Tes cousins pensent de même ; mais c'est qu'il faut avoir l'ouvrage. »

Ampère a trouvé pourtant un nouveau motif d'attendre. Il veut que M. Roux ait d'abord présenté l'ouvrage à l'Athénée de Lyon, pour pouvoir mentionner le fait sur le titre. Et, le 13 juin, il vient de découvrir une nouvelle démonstration « qui lui donnera un nouveau prix, mais qui va l'obliger à récrire trois ou quatre pages ». Sa femme ne peut s'empêcher de le juger terrible. Ce n'est pas qu'il perde son temps. Car voilà, explique-t-il, l'emploi de sa journée. « A 8 heures, un élève d'arithmétique, qu'il a pris au rabais parce qu'il est pauvre (et il s'en excuse en plaidant que la leçon est très courte). A 10 heures, il assiste à la leçon de son collègue Clerc. A une heure, il prépare ses expériences. De 3 à 4, autre élève de mathématiques ; de 4 à 6, la leçon de physique. »

Ainsi ses seuls moments libres sont un peu de la matinée et la soirée.

Le 15 juin : « Je voudrais que tu me battisses de ne pas avoir achevé les corrections que je veux faire à mon petit mémoire ; mais mes nouvelles idées sur cette théorie m'ont mis dans le cas de la tout refondre. »

Le 18 juin : « C'est un grand bonheur que j'aie rapporté mon ouvrage de Lyon. Chaque jour j'ai fait quelques découvertes sur le même sujet. Je l'ai changé deux fois de forme et récrit chaque fois presque entier. Ce sera, tel qu'il est à présent, un ouvrage infiniment supérieur à ce que j'avais d'abord fait... »

4 juillet : « J'ai travaillé constamment à mon ouvrage... il s'étend constamment sous ma main, en sorte que je n'ai pas pu le finir comme je l'espérais... »

Le 12 juillet, il refait son commencement. Le 14 juillet, il trouve encore une démonstration pour une formule de son invention et récrit la conclusion. Puis il garde son travail pour le présenter à la Société d'Emulation de Bourg, où on doit le recevoir le 26 juillet. Ce 26 juillet, autre prétexte. Il veut savoir l'avis de M. de Lalande, l'astronome[1] : « Peut-être me fera-t-il des observations qui nécessiteront quelques changements, et ce n'est pas huit jours de plus ou de moins qui feront quelque chose pour la publication de mon livre... »

3 août : « Je ne songe plus à envoyer mon ouvrage... Je viens de le relire et j'y ai trouvé une douzaine de passages à changer ou à corriger. » —

---

1. Lalande (voir plus haut, p. 70) : astronome qui a surtout travaillé la théorie des planètes et apporté plus de précision dans les évaluations numériques.

4 août : « On dit que les lycées s'organiseront bientôt.
Cela m'a décidé à vite imprimer malgré l'avis de
M. de la Lande qui voulait qu'auparavant je le lui
fisse présenter à l'Institut. Je vais y travailler et,
si M. Clerc ne vient pas m'interrompre, je le ferai
encore partir aujourd'hui ; mais je n'espère pas que
cela se puisse... » — 9 août : « Tu me dis que tu
t'attendais à trouver mon manuscrit dans le paquet.
Que veux-tu ? Tous les jours, j'y fais quelques corrections et je veux continuer tant que j'y trouverai
quelque chose à changer, afin de ne pas me trouver
dans le cas de corriger sur les épreuves... »

En vain, sa femme le pressait : « A force de le
vouloir bien faire, il ne sera pas fait du tout. »

Finalement, Ampère partit en vacances sans avoir
donné à l'impression ce manuscrit si urgent : ce qui
explique comment le texte imprimé fut seulement
présenté à l'Institut le 12 janvier 1803 [1]. Nous en
reparlerons à cette date, car son histoire n'est pas
terminée. Mais Ampère ne se peint-il pas tout entier
dans cette conscience scientifique qui fait penser aux
scrupules presque maladifs d'un Flaubert ?

Ces derniers temps de séjour à Bourg avant l'été
furent cruellement absorbés par les progrès de la
maladie chez sa femme.

Ampère se montrait, dans ce cas grave comme dans
tous les autres, d'une impatience fébrile, qui se con-
çoit un peu devant les réticences des médecins
consultés successivement. Comme il arrive souvent,
son souci de précision scientifique l'abandonnait dès

---

1. *Considérations sur la théorie mathématique du jeu*, par M. Ampère, de l'Athénée de Lyon et de la Société d'Emulation et d'Agriculture de l'Ain, professeur de physique à l'Ecole centrale du même
département. (A Lyon, chez les frères Périsse, imprimeurs-libraires,
grande rue Mercière, n° 15).

qu'il s'agissait de traiter une si chère santé. Il admettait tour à tour toutes les suggestions, tous les charlatanismes, toutes les analogies les plus superficielles, sauf à avouer parfois que sa raison lui interdisait d'y croire. Et, chaque fois, il suppliait, il implorait, il « priait en grâce » sa femme, suivant son expression favorite, de se laisser guérir. Celle-ci, rendue plus sceptique par des échecs successifs, répugnait à endurer les fatigues d'un traitement nouveau et finissait par répondre à son trop ardent mari avec un sourire douloureux sur les lèvres : « Tu vois bien, mon bon ami, qu'il n'y a pas de bon sens à dire à un malade : « Je vous prie de vous bien porter et, si vous ne vous portez pas bien, c'est que vous ne le voulez pas. » Mais, au reste, je te connais et ce n'est pas la première fois que tu me fais rire en me disant de te promettre que je ne serai pas malade. Ah ! mon bon ami, la santé est si précieuse, on l'apprécie si bien lorsqu'on n'en jouit pas, que, si je savais d'autres biens pour obtenir celui-là, je les sacrifierais tous ; mais il faut se soumettre, espérer dans l'avenir et prendre patience. Prends-la donc aussi cette patience, mon fils, et ne te fagotte pas la tête comme tu fais pour tes calculs ; car se guérir n'est pas un problème qui puisse toujours se résoudre... »

La belle-sœur Elise lui écrit sur le même sujet dans une autre note : « Mon Dieu, quel bonheur si, parmi toutes les plantes dont tu connais les propriétés, il en était une qui puisse remettre tout cela dans l'ordre de la nature ! A quoi bon la science s'il n'en est point qui puisse rendre promptement la santé à notre Julie ! Cherche bien, informe-toi, parle de son mal aux savants et aux ignorants. Dieu n'a pas distribué aux savants des lumières pour leur conservation et

les simples ont souvent des remèdes simples comme
eux... » Et elle lui raconte qu'elle a poursuivi le
docteur sur l'escalier pour lui demander s'il ne croyait
pas que Julie fût assez forte pour prendre enfin des
bains. « Il m'a dit qu'il y pensait, mais qu'il craignait un trop grand et trop prompt relâchement.
Tu frappes du pied, j'en suis sûre ; c'est ce qu'il m'est
arrivé de faire en le quittant... »

Ce docteur Petetin, aux soins duquel se confiait
alors Julie, était un excellent homme, qui prouvait
sa bonté en multipliant des visites dont il refusait
le payement, n'acceptant, sur les instances de
madame Ampère, que deux louis pour 65 visites, mais
qui avait le sentiment douloureux de son impuis-
sance devant un mal, à cette époque incurable.

A la fin de juin, Ampère, accouru à Lyon, lui
arracha en quelque sorte l'essai d'un traitement qui
consistait à maintenir la malade au lit presque à jeun,
en la nourrissant seulement de fruits rouges et de
glace. Ampère, de Bourg, écrivait lettre sur lettre
pour faire intensifier le traitement... « Tu crains, lui
écrivait sa femme, que je ne prenne pas assez de
glace ! Comment veux-tu, mon bon ami, savoir ce que
je prends et, après avoir tourmenté M. Petetin et les
autres pour entreprendre ces remèdes, pourquoi
veux-tu lui dicter ce que tu crois meilleur ?... » Le
résultat de l'essai fut lamentable. Au bout de trois
semaines, la malade était d'une faiblesse extrême et
son organisme restait sans défense par suite de ce
régime, précisément opposé à la suralimentation que
l'on pratique dans son cas. « Tu vois, écrivait-elle,
que ces fameux remèdes n'ont servi qu'à m'ennuyer,
dépenser de l'argent et voilà tout... Il a bien fait ce
qu'il a pu, mais toujours je l'ai dit : Les médecins ne

sont pas des dieux et ne peuvent pas être sûrs de vous guérir. »

Ampère se rejeta alors avec la même fougue sur l'espoir que les eaux de Charbonnières seraient la panacée attendue. Elle se décida à y partir, y loua une pauvre chambre et, le jour de son départ, fut prise d'une crise fiévreuse qui fit renoncer au voyage. Désormais, elle allait languir encore un an pour s'éteindre à l'été suivant.

Dans ce petit ménage dont le budget était balancé à quelques francs près, une si longue maladie n'était pas seulement une souffrance morale ; mais cette souffrance s'aggravait encore par le souci de la dépense. Nombreux sont les passages où cette préoccupation d'argent revient dans les deux bouches et pourquoi les supprimer pour avoir l'air d'imaginer de purs esprits ayant échappé à ce genre de préoccupations matérielles ? Elle gémit sur ce que l'argent fond et lui-même laisse un jour échapper ce cri : « Est-il possible que tu sois privée de mille choses indispensables, tandis que ceux qui ne méritent pas les richesses en regorgent ?... »

Aussi y a-t-il autour d'eux quelque émotion quand, le 23 juin 1802, Bonaparte fait annoncer à l'Institut qu'il décernera un prix de 60.000 francs pour une grande découverte en électricité[1]. La nouvelle est transmise à Ampère par son cousin Périsse au moment où il termine son cours d'électricité, et, le 26 juillet, il s'écrie : « C'est précisément le sujet que je traitais dans l'ouvrage sur la physique que j'ai commencé d'imprimer ; mais il faut le perfectionner et confirmer ma théorie par de nouvelles expériences...

---

1. Bonaparte, dès son entrée à l'Institut, avait assisté avec admiration aux expériences de Volta.

Oh ! mon amie, ma bonne amie, si M. de Lalande me fait nommer à Lyon et que je gagne le prix de 60.000 francs, je serai bien content : car tu ne manqueras plus de rien et tu n'en seras pas à regretter les dix francs de la chambre arrhée à Charbonnières... »

Mais il faut d'abord qu'il travaille ses mathématiques pour obtenir le lycée et il faut aussi qu'il termine son cours de chimie : science pour laquelle, à cette époque, il a naturellement « plus d'attrait que pour le reste de la physique ». Ce n'est pas l'avis de Julie, que cette malheureuse chimie fait mourir d'inquiétude. Non sans raison, quoiqu'il prétende n'avoir jamais d'accident. Un jour, c'est un briquet phosphorique qu'il veut chauffer et qui lui saute dans les mains ; un autre jour, une projection d'acide sulfurique qui lui arrive dans l'œil et qui le remplit de confusion parce que, occupé de son œil, il n'a pas songé assez vite à neutraliser l'acide sur ses habits.

Cette dernière aventure lui arriva devant le vieil astronome Jérôme de Lalande, à l'occasion duquel Ampère montra curieusement ces fusées de perspicacité sur un fond de naïveté distraite qui caractérisent souvent les algébristes et quelquefois les musiciens du temps jadis.

De Lalande avait alors soixante-dix ans et une réputation universelle comme astronome et comme professeur. Entré dans la vieille Académie des Sciences à vingt et un ans, il était un des piliers de l'Académie nouvelle. Né à Bourg, il y revenait souvent et Ampère profita naturellement de son passage pour se présenter à lui. De Lalande, malgré son humeur combative, était un excellent homme qui aimait à protéger les jeunes gens. Comme tous ceux qui abordèrent Ampère dans sa jeunesse, il fut frappé par la supériorité de cette intelligence si vive et si diversement cultivée, d'autant plus qu'il avait lui-même une variété de culture analogue. Voici comment Ampère raconte sa première visite chez lui, à l'occasion de ce fameux mémoire sur le jeu, toujours différé :

« Il me donna, dit-il, de grands coups d'encensoir, me dit qu'il n'y avait qu'en France qu'on trouvait des mathématiciens comme moi, etc... Il finit par me demander des exemples en nombre de mes formules algébriques, en me disant qu'il fallait qu'il pût mettre mes résultats à la portée de tout le monde dans le rapport qu'il en ferait, tandis que, sous leur forme algébrique, plus élégante et plus intéressante pour cinq ou six mathématiciens de première classe, ils n'étaient pas à la portée du plus grand nombre et qu'il doutait même que les gens de la force de M. Clerc me comprissent bien... » « J'ai conclu de tout cela, ajoute Ampère avec malice, qu'il n'avait pas voulu se donner la peine de suivre mes calculs qui exigent en effet de profondes connaissances en mathématiques... »

Ampère a peut-être raison d'être choqué par une telle proposition « qui réduit son mémoire à un travail d'écolier ». Mais de Lalande, professeur réputé, habitué au maniement du public, n'avait pas tort non plus, ce semble, quand il craignait de présenter le calcul des probabilités tout cru devant une société d'émulation provinciale et l'on éprouve un peu le même sentiment que lui lorsqu'on entend Ampère répondre au préfet, qui lui demande poliment s'il aura quelque chose de neuf à lire pour la prochaine séance : « Oui, Monsieur le Préfet, je vais vous préparer un mémoire sur les séries ou sur le calcul des variations. »

Quoiqu'il en soit, de Lalande s'intéresse à Ampère ; il veut que celui-ci lui amène ses élèves pour observer les astres ensemble. Il vient assister à une de ses leçons de chimie et c'est ce jour-là que notre savant, en suivant les progrès d'une expérience, se fait sauter dans l'œil un bouchon avec de l'acide sulfurique...

Quand, après un été de vie commune, Ampère repartit au mois de novembre pour son exil de Bourg, la santé de Julie n'était pas améliorée, malgré les infusions de cerfeuil, de persil et de cloportes qu'on lui administrait maintenant comme remèdes. Néanmoins, le ton des lettres au début est plutôt un peu moins morose. D'une part, on voit approcher la fin de l'exil ; car il semble décidé que les écoles centrales seront licenciées le 1er Germinal (22 mars). De l'autre, Ampère a pu ajouter à son cours de l'école centrale une tâche nouvelle qui améliore sensiblement la situation matérielle du ménage. Depuis quatre ans, un ancien professeur au collège de Bourg, parti comme volontaire en 1793 et réformé pour blessures avec de beaux états de services, avait organisé à Bourg une école « Dupras et Olivier », dont le succès avait été rapide. L'Université n'était pas, à cette époque, aussi farouchement jalouse de son monopole qu'aujourd'hui. A la rentrée de novembre 1802, l'école Dupras était classée comme école secondaire et elle ne comptait pas moins de 137 élèves répartis en sept sections. Ampère devait y professer pendant sa seconde année scolaire et retrouver, dans une excellente famille aux petits soins pour lui, un certain bien-être matériel dont il avait été sevré, en même)

7

temps qu'il pouvait chaque mois envoyer à Lyon quelques louis de plus pour payer les frais de maladie. Il y gagne, dit-il avec joie, « au moins 60 francs par mois. » Puis on le soigne. « On vient m'allumer mon feu à 6 heures du matin, parce que j'ai dit me vouloir lever de bonne heure. Je m'habille en me chauffant. Je donne deux leçons, l'une de 7 à 8 (géométrie), l'autre de 11 à midi (arithmétique). On m'apporte mon déjeuner à 8 heures. Hier, c'était une jarre de café au lait, où le sucre n'était pas épargné... » Avec la leçon de physique ou de chimie à l'Ecole Centrale dans l'après-midi, cela fait néanmoins trois cours par jour, sans compter les répétitions particulières et surtout les devoirs à corriger. Mais n'importe, il ne craint pas le travail et il s'attelle bientôt, de plus, à un nouveau mémoire mathématique sur les variations.

En dehors du travail et des visites à Lyon, un peu plus fréquentes que l'hiver précédent, les principaux événements de cet hiver furent le remboursement de la créance Guérin, reçue par lui en dot (10.000 francs), qui fit d'Ampère un très modeste capitaliste, et le déménagement de Julie. La créance causa bien des ennuis ; les lettres nous entretiennent sans cesse de cette question que la bonne mère Ampère a un peu compliquée par son désir de vouloir conduire ses affaires elle-même et de les conduire avec une confiance aveugle dans la Providence. Quant au déménagement qui eut lieu le 22 novembre, il avait pour but d'économiser un appartement inutile en assurant à Julie la compagnie et les soins devenus indispensables de sa mère. Elle abandonnait la rue Mercière pour venir s'installer chez madame Carron, rue du Griffon, où elle devait achever sa misérable vie.

Cependant l'ouvrage sur le jeu avait été mis en vente et, naturellement, ne se vendait pas, quoique au début, avec une certaine jeunesse Ampère se fût imaginé recouvrer au moins les deux tiers de l'impression. Au mois de décembre, on attend M. de Jussieu-Bressoles pour faire remettre cette brochure à un membre de l'Institut qui la présentera avec éloges à ses collègues.

Un peu avant Noël 1802, nous assistons à une petite querelle de ménage qui donne lieu à Julie de manifester, pour la dernière fois, la malice enjouée, à laquelle elle prêtait jadis tant de grâce. Ampère est, comme toujours, en retard de correspondance avec sa pauvre mère qu'il néglige terriblement, malgré tous les bons conseils de sa femme et il écrit à celle-ci qu'il a compté sur elle pour donner des détails de son installation chez Dupras.

Elle riposte : « Je reçois dans ce moment une lettre de Bourg. Tu devines de qui c'est... Il faut que je me tourmente pour faire parvenir une lettre à Poleymieux : une lettre que je demande depuis que tu es parti et que Monsieur l'Affairé m'a pas pensé à envoyer plus tôt — ce qui, soit dit en passant, n'est pas pardonnable ! Mais, revenons. Vous écrivez à votre mère : « *Je pense* que Julie t'a fait des détails sur ma position ; *je pense* que Julie t'a conté l'affaire de M. Guérin. » Et moi, mon cher Monsieur, je sais que Julie, avec sa patraque de personne, son déménagement, des occasions bien rares pour Poleymieux, un petit à garder, n'a pas eu un instant ; et, lorsqu'elle vous a écrit, il fallait bien que ce fût pour vous qui êtes son mari... » Et elle continue la lettre sur le même ton de plaisanterie, lui disant : « Tu commences d'un air indifférent à me dire que tu n'es pas trop bien en argent... N'as-tu pas déjà convoité de me reprendre de celui que tu m'as envoyé ? Je suis bien aise d'avoir été assez rusée pour m'en douter. Car je te dirai toujours que je n'en ai plus et il faudra bien que tu le croies... Je vais écrire vite à ta mère pour qu'elle ne pense pas, comme son fils, que je ne fais toute la journée que rire, chanter, penser à ma toilette et à y être trouvée jolie dans les brillantes sociétés où je vais, où je suis sans cesse... » Devant ce pâle rayon de soleil dans ses nuages, le malheureux mari est enchanté et répond à sa femme qu'elle écrit comme madame de Sévigné.

Un mois après, le 24 janvier, elle est prise d'une bronchite et d'une intoxication générale qui se traduit par des douleurs tenaces dans la jambe. Elle va rester ainsi à peu près constamment couchée pendant des semaines. Et, cependant, elle n'est pas gémissante ; sa sœur Elise s'étonne de cette résignation chez une personne si active et si gaie. Elle-même écrit : « Je suis plus attachée à la vie que jamais. » Et, le 7 février, elle intercale dans sa prose un quatrain dont il trouve les vers charmants.

Au milieu de ces inquiétudes constantes, survient un nouveau sujet d'ennui. Le malheureux mémoire sur la théorie mathématique du jeu, auquel Ampère attachait une telle importance pour sa nomination à Lyon, avait été présenté à l'Institut le 12 janvier 1803 et le citoyen Laplace avait été chargé de faire un rapport. Le mercredi suivant, 19 janvier, Laplace faisait son compte rendu verbal et l'on expédiait à Ampère l'accusé de réception officiel signé du secrétaire de la classe Lacroix (qui n'était pas, à cette époque, « perpétuel ») : lettre d'un scribe quelconque, au bas de laquelle Laplace avait ajouté cette note terrible :

« La classe m'ayant chargé d'examiner l'ouvrage dont il s'agit, j'ai reconnu de l'élégance dans plusieurs des résultats. Mais il m'a paru que l'auteur se trompe dans la limite qu'il assigne à la somme de la série qui donne la solution du premier problème et que l'auteur trouve égale à I. Cela n'a lieu que dans le cas où q est moindre que I ; s'il est plus grand que l'unité, cette limite est I/q^m. Laplace. »

Cette lettre tomba sur le pauvre Ampère comme un coup de foudre. Par une de ses distractions habituelles il avait, en effet, commis une grosse faute de calcul, qui, heureusement, n'influait pas sur le reste du travail, mais qu'il avait répétée deux fois. Le voilà de nouveau dans une impatience fébrile de corriger son étourderie en faisant composer un carton qu'on insérera dans tous les exemplaires : ce à quoi le beau-frère Périsse se prête avec son obligeance ordinaire, en lui disant même, pour le consoler, que Lacroix, dans une réédition de son livre, a demandé 14 pages de cartons. » Mais, cette fois, Ampère traîne si bien qu'au mois d'avril seulement, nous le voyons remettre à Delambre le carton si urgent avec recommandation d'opérer le changement dans les exemplaires de l'Institut.

Le mardi gras, 22 février 1803, il s'échappe encore pour aller à Lyon voir sa femme et là, après des attendrissements, des baisers, des confidences et des larmes, il lui révèle un secret de conscience qui, désormais, va souvent les occuper. Sans s'éloigner de la foi religieuse, il s'est écarté du confessionnal. Elle le supplie de redevenir tel qu'il était, tel qu'elle le croyait resté. Il se laisse faire une douce violence ; il ne demande pas mieux que de redevenir « vertueux » ; mais il objecte avec raison que la chose mérite réflexion et qu'il vaut mieux attendre son retour à Lyon pour trouver un directeur en qui il ait pleine confiance. Elle en a été très émue et nous rencontrons plus d'une allusion aux pleurs de ce malheureux voyage du mardi gras : « Que je me repens pour ta tranquillité de t'en avoir parlé si tôt ! Je devais bien te le dire un jour, mais non pas avant d'avoir pris un parti irrévocable ! Combien de fois j'ai vaincu le penchant qui m'emportait à cesser de te cacher le seul secret que je t'aie jamais fait !... Maintenant... tu ne m'aimeras plus comme avant mon dernier voyage à Lyon, et la cause de mon malheur est d'avoir été pénétré d'une crainte pour ta santé, vraiment extravagante et qui m'avait renversé la tête ce malheureux mardi qui fait dans ma vie une époque si douloureuse. Tu me vis pleurer toute l'après-dînée ; mais tu n'as point d'idée de ce que je souffrais... »

Enfin, l'exil touche à son terme. Le 5 mars 1803, arrivent à Bourg les deux membres de l'Institut, commissaires, qui doivent choisir les professeurs des nouveaux lycées. Ils visitent d'abord l'école Dupras, où ils expriment toute leur satisfaction, enregistrée dans les certificats les plus élogieux. La semaine suivante, c'est le tour de l'Ecole centrale. Le mérite d'Ampère continue à éclater. Delambre[1] dit à qui veut l'entendre qu'Ampère est un homme d'un talent supérieur et que la section de mathématiques tout entière a jugé son ouvrage le produit d'une « tête forte ». Ampère est maintenant sûr d'aller à Lyon ; dans quelques jours, il retrouvera sa femme et son

---

1. Delambre, astronome français, élève de Lalande (1749-1822), célèbre par la mesure de l'arc de méridien Dunkerque-Barcelone, avait été chargé, comme inspecteur des études, d'organiser en 1802 et 1803 les lycées de Moulins et de Lyon. Il devint, le 31 janvier 1803, secrétaire perpétuel de l'Académie des Sciences.

fils ; il parle déjà d'arriver « à une grande réputation et, par son moyen, à une grande fortune ».
Quand, au milieu de sa joie, lui arrive une lettre trop
raisonnable de sa femme l'engageant à ne pas laisser
la proie pour l'ombre et à ne pas quitter l'école
Dupras, même si on ferme l'Ecole Centrale, avant
que le lycée n'ouvre à Lyon : c'est-à-dire de rester
encore des semaines sans la rejoindre ! Elle lui annonce, en même temps, qu'elle a loué à Lyon, vu
l'urgence, un appartement qui se trouvait vacant
près de sa sœur. Ampère, nerveux, répond une série
de longues lettres pour qu'elle se dégage de cet appartement, ou puisse du moins se dédire plus tard s'il
est logé au lycée. Il a la prétention de se révéler sous
un jour imprévu, en procédurier sachant user du code
pour rompre un marché désavantageux. Sa femme
lui réplique également avec ses nerfs qu'il n'y a pas
à se dégager, son beau-frère ayant donné pour elle
sa parole ; et cette petite discussion trouble quelques
jours leur joie.

Le 3 avril, il envoie encore de Bourg à Delambre
son second mémoire à l'Institut sur le calcul des variations appliqué à la mécanique et lui en annonce
un troisième sur l'intégration des équations différentielles (mémoire qui fut, en effet, présenté avec le
précédent le 16 mai 1803). Et le lendemain, 4 avril,
était signé l'arrêté par lequel « Bonaparte, premier
consul de la République, vu la présentation de la
deuxième commission des inspecteurs généraux des
études, sur le rapport du ministre de l'Intérieur,
nommait le citoyen Ampère professeur des 3ᵉ et 4ᵉ
classes de mathématiques au lycée de Lyon ». Le
17 avril 1803, dimanche de Quasimodo, il revenait de
Bourg à Lyon, son martyre fini, pour vivre heureux

auprès de sa femme. Hélas, il allait assister bientôt à son agonie ! Un journal rapide et comme haletant, qu'il recommence à ce moment comme avant son mariage, raconte les étapes lamentables de ces derniers jours.

Au début, Julie croit encore avoir assez de force pour se rendre à Poleymieux, chez sa belle-mère et Ampère inscrit cette phrase : « Dimanche 15 mai. Je fus à l'église de Poleymieux pour la première fois depuis la mort de ma sœur. » Ainsi, pendant douze ans, il n'avait pas eu le courage de rentrer dans cette église où il avait enterré la profonde amitié de sa jeunesse !

Le 24 mai, ils repartent de Poleymieux par la diligence et s'arrêtent en route à Collonges chez leurs amis Campredon.

Le 28, samedi, veille de la Pentecôte, Ampère note : « Je parlai pour la première fois à M. Lambert un instant dans son confessionnal. » (C'est le directeur qu'il cherchait et qu'il a fini par trouver.) Puis, le 6 juin : « Lundi, absolution » et le 7 : « Ce jour a décidé du reste de ma vie. » Il put donner à sa Julie, avant la séparation définitive, cette dernière joie [1].

Celle-ci est à Saint-Didier, à 5 kilomètres de Lyon, Ampère faisant constamment la navette. Malgré la saison d'été, on prépare, en effet, l'inauguration du lycée qui a lieu, avec messe du Saint-Esprit, le lundi 4 juillet et, dès le 5 juillet, Ampère y commence ses leçons journalières.

A ce moment, Julie est au plus mal. Le cœur s'affaiblit de plus en plus et l'enflure gagne. On essaie

---

1. Voir, pl. 6, la reproduction de la page émouvante qui termine ce journal. Des prières écrites par Ampère dans les jours suivants montrent tout le mysticisme de son deuil.

petetin sans savoir ce retour.
il ordonna les emplâtres, et
le vin de bruyère de 2 en 2 heures,
on n'en fit rien ce soir là.
12. mardi. julie prit le matin de ma
main une cueillerée de vin
de bruyère, et me reprocha de
l'y avoir engagée. on n'appliqua
point la poix.
m. petetin vint le matin et
fit appliquer un des emplâtres.
à 3 heures je fus chez lui delibérer
sur les scarifications.
à 5 heures il revint avec m.
martin.
13. mercredi. à neuf heures du matin.

multa flagella peccatoris; sperantem autem
in ... misericordia circumdabit.
D. firmavit super me oculos suos et instruam
te in via hâc quâ gradieris.

vainement de la soulager avec du vin de bryone. Le
12 juillet, on parle de scarifications et, le 13 juillet,
à neuf heures du matin, elle expire. L'acte de décès,
dressé le même jour à la direction du Nord de la ville
de Lyon, dit qu'elle est morte à vingt-neuf ans, chez
sa mère, montée du Griffon, n° 15. Le journal d'Ampère se termine par ces mots :

*Multa flagella peccatoris ; sperantem autem in
Domino misericordia circumdabit.*

DOMINUS. *Firmabo super te oculos meos et instruam
te in viâ hac quâ gradieris.*

FIDELIS. *Amen.*

CHAPITRE VI

LE SECOND MARIAGE D'AMPÈRE ET SES AGITATIONS
SENTIMENTALES (1803-1814)

La mort de Julie laissait Ampère seul et désespéré,
ne gardant de son bonheur évanoui qu'un fils nou-
veau-né. Scientifiquement, il touchait au succès,
bientôt à la gloire. Il allait connaître toutes les satisfactions de l'amour-propre, toutes les joies plus belles
de la vérité conquise. Mais jamais, on peut le dire, ce
sentimental, ce passionné, si profondément avide
d'affection, ne parvint à guérir sa blessure, à combler
le vide de son cœur. Jusqu'au dernier jour, sa correspondance intime ne fut, nous le verrons, qu'une
lamentation presque ininterrompue, un cri d'angoisse
éplorée ou un acte de soumission douloureuse à la
volonté de Dieu. Et, cependant, aux yeux du monde,
il put paraître oublier. Son besoin d'amour, toujours
insatisfait, se porta en des sens divers, vers des tentatives imprudentes ou malheureuses. Comme le don
Juan de Musset, « abandonnant sa droite à la fatalité », ce grand honnête homme, ce travailleur, ce
chaste poursuivit, plus de dix ans, des fantômes
fuyants qui devaient remplacer l'irremplaçable
amie...

En même temps, la préoccupation métaphysique l'obséda toute sa vie. Tantôt croyant exalté, tantôt perdant la foi, il ne connut pas plus le calme dans un état que dans l'autre. Sa religion était un apostolat ; son scepticisme momentané cherchait avec navrement le dieu perdu.

L'image que nous allons être amené à donner de lui ne sera peut-être pas aussi simple qu'elle apparaissait jusqu'ici d'après des documents incomplets, ni sentimentalement ni religieusement ; mais elle sera plus riche de vie humaine et de sève. Ampère, répétons-le sans cesse, n'a pas été le savant calme et méthodique qui, tous les matins, s'installe dans son laboratoire devant un microscope, un alambic ou un herbier comme un employé patient à son bureau. Il n'a pas creusé soigneusement un sillon droit dans une direction unique. Il n'a pas établi une cloison étanche entre sa recherche scientifique et sa vie intérieure. Pour le comprendre, il ne suffit pas de méditer ses mémoires insérés aux Comptes rendus de l'Institut ou au *Journal de l'Ecole Polytechnique*. Dans les chapitres suivants, nous le verrons, en science, partir de l'algèbre, passer par la chimie, atteindre en physique son point culminant, revenir à la philosophie. Son cœur fut, comme son cerveau, perpétuellement agité. Tout se mêle, tout se confond dans cette ardeur effrénée qui atteint en tous sens au paroxysme, dans la colère, l'amour ou le désespoir. On le croit occupé d'intégrales, il imagine une théorie chimique, écrit une tragédie, scrute les secrets de la psychologie, invente un système zoologique et, quand on va au fond de son âme, on s'aperçoit qu'elle est, à ce moment, tout entière occupée par une image féminine. C'est pourquoi, avant même d'aborder sa

carrière scientifique, nous allons insister, presque
jusqu'à l'indiscrétion, sur ses sentiments intimes d'affection ou de piété. Ampère fut, au degré suprême,
un génie d'inspiration, un génie poétique, tumultueux et fiévreux. Lui enlever ce désordre, ces sur-
sauts, ces caprices, ces hasards, présenter sa vie avec
l'ordonnance sereine d'une pièce classique, ce serait
la défigurer.

Pour l'étude qui va suivre, nous allons puiser
abondamment dans sa correspondance, en grande
partie inédite, avec ses deux intimes et constants amis Ballanche et Bredin. Ceux-là, non plus,
n'étaient pas des esprits calmes, établis suivant le
moule conventionnel et pareils au premier venu. Nous
nous expliquerions mal Ampère si nous ne complé-
tions pas aussitôt le portrait précédent par celui de
ces deux originaux, également singuliers, également
attirants. C'étaient, comme Ampère, des êtres excep-
tionnels, aussi naïfs, aussi étrangers au commerce
habituel des hommes, aussi désordonnés, aussi distraits, aussi imaginatifs, aussi mystiques, aussi admirablement sincères que lui : le premier pourtant
calme, silencieux, renfermé dans sa pensée et se
croyant par là tout à fait différent de notre physicien,
tandis que Bredin se montrait, à l'égal d'Ampère,
exalté, emporté jusqu'à la fureur et perpétuellement
bouillant. Tels ils apparaissaient tous trois dans leur
jeunesse, tels ils restèrent jusqu'à la fin avec des for-
tunes diverses : Ampère et Ballanche devenus acadé-
miciens et célèbres ; Bredin resté en disgrâce dans la
direction d'une école vétérinaire.

Ballanche, que nous retrouverons avec Jean-Jacques Ampère dans le salon de madame Récamier,
était un esprit très profond et très personnel à tous

égards, avec un génie littéraire parfois un peu fumeux mais d'une rare pénétration [1]. Au moment où Ampère le connut dans son premier séjour à Lyon en 1801, il travaillait comme imprimeur dans la maison de son père et publiait son *Livre du Sentiment*, où apparaît, pour la première fois, l'expression « Génie du Christianisme ». Après quoi, il devait garder un silence littéraire de quinze ans. Physiquement, il était fort laid, ayant eu le visage déformé par une trépanation et, plus tard, dans le milieu Récamier, tout en l'aimant beaucoup et l'appelant « le bon » ou « l'excellent Ballanche », on se moquait un peu de lui. Les anecdotes foisonnaient sur son compte : celle de sa première visite à madame Récamier, où il portait des souliers au cuir malodorant et où, constatant qu'elle en était incommodée, il alla tranquillement les retirer pour revenir continuer la conversation en chaussettes ; l'histoire du jour où madame Murat à Trieste l'oublia pendant plusieurs heures dans un corridor et mainte autre du même genre. Lui s'occupait peu des contingences extérieures et suivait son rêve intime de fakir, combinant sa philosophie ou ses inventions ; car il s'attribuait surtout le génie de la mécanique. On est un peu inquiet rétrospectivement en pensant qu'Ampère et sa sœur lui confiaient la gestion de leurs fonds, comme à l'homme pratique de ce petit groupe. Il suivait et jugeait la littérature ou la politique contemporaines à la distance de Sirius, ainsi qu'il regarda l'assistance à travers son lorgnon, le jour où, reçu à l'Académie française, il laissa lire tranquillement son discours par Mignet. Isolé des femmes par sa laideur,

1. Ballanche (1776-1847). Ses œuvres complètes, publiées en 1830, à Genève, forment six volumes in-8°.

il resta trente ans en adoration devant madame Récamier, la suivant comme une ombre fidèle, sans la
fatiguer d'impossibles tendresses, jusqu'au soir de son
agonie où, comme elle le veillait, presque aveugle
elle-même, il lui demanda pour première faveur de
baiser sa main.

Quant à Bredin, voici comment Jean-Jacques Ampère le jugeait en 1829 sans abus de bienveillance :
« Bredin est un excellent homme, une âme de co-
lombe, mais excessivement distrait, mou et gobe-
mouches... » C'était, en effet, lui aussi, un bien singulier personnage et l'aspect seul de ses lettres suffit à
déceler un cerveau agité, inquiet, mal équilibré, mais
curieux, chercheur, amoureux de questions difficiles.
Beaucoup d'imagination, beaucoup de tristesse, beaucoup de foi, aucun ordre ; un tempérament d'artiste
et de poète égaré dans la science et dans l'administration.

Bredin, qui n'était pas d'origine lyonnaise, mais
qui était venu à Lyon de bonne heure, connut seulement Ampère en 1803 [1]. Il était alors célibataire et
incroyant. Ampère, par la force de son prosélytisme,
en fit promptement un homme marié et un catholique
fervent. Leur correspondance rappelle souvent certaine causerie décisive sur le chemin de Saint-For-
tunat, après un déjeuner chez leur ami commun
Roux, causerie où Ampère avait converti Bredin.
Neuf ans après, à un moment où cette âme inquiète
déviait momentanément vers une sorte de protestantisme, Bredin écrivait à Ampère : « Le changement
que tu as opéré il y a dix ans dans mes opinions me
rend toute révolution dans mes idées croyable. »

1. Voir F. Lecoq : *Eloge de C.-J. Bredin* (Journ. de méd. vét., t. XII,
p. 388).

Jusqu'à son dernier jour, pourtant, il bénit Ampère de l'avoir fait chrétien. Et, dans toute la période de 1804 à 1816, où l'apôtre d'hier abandonna le catholicisme, Bredin, à son tour, essayait de ramener son ami avec un zèle infatigable. Il s'y appliquait d'autant plus ardemment qu'il retrouvait alors avec confusion, dans la bouche d'Ampère, des arguments opposés jadis par lui-même au christianisme et, disait-il, « ramassés par Ampère comme on recueille une arme ennemie sur le champ de bataille ».

Bredin, que ses lettres montrent occupé surtout de sciences et de philosophie, était, de son métier, anatomiste et fit sa peu brillante carrière, d'abord comme professeur d'anatomie à l'école vétérinaire de Lyon sous la direction de son père, puis comme directeur de cette même école à partir de 1813. C'était peut-être un bon professeur, car il parlait avec une passion communicative ; mais c'était assurément un très mauvais directeur, dont les chefs ne pouvaient jamais obtenir ni rapports ni comptes et dont la tenue affolait les inspecteurs cérémonieux.

Il était affecté d'une sorte d'angoisse qui touchait à la neurasthénie et que des malheurs domestiques vinrent accroître. Ballanche l'appelait le Job de Lyon et lui-même se reprochait d'aimer la tristesse. La femme qu'il avait épousée par amour grâce à Ampère et qui lui avait donné plusieurs enfants, fut atteinte d'une irritation maladive tournant progressivement à la démence. Bredin, de son côté, était, quoique foncièrement bon, aussi violent qu'Ampère. Les scènes pénibles se succédèrent dans le ménage, jusqu'au jour où l'administration intervint pour exiger, d'abord l'habitation de la femme dans un autre bâtiment, puis son départ complet. Il faut, quand on lit les lettres de ces trois hommes également assoiffés d'amour, se rappeler la situation anormale dans laquelle s'écoula leur vie sentimentale : Ampère deux fois marié, mais aussitôt séparé de ses deux femmes, la première fois par la maladie et par la mort, la seconde fois par une aberration féminine presque monstrueuse ; Ballanche, sorte de Triboulet romantique ; Bredin, douloureusement aux prises avec la folie de celle qu'il aimait. Cela explique des plaintes continues sur la destinée qui pourraient, sans cela, paraître presque pathologiques.

Nous connaissons maintenant assez notre personnage principal et son milieu pour pouvoir reprendre la suite des événements.

Après la mort de Julie, Ampère ne passa guère plus d'un an au lycée de Lyon. Cette place, qu'il avait tant désirée pour se réunir à sa femme, lui était échue au moment de la séparation fatale ; son désespoir s'en dégoûta aussitôt. Il ne songeait plus qu'à quitter la ville où il avait connu des jours si heureux pour aboutir à un tel désespoir et les projets les plus contradictoires flottaient dans cet esprit désemparé. Ses amis, ses parents s'effrayaient de son exaltation, de ses violences. Sa mère lui écrivait : « Tu m'as affligé, mon pauvre Ampère, de te voir dans l'état où tu étais dimanche. Tâche donc, mon bon ami, de porter ta croix avec Jésus ; car il visite ceux qu'il aime. Juge de mon désespoir si je venais à te perdre. Ce pauvre enfant, qu'est-ce qu'il deviendrait alors !... Tu fais peur, maigre, pâle. Sais-tu où cela peut te conduire ? A la langueur ! La providence t'a laissé un fils pour ta consolation et, en même temps, tu es obligé de te ménager pour l'élever à la crainte de Dieu. » Et sa belle-sœur lui demandait instamment de consulter le médecin : « Je sais qu'il n'est plus doux de s'occuper de soi, que tout est égal ; aussi n'est-ce pas pour toi que je t'en prie. Dis, ne penses-tu pas que cette ombre chérie voltige autour de nous et s'intéresse encore à ceux qui lui étaient si chers ? Je l'appelle si souvent la nuit, je crois l'entendre, j'écoute et, si ce n'est elle, c'est quelque chose d'elle-même qui me dit : « Je suis là, calme-toi, nous nous « reverrons, ne te tourmente pas, tu te fais mal, tu « m'affliges... »

Entre toutes les conceptions imprévues qu'il forma alors pour s'exiler à Paris, la plus singulière fut d'aller y entreprendre un commerce de produits chimiques. Il songea aussi à s'établir maître de pension. Tous ceux qui connaissaient sa distraction, son désordre, son défaut de sens pratique, sa naïveté, furent épouvantés. Sa mère lui écrivait : « Prendre un commerce seul, sans expérience, confiant comme tu l'es, tu te feras tromper, tu te ruineras. Pour avoir le profit seul, tu ne veux point d'associé ; mais ne vaut-il pas mieux gagner mille écus que d'en perdre vingt ? Tu risques la fortune de ton enfant, la tienne et qui sait ?... Prendre une pension où il faudra faire beaucoup d'avances sans être sûr d'avoir des élèves, c'est à peu près la même chose. Aller à Paris pour 1.200 livres, tu ne pourras pas vivre. Si tu étais là, tu me ferme-rais la bouche en me disant avec humeur : « Maman, « que veux-tu donc que je fasse ? » Hélas, mon bon ami, je n'en sais rien. Tu as l'esprit si bouillant que, quand tu as une idée, tout est beau. C'est pour cela qu'il faut consulter, ne rien précipiter, ne pas faire comme tu fis au meilleur ami que tu aies, ne pas répondre : « C'est une bêtise ; ça n'a pas de bon « sens. » Crois-tu, mon enfant, que ce sont des propos que l'on ne sente pas ? L'on finit par ne plus rien dire et l'on vous laisse faire des sottises. Est-il possible qu'un bon chrétien, un membre de Jésus-Christ, qui doit tout souffrir, les peines, les chagrins, les ennuis, avec patience, résignation et douceur ?... Il nous a montré l'exemple. Jette-toi au pied du crucifix et demande-lui avec résignation qu'il t'éclaire sur ce qu'il veut faire de toi... Hélas, mon enfant, tu dois sentir toi-même que, si tu te laisses aller à tes emportements, cela ne ferait qu'augmenter et tu te ferais horreur à toi-même... » La Tatan, qui avait aidé à l'élever, le conseillait dans le même sens : « Je ne puis, mon cher ami, hésiter à te parler de ton entreprise de vitriol. Ne connaissant pas le commerce, être obligé d'emprunter !... Tu peux perdre le peu que tu as !... Ecoute les amis ; ne leur parle pas durement quand ils te disent leur façon de penser. Tu es trop vif, mon cher ami ! Tu as de l'esprit, tu peux prendre sur toi... Ne donne ta démission qu'à tête reposée... »

Ces projets commerciaux n'eurent, du reste, pas de suite et le génie mathématique d'Ampère se révéla heureusement assez tôt dans une lumière assez éclatante pour assurer sa carrière scientifique. Au milieu de sa douleur, les calculs d'algèbre se succédaient. Dès le 28 novembre 1803, il faisait présenter à l'Institut par Delambre un nouveau mémoire. Quinze jours après, l'impatient jeune homme commençait à s'étonner que les commissaires choisis, Lagrange et Lacroix, n'eussent pas encore déposé leur rapport. A quoi, Delambre répondait que Lagrange avait demandé l'adjonction d'un « géomètre plus jeune, plus au courant de ce qu'on a pu faire nouvellement ». Un an après, à l'automne 1804, les savants qui s'intéressaient à lui, obtenaient pour leur protégé une place plus convenable que celle de fabricant de vitriol ou de maître de pension. Le 20 octobre, le général Lacuée, conseiller d'Etat, président de la section de guerre, écrivait à Delambre : « D'après votre désir et votre suffrage, j'ai nommé hier, mon cher confrère, M. Ampère répétiteur à l'Ecole Polytechnique. Je me suis estimé heureux de trouver cette occasion de vous prouver mon désir de vous être agréable et la confiance légitimement due à vos talents et à vos vertus... » Ampère avait décidément le pied à l'étrier; mais que de souffrances morales il devait encore traverser !...

Voici donc notre Lyonnais devenu Parisien. En ce temps-là, l'Ecole Polytechnique occupait des bâtiments qui dépendent aujourd'hui de la Chambre des députés, sur la rue de l'Université, et le nouveau répétiteur obtint, au bout de quelques semaines, d'y être logé. Le 2 décembre 1804, Ampère, après avoir vu passer en voiture l'empereur et le pape se rendant pour le sacre à Notre-Dame, écrit à sa belle-sœur : « Je t'écris de ma chambre à l'Ecole Polytechnique. J'y loge depuis hier. C'est entre ces quatre murs que ma vie va désormais couler. A chaque ligne, j'entendais trembler l'atmosphère sous le canon des Invalides, dont l'hôtel est à deux cents pas de l'Ecole... Il est trois heures. L'empereur est à Notre-Dame et cet instant est probablement celui de son couronnement. Ce soir, il passera sur les boulevards devant les fenêtres de Carron. Je dois y aller et je verrai toute cette pompe... Avant-hier il tombait de la neige et du verglas. Le temps est moins rude aujourd'hui : ce qui est bien heureux pour ceux qui sont sous les armes ; ils ne laisseront pas d'avoir bien froid... »

Mais, comme il l'ajoutait dans la même lettre, « il avait cru laisser à Lyon les pensées qu'il fuyait », et il s'était trompé. Son isolement lui fut, au contraire, encore plus pénible au début dans cette ville nouvelle, où « tout le monde lui semblait dépourvu d'enthousiasme. » Il regrettait surtout son fils, resté à Lyon entre trois femmes occupées à le cajoler et qu'on lui dépeignait, d'après sa piété précoce (à 5 ans) comme un futur « Père de la Foi ».

Un Père de la Foi ! Que l'expression sonnait douloureusement dans cet esprit, hier si attaché au catholicisme, aujourd'hui en proie à toutes les tristesses du doute ! Nous avons vu Ampère revenir aux pratiques catholiques peu avant la mort de sa femme. Il avait eu alors une année d'exaltation religieuse, pendant laquelle il fonda à Lyon, avec ses amis, Ballanche, Jordan, de Gasparin, Barret, puis Bredin converti par lui-même, une société de propagande catholique (24 février 1804). L'ardeur de ce groupe était extrême. Il suffit, pour en donner une idée, de dire que Barret, surnommé « la Foi » se fit prêtre et que Ballanche voulut, un moment, entrer au séminaire. Aussi quelle émotion dans ce groupe dévot quand on s'y aperçut que, sous l'influence néfaste de la capitale, l'apôtre d'hier allait avoir à son tour besoin d'une prédication !

Ce qui s'était passé pouvait se concevoir aisément. Le retour d'Ampère à une piété active sous la douce pression de Julie avait été d'ordre sentimental plutôt que rationnel. Et, quelle que soit la valeur réelle du sentiment, un savant habitué à raisonner demeure exposé à en apercevoir trop vite les points d'apparence fragile. André Ampère était un peu ce que nous appelons un impulsif, toujours disposé à s'enflammer d'abord pour une idée nouvelle, comme un sensuel pour une jolie femme, sauf à utiliser ensuite son libre jugement. C'est grâce à cette tendance qu'il a fait plus tard ses découvertes en physique et en chimie. En 1805, « l'objet aimé » était la psychologie. Peu après son arrivée à Paris, il s'était lié avec des philosophes tels que Maine de Biran, Cabanis, de Tracy, Degérando : le groupe d'Auteuil, peu apprécié de Napoléon. Sous leur influence, il ne rêva plus que « moi et non-moi » et déclara bientôt être entièrement dégoûté des mathématiques (tout en continuant d'écrire deux mémoires d'analyse pour le journal de l'Ecole Polytechnique). Ne nous en étonnons pas ! Nous le verrons également, pour la chimie, passer par des alternatives d'enthousiasme et de sécheresse. Il ne fut aussi qu'un physicien intermittent. Si l'on voulait scruter à fond son âme, on s'apercevrait que ce grand savant n'a, pendant toute sa vie, réellement aimé d'un amour presque constant que la philosophie. Dès son discours d'ouverture à Bourg, en 1802, il esquissait une classification des sciences et c'est à cette classification que les dix dernières années de son existence ont été surtout consacrées.

Rapidement, l'effet corrosif de cette métaphysique forcenée se manifestait au désespoir de ses amis. Pendant un séjour de deux mois qu'Ampère fit à Lyon à l'automne 1805, Brédin en fut particulièrement affecté et son journal contient des réflexions de ce genre : « Il ne voit plus que la gloire, il est idolâtre de la gloire... J'espère toujours que, dans nos conversations, il exprimera quelques-unes de ces hautes vérités qui le rendaient si éloquent. Mais non, c'est toujours la science, la renommée ! Autrefois la civilisation l'intéressait en tant qu'elle devait perfectionner l'homme sous le rapport moral. A présent, il n'y voit que le développement des forces et des facultés, un moyen d'avancer les sciences, la liberté civile, l'indépendance des nations... » Ballanche, moins renseigné, lui écrivait de son côté : « Ce que vous dites au sujet de vos succès en métaphysique me désole. Je vois avec peine qu'à votre âge vous entriez dans une nouvelle carrière... Mais je sais que vous ne pouvez mettre de frein à votre cerveau. Cette idéologie ne fera-t-elle point quelque tort à vos sentiments religieux ?... » Et, le 10 septembre 1805, Ampère priait Bredin de cacher avec le plus grand soin à sa mère les doutes dont il était tourmenté.

Attiré, comme il l'était, vers toutes les idées nouvelles, il ne s'occupait pas seulement de métaphysique, mais aussi de physiognomie, des systèmes du docteur Gall et de Lavater, de la baguette divinatoire. Bientôt nous le verrons s'inquiéter du magnétisme et de la somnambulie. Pour un peu il eût interrogé des esprits et fait tourner des tables. Il se cherchait lui-même et ne se trouvait plus. Cet état d'incertitude et de souffrance devait bientôt prendre une forme sentimentale, dont nous allons commencer par montrer les phases successives.

Au début de 1806, l'Ecole Polytechnique avait changé de local et s'était installée au Collège de Navarre, dans les bâtiments qu'elle occupe encore. Ampère l'avait suivie. Maintenant il ne voyait plus par sa fenêtre la place du Palais Bourbon, les marronniers et le dôme des Invalides sortant de leurs touffes. Il logeait sur une petite cour intérieure, où personne ne passait et qu'il déclarait plus assortie à ses tristes réflexions. Ses lettres étaient pleines de la mélancolie qui formera presque toujours la couleur habituelle de toute sa correspondance : « Le temps où je ne

travaille pas n'est rempli que de pensées sombres...
Puisses-tu, écrit-il à sa belle-sœur Elise, tomber,
comme moi, dans cette apathie où l'âme ne sent
presque plus qu'elle souffre, parce qu'elle ne se sent
plus elle même !... M'ennuyer en travaillant, m'ennuyer lorsque j'ai un moment de repos, voilà à peu
près toute mon existence... » Ailleurs, il parle encore
« de cette folle passion des sciences qui lui a fait tant
de mal ». En présence de ce désarroi, ses amis de
Lyon, le sentant mûr pour toutes les folies et craignant la violence de ses passions, s'ingéniaient à l'attirer de nouveau vers Lyon, à lui trouver une femme.
Ballanche lui écrivait des phrases sévères : « Vous
ne savez pas encore ce que c'est que de résister à vos
penchants et c'est ainsi que vous vous exposez à les
faire devenir de véritables passions... Vous prenez
quelque intérêt à une jeune personne et de suite vous
vous imaginez que c'est de l'amour. Vous caressez
cette illusion sans vous informer si elle est libre ou
non, si elle peut être à vous ou non ; et, lorsque vous
êtes désabusé, vous êtes tout à fait amoureux. » Et il
lui proposait de venir faire à Lyon un cours sur la
philosophie des sciences. Mais lui ne voulait, à aucun
prix, retourner se fixer dans la ville qui lui rappelait
de si douloureux souvenirs. Et, cependant, trois ans
après avoir perdu sa femme, il allait se remarier.

Degérando, qui était alors secrétaire général au
ministère de l'Intérieur [1], connaissait un ménage Potot
dont la fille unique, Jeanne ou Jenny, âgée de 26 ans,

1. Degérando (ou de Gérando) (1772-1842), né à Lyon trois ans
avant Ampère, avait fait partie de l'insurrection lyonnaise. Condamné
à mort, il s'enfuit en Suisse avec Camille Jordan, revint en France
avec lui à l'amnistie de l'an IV, l'accompagna dans un nouvel exil
après le coup d'Etat du 18 fructidor, puis devint célèbre comme
philosophe, accompagna Napoléon en 1806 pour organiser le royaume

était en rapport d'âge avec le veuf qui en avait 31. Par lui, Ampère se trouva introduit dans la maison [1]. C'était un ménage aussi bourgeois que possible, dans le sens péjoratif où les artistes entendent ce mot, à idées étroites, à préjugés, à prétentions, ne vivant que pour l'argent et la vanité, n'ayant pas la moindre idée des sciences, exactement l'inverse de ce qu'il aurait fallu à un grand enfant simple et modeste comme Ampère. Néanmoins, celui-ci prit immédiatement feu avec cette intensité qui était le trait principal de son caractère. On a peine à le croire en se rappelant la tendresse profonde et durable qu'il avait eue pour Julie, le culte qu'il conserva toute sa vie pour sa mémoire. On supposerait tout au plus un remariage de raison. Mais toute la correspondance prouve d'une manière indiscutable qu'il s'enflamma également pour sa seconde femme. Elle montre même, ce qui est encore plus extraordinaire, que cette passion survécut, pendant des années, à tous les déboires dont nous allons parler. Jamais l'amour ne témoigna mieux son aveuglement qu'en l'attirant vers cette personne vaniteuse, minaudière, égoïste et sans aucun principe élevé, dont tout aurait dû le séparer. Comme le lui écrivait Ballanche alors qu'il ignorait encore cette ardeur nouvelle, « on dirait parfois que vous cherchez à vous débarrasser de votre cœur, vous le jetez à qui se trouve là ».

La première lettre où il en soit question, datée du 21 mars 1806 et adressée au philosophe Maine de

___

d'Italie et fut un personnage important pendant les dernières années de l'Empire et la Restauration (Membre de l'institut, conseiller d'État, baron, etc...). On lui doit une *Histoire des systèmes de philosophie* (1804) et des *Institutes de droit administratif français* (1832).

1. J.-B. Potot était membre des Académies de Lyon.

Biran[1], est très typique. Il « nage dans le bonheur qu'aucune impression ne peut rendre »... « Je n'aurais jamais cru que l'amour pût renaître dans mon âme, et lui faire éprouver une seconde fois les mêmes transports. Cette passion remplissait mon cœur dès le temps où j'eus le bonheur de faire connaissance avec vous[2] ; mais ce secret n'était connu que de moi seul, et les obstacles que je prévoyais, m'avaient déterminé à l'ensevelir dans un silence éternel et à me vaincre en évitant l'objet et ne m'occupant que d'idées abstraites. Je ne vous dirai pas quels événements presque miraculeux ont changé cette résolution, comment l'amitié de M. Degérando a levé tous les obstacles en faisant créer pour moi une nouvelle place au Bureau Consultatif des Arts et Métiers, composé déjà de MM. Montgolfier, Molard et Gay-Lussac[3], et obtenu l'aveu des parents de celle que j'aimais. Les paroles sont données et bientôt je n'aurai plus rien à désirer sur la terre... Maintenant toutes mes journées sont remplies d'un seul sentiment, d'une seule idée ; elles se passent toutes : « Quelques heures à la voir, le reste à l'espérer »... Vous ne reconnaissez plus ce subtil métaphysicien qui, tandis qu'il voulait analyser jusqu'aux sentiments, se laissait entraîner à la plus violente passion... C'est une singulière expérience métaphysique que tout ce que j'ai éprouvé à cet égard. Quelles lumières elle donnerait sur la nature de l'âme humaine à celui qui aurait pu en voir toutes les circonstances sans être à la fois juge et partie !... »

1. Maine de Biran (1766-1824). Cousin a réuni ses œuvres philosophiques en quatre volumes in-8°, 1841.
2. Cela ferait remonter la passion au moins à l'automne 1805.
3. La nomination est du 24 mars 1806.

A Bredin, il n'écrit qu'un peu plus tard, le 26 avril 1806 : « Les paroles sont données. Je vois tous les soirs mademoiselle Potot. Son cœur semble avoir deviné le mien. Elle me préfère, dit-elle, à ce que le monde appelle un brillant parti. » La réponse de Bredin, longue, bizarre, décousue, fait, comme on va le voir, allusion à la thèse fataliste qu'on vient de sentir percer dans la lettre à Maine de Biran : « J'avais besoin d'apprendre que cet état de trouble qui se peignait d'une manière si alarmante dans tout ce que vous m'écriviez, est enfin terminé. Je ne vous ai pas laissé voir les inquiétudes que votre exaltation me donnait. Vous étiez assez malheureux !... Ces terribles lettres étaient énigmatiques pour moi ! Je ne pouvais concevoir ce qui causait un tel désordre dans vos idées. Je soupçonnais bien que l'amour était là pour quelque chose ; mais je n'en étais guère plus avancé... Ce qui m'intéressait le plus était ce que je pouvais le moins deviner : *si cette ardente passion devait vous rendre heureux ou malheureux...* Enfin tout est changé. Vous voilà au comble de vos vœux ! Vous avez trouvé le repos et le bonheur !... Vous dites qu'elle a compris votre cœur !... Je n'ai pas besoin d'en savoir davantage... Je ne vous dissimulerai pas que toutes mes pensées n'ont pas également été pour l'espérance. Je connais trop la force de votre imagination et votre penchant à l'illusion, pour n'avoir pas eu quelques craintes en apprenant tout à coup que vous étiez sur le point de contracter une liaison de cette nature... Mon ami, je crois vous bien connaître : vous êtes facile à entraîner. Redoutez plus que la mort les autres passions ! Si vous les écoutez le moins du monde, vous avez tout à craindre. Rappelez-vous Ulysse et les Sirènes ; attachez-vous à votre

Jenny, comme lui au mât de son vaisseau... Je sais
bien que votre cœur ne se détachera pas *de lui-même.*
Aussi une passion étrangère, qui attaquerait votre
amour, ne me donnerait pas le moindre souci. Je n'ai
pas la moindre inquiétude sur vous par rapport aux
passions *du cœur* ni à celles de la *Bête ;* mais je crains
les autres passions : celle de l'imagination et celle de
la tête. L'ennemi redoutable, c'est la métaphysique.
Je reproche particulièrement à cette terrible sirène
d'avoir infiniment nui à votre raison. J'ai cru remarquer que vous tendez singulièrement à regarder
l'homme comme étant invinciblement poussé à telle
ou telle détermination par son organisation, son tempérament, etc., etc. Vous prenez pour la nature ori-
ginelle de l'homme ce qui n'est qu'une funeste habitude. « *Je ne puis pas. Cela m'est impossible. Je suis
entraîné. Je voudrais bien. J'ai souvent voulu,* etc. »
Voilà des expressions dont vous faites ce me semble,
un extrême abus. »

Dans une lettre du 31 mai à Maine de Biran, lettre
toujours pleine de bonheur, Ampère précise la mesure
de ce fatalisme sentimental : « L'on ne fait une bonne
métaphysique que lorsqu'on s'observe impartialement
comme on observerait un autre homme, sans faire
aucun effort sur soi-même, et en laissant déterminer
toutes ses actions, toutes ses pensées, par ses seuls sentiments, en sorte que le moi soit presque réduit à la
fonction d'observateur. Ce n'est que par là qu'on peut
bien connaître le cœur humain, comme ce n'est que
dans le cas contraire, où la raison désapprouve nos
penchants et lutte contre eux, qu'on peut bien observer un ordre de facultés tout opposé, celui de la
volonté libre. »

On le voit par ces lettres, dès la fin de mars le

mariage était décidé. L'aimable intermédiaire Degérando avait vaincu les hésitations d'une jeune fille vaniteuse en peignant la brillante carrière de son protégé et dorant un peu le présent de celui-ci par cette place nouvelle. Mais les véritables difficultés commencèrent, comme il arrive souvent en matière de mariage, après les fiançailles, quand on se pratiqua plus intimement. Alors éclatèrent, de la part du ménage Potot, une série d'exigences et de chicanes, qui retardèrent peu à peu la célébration jusqu'au 1ᵉʳ août. Pendant ce temps, les amis continuaient à s'inquiéter de voir l'espèce de fureur passionnée avec laquelle Ampère se lançait dans cette aventure. C'est l'abbé Barret qui lui écrit le 20 juin : « Vous avez triomphé de ces idées chagrines qui accablaient votre esprit. Vous croyez au bonheur ! J'en bénis Dieu de tout mon cœur. J'ajoute néanmoins, en vertu des droits que donne l'amitié, que j'espère vous trouver par la suite amoureux un peu plus sage. Il est bien naturel que vous soyez entraîné par toute l'impétuosité du sentiment qui vous enchante... Soyez heureux, mon bon ami, soyez heureux ! Mais n'oubliez pas que cette vie est celle de l'instabilité... »

Quelques jours après, même note chez un autre ami, Bonjour : « Quelle est donc cette toute belle, cette toute bonne qui vaut à elle seule Bredin, Ballanche, Barret, Desroches, tant d'autres et moi ?... »

Enfin, au dernier moment, lorsqu'il s'agit de signer le contrat, une rupture manque de se produire, malgré toute l'insouciance d'Ampère en matière financière. Son ami et représentant Degérando ne peut s'empêcher de protester en apprenant les conditions bizarres imposées par M. Potot : séparations de biens ;

la future censée contribuer pour moitié à toutes les dépenses ; la femme seule propriétaire de tout le mobilier, qui vient d'être acheté sur le pauvre pécule d'Ampère, etc...

Dans une note écrite par Ampère dix-huit mois plus tard, l'histoire bien singulière de ce mariage se trouve expliquée. Le récit est un peu long et pourra paraître pénétrer dans des détails trop personnels. Mais les scènes à la Balzac et dignes du « Cousin Pons » qu'il nous raconte sont nécessaires à connaître pour apprécier au milieu de quelles souffrances exceptionnelles est éclos le génie d'Ampère. Après plus d'un siècle, quand il s'agit d'une famille depuis longtemps éteinte, le souci de l'exactitude autorise à parler.

« On peut, dit cette note, éprouver quelque surprise à la lecture du contrat de mariage de M. Ampère. Cette surprise cesse bientôt quand on sait de quelle manière on est parvenu à le lui faire signer. M. Potot avait, depuis plusieurs mois, donné son consentement à ce mariage. Les marques de bienveillance qu'il donnait à M. Ampère, l'assurance qu'il lui répétait qu'il voulait être son second père et celui du fils qu'il avait eu de son premier mariage, devaient inspirer à M. Ampère une entière confiance. Déjà il avait remis à M. Potot tout ce dont il pouvait disposer, c'est à dire 7.200 francs qu'il avait retirés de chez deux négociants de Lyon où cet argent était placé et, par suite de cette aveugle confiance, M. Ampère dit à M. Potot qu'il s'en remettait, pour la rédaction du contrat, à sa bienveillance pour lui, à sa tendresse pour sa fille. M. Potot le fit rédiger sans lui en communiquer les articles. Il attendit, pour le lui communiquer, l'époque fixée pour sa signature.

« Le respectable ami de M. Ampère (Degérando)

que la mère de celui-ci, alors à Lyon, avait chargé de sa procuration, exigea qu'on changeât quelques-uns de ces articles. M. Potot retira alors la promesse qu'il avait faite à M. Ampère, ne lui permit plus l'entrée de sa maison, et, comme il avait déjà employé la plus grande partie des 7.200 francs que lui avait remis M. Ampère, en présents de noces et en meubles destinés à sa fille, il lui dit qu'il lui en remettrait le compte et ne lui rendrait que le surplus.

« M. Ampère se décida, après huit jours passés dans de cruelles agitations, à aller chercher quelques consolations dans sa famille. Déjà tout était prêt pour le départ ; il devait avoir lieu le lendemain matin, quand M. Potot le fit demander. M. Ampère se rendit chez lui. Il y trouva madame Potot seule, qui lui dit que sa fille voulait le revoir pour lui dire un dernier adieu. M. Potot entra sur-le-champ et, s'adressant à sa femme, il lui dit qu'il ne le permettait point, que sa fille ne mangeait plus depuis huit jours, qu'elle avait la fièvre et qu'une pareille entrevue pouvait exposer sa vie. On sent quelle impression ce discours dut faire sur M. Ampère. Madame Potot le mena vers sa fille, qui se montra baignée de larmes. M. Ampère, vaincu par ses larmes et croyant aux discours de son père, lui promit de vaincre la résistance du fondé de pouvoirs de madame Ampère sa mère. Cet excellent et vertueux ami lui représenta inutilement tous les maux où il allait se précipiter. L'impression qu'il venait de recevoir était trop profonde, elle durait encore quand le contrat fut signé. »

Le mariage eut donc lieu le 1er août 1806. Les témoins étaient de nature à flatter la vanité des Potot : Champagny, ministre de l'Intérieur ; le général Lacuée, gouverneur de l'Ecole Polytechnique ; Laplace,

Delagrange et Delambre, membres de l'Institut ; de Jussieu, professeur au Muséum. Il est à remarquer que ni la mère, ni la tante ni la sœur d'Ampère n'assistaient au mariage. Ce n'est pas qu'il y eût bouderie de leur part, car les lettres des mois suivants sont fort affectueuses pour la jeune femme que l'on ne connaît pas ; mais Lyon paraissait, à cette époque, très loin de Paris.

Il était convenu que le jeune ménage devait habiter avec les beaux-parents. Ampère avait accepté cela comme tout le reste. Dès le jour de son mariage, il se trouva en présence d'une situation tout à fait extraordinaire qu'il explique ainsi : « Sa femme lui déclara qu'elle ne voulait point avoir d'enfants. Il essaya vainement de faire naître en elle quelques sentiments de morale. Il n'eut que trop lieu de s'assurer qu'aux yeux de sa femme les premières notions de la morale étaient des chimères, qui ne pouvaient être de mise que dans les romans, les plus doux sentiments de la nature des faiblesses qu'elle dédaignait, une ambition effrénée la seule vertu qui pût lui plaire. M. Ampère doit jeter un voile éternel sur ce que sa femme lui dit alors. Il espérait cependant encore pouvoir la ramener à des sentiments moins odieux ; il n'employa avec elle que le langage du dévouement le plus entier et de l'amour le plus tendre. A force de soins et d'égards, il crut quelques instants avoir réussi. Madame Ampère devint enceinte. Alors elle accabla son mari de reproches outrageants, se sépara de lui et fut coucher dans la chambre, dans le lit de sa mère. On relégua M. Ampère dans un cabinet au second étage. Bientôt il ne vit plus sa femme qu'aux heures des repas... On décachetait les lettres qu'il recevait de sa mère avant de les lui remettre. On voulut le forcer à écrire à cette tendre mère qu'elle lui donnait trop fréquemment de ses nouvelles et que les ports de ses lettres était une dépense inutile... Madame Potot poussa sa tyrannie jusqu'à défendre aux domestiques de recevoir ceux qui venaient voir M. Ampère les jours où il ne quittait pas son cabinet, sous peine d'être eux-mêmes chassés de la maison...

« Il y avait plus de six mois qu'il supportait ses peines... Un nouvel outrage de madame Potot le porta enfin à faire des observations modérées. Sa femme saisit cette occasion de se dévoiler entièrement en lui déclarant qu'il devait sortir de la maison puisqu'il ne s'y trouvait pas heureux... Depuis ce jour et pendant plus de six semaines, aux heures des repas où M. Ampère se rencontrait avec elle, elle persista à ne pas lui répondre, à ne pas faire un mouvement, un signe de tête quand il la saluait... Enfin elle rompit le silence et, adressant la parole à son père, elle lui dit ces propres paroles : « *Monsieur ne devrait pas se faire dire deux fois de sortir de la maison ; il faut qu'il n'ait pas de cœur pour y rester.* »

J'arrête ici la citation ; mais nous connaissons assez Ampère pour savoir quelle patience, quelle bonté, quels élans de cœur il dut apporter dans cette lamentable situation de M. Bergeret, succédant aux rêves amoureux dont il s'était laissé follement bercer pendant quelques mois. Tout l'hiver se passa ainsi en vains efforts pour apaiser ces deux femmes exceptionnellement odieuses. Suivant son expression, il n'était pas « résigné mais épuisé ». On lui demandait d'admettre les théories de sa femme qu'il trouvait monstrueuses. Plus tard, on voulait l'amener à un divorce qu'une survivance de ses principes religieux, pour le moment assoupis, ne pouvait admettre. Et, par un comble de vilenie, on prétendait profiter de son contrat pour le dépouiller. A Lyon, la famille, les amis s'étonnaient de son laconisme succédant à l'ivresse des fiançailles ; mais Bredin lui-même, le 16 février 1807, parlait encore de « l'épouse chérie ». Enfin, sur le conseil des hommes d'affaires, il se décida, huit jours avant les couches de sa femme, à abandonner l'habitation en commun avec les beaux-parents pour aller habiter un logement que le ministre de l'Intérieur, M. de Champagny, lui offrait dans son hôtel. C'est ainsi que, le 6 juillet 1807, il apprit par le portier du ministère la naissance de sa fille Albine.

On aurait pu croire que l'enfant constituerait un lien entre les parents. Mais la mère, qui la mit immédiatement en nourrice à Montmartre, s'en désintéressa toujours à un point presque incroyable. Tous les efforts des amis pour obtenir une réconciliation furent inutiles. Il fallut faire jouer les huissiers, obtenir un jugement contraignant madame Ampère à venir habiter avec son mari, aller en appel, épuiser la procédure, pour aboutir enfin à une transaction, dans laquelle la famille Potot, ne défendant que son argent, abandonnait sans difficulté la petite fille à son père. Celui-ci la retira immédiatement de nourrice (mai 1808), sans que la mère fît même prendre de ses nouvelles. Il était convenu que M. Potot payerait, pour l'éducation de l'enfant, 300 francs par an jusqu'à 7 ans, puis 500 pendant son séjour en pension et 400 ensuite. S'accrochant toujours à l'espoir que sa femme viendrait un jour le rejoindre, Ampère avait fait stipuler dans quelles conditions cette réunion pourrait avoir lieu.

Tout cela avait duré longtemps, non sans essais

de réconciliation de la part d'Ampère, et c'est seulement le 11 juillet 1808, presque deux ans après sa célébration, que cet étrange mariage prit fin par une séparation à l'amiable. Nous n'aurons plus guère l'occasion de parler de madame Ampère et l'on pourrait croire qu'elle disparut totalement du cœur de son mari. On se tromperait. Pendant des années, il garda un fond d'amour pour elle, avec le désir de la convertir. En 1813, il y eut encore toute une négociation. La situation de la famille Potot était alors des plus bizarres. « Monsieur Potot, écrivait Ampère à Bredin le 16 mars, est entièrement brouillé avec sa femme et sa fille. Ils ne se voient plus, pas même pour le repas, quoique dans le même appartement. Sa femme le traite comme j'ai été traité ; mais cela ne peut avoir le même succès parce que c'est lui qui a la bourse. J'ignore comme cela finira. Il fait ce qu'il peut pour me mêler là-dedans ; mais je ne suis pas si bête. Il faut néanmoins que je reste en cas d'événement. Que sais-je ce qu'il peut arriver ?... »

L'espoir sous-entendu dans cette dernière phrase parut un moment se réaliser. Brouillée avec son père et prise de ce côté par l'argent, madame Ampère fit mine un moment de se réconcilier avec son mari. C'était au mois de juin. Ampère avait été forcé de partir à la fin d'avril pour sa tournée d'inspection annuelle. Une maladresse de la sœur Joséphine fit manquer la réunion en la retardant de quelques jours, pendant lesquels madame Ampère put s'entendre avec son père et oublia son mari. Elle n'était vraiment pas à regretter ! Cependant, Ampère écrivait le 28 juin 1813 au confident Bredin une lettre de désespoir : « Il n'y a plus de repos à jamais pour ton ami depuis que je vois que le silence inconcevable de ma sœur a empêché ma réunion certaine avec madame Ampère. Cette réunion me poursuit toujours comme le bonheur suprême. Je m'en peins toutes les circonstances avec des regrets qui me mettent en fureur contre ma sœur et moi. Et puis toujours cette pensée accablante : « Elle serait là, dans ce moment, avec son mari et sa petite. » C'est par une fatalité inconcevable ! Ma sœur le désirait aussi et, à présent, l'occasion est manquée sans retour... Dugas te dira comment, après avoir désiré cette réunion avant mon départ de la fin d'avril pour se soustraire aux persécutions de son père, elle a su dernièrement par ma sœur, quand il n'était plus temps, quand elle était enfin sûre de pouvoir rester comme auparavant chez son père, combien je la regrettais, sans en être touchée, sans y répondre ! Cela a achevé de me la faire connaître. Ce n'est pas elle que je regrette, c'est l'illusion que j'aurais eue, ce sont les émotions que j'aurais éprouvées, c'est le chagrin de n'avoir pas vu changer toute mon existence, pour savoir du moins si cette nouvelle manière d'être aurait été moins insupportable... »

Il est alors si désolé qu'il reste trois jours « sans rien faire absolument », sans approcher de son bureau, incapable de suivre un raisonnement mathématique. Mais, comme il vient de nous le dire, ce n'est pas madame Ampère qu'il regrette, c'est l'éternel amour représenté un moment par elle. Nous ignorons s'il y pensa encore plus tard. En tout cas, le rapprochement n'eut jamais lieu. Quelques années après, le 13 octobre 1820, M. Potot mourait, laissant une belle fortune à sa fille, et l'intérêt, qui seul aurait pu la ramener, n'eut plus l'occasion d'intervenir. Mais, comme dans tous ces malheureux ménages séparés, la fille constituait un lien forcé. Notamment,

quand elle fut d'âge à se marier, on dut négocier
pour sa dot. Et puis, nous n'entendons plus parler
de madame Ampère jusqu'au jour où, son mari étant
mort, elle eut la prétention de toucher une retraite
qui, à cette époque, constituait une faveur et non un
droit. On fut alors obligé de lui faire savoir que sa
demande produirait un mauvais effet. Plus tard, sa
fille ayant eu un enfant, nous la retrouvons comme
marraine, avec Jean-Jacques Ampère comme parrain, minaudant et très occupée de sa robe. Cette
fille tombe dans la misère et devient folle. Elle n'en
prend guère souci, malgré sa situation de fortune très
large. Conservée par son égoïsme, quoique ses amis
la qualifient « très affectueuse » elle a survécu trente
ans à un mari (presque aussi âgé qu'elle) pour mourir
seulement en 1866 à Versailles...

Cette histoire nous a entraînés loin et nous a fait
négliger tous les autres côtés qui peuvent nous inté-
resser, pendant le même temps, dans la vie d'Ampère. Cependant, avant de revenir à ses travaux d'algèbre, de chimie et de philosophie, nous voulons
d'abord épuiser son existence sentimentale, qui com-
porte encore un ou deux autres petits romans ébau-
chés de 1809 à 1814, en partie parallèlement avec le
précédent : romans dont la trace subtile apparaît dans
ses lettres. Cette fois, les noms ne nous sont pas
connus. Mais qu'importe ? Pour ce cœur chaste et dé-
bordant de tendresse sans emploi, l'amour n'est que le
besoin de s'attacher, le désir ardent d'échapper à
un sentiment douloureux de vide. Ampère se laisse
conduire en cela par des forces supérieures, auxquelles
il s'abandonne aveuglément : forces que, dans ses périodes chrétiennes, il confond avec la Providence,
mais qui, dans d'autres temps, auraient pu le mener

loin. Nous connaissons cette théorie facile qui prêche « l'obéissance à la nature » : c'est-à-dire la soumission aux mauvais instincts, dont l'affranchissement constitue à proprement parler tout l'homme. Lui finit par s'en affranchir à temps. Peut-être toutefois n'est-il pas indifférent, pour la psychologie de ce génie, de retenir en passant combien Ampère a eu constamment la sensation d'être agi plutôt qu'agissant. Dans le domaine intellectuel, c'est à proprement parler ce que nous entendons par l'inspiration. Dans le domaine sentimental, cette tendance pouvait devenir scabreuse et, de bonne heure, ses amis commencèrent à s'inquiéter de rencontrer en lui ces tendances impulsives, avec cette facilité à s'y livrer en les justifiant philosophiquement. Nous l'avons dit à l'occasion du remariage, contre lequel tous l'avaient mis en garde. Il en fut de même pour certaine mystérieuse idylle très platonique qui, pendant cinq ans, remplit tour à tour notre savant de fièvre et de désespoir, au moment de sa première grande production scientifique, alors qu'il donnait à peu près toute son œuvre chimique et que ses travaux d'algèbre le conduisaient à l'Institut. On va voir combien l'amour, la philosophie, le mysticisme et la science réagirent alors l'un sur l'autre.

L'histoire paraît d'abord assez simple. En 1809, Ampère était définitivement séparé de sa seconde femme et toujours assoiffé d'affection, lorsqu'il rencontra une jeune fille, uniquement désignée dans ses lettres sous le nom de « la constante amitié ». Il s'attacha peu à peu à elle d'un sentiment que ses 34 ans n'auraient pas dû laisser croire aussi facilement « paternel ». Cette jeune fille vivait avec sa mère dans une situation modeste et exposée. Au printemps

1811, on nous la montre poursuivie par un adorateur plus ardent que scrupuleux, surnommé « le front ridé », qui nous est dépeint comme un Tartuffe infernal. Peut-être allait-elle l'écouter quand Ampère vint à son secours, la soutint et la fortifia.

·A ce moment, la correspondance devint très active entre eux. Tandis qu'il court le midi de la France en tournée d'inspection, nous le voyons, à Grenoble, à Aix, à Marseille, à Montpellier, dès son arrivée dans chaque ville, se précipiter à la poste et décacheter fiévreusement les missives où, de Paris, on lui raconte les épisodes de la résistance. Voici dans quels termes lui-même se confesse à Bredin (31 mai 1811) : « ...Il me semble qu'il (le front ridé) n'agit plus avec tant d'efforts conspirants... Le succès des mauvais desseins que je lui attribue ne semble plus autant être sa seule et unique pensée. ...Du reste, tant de confiance, de véritable amitié pour moi !... Il semble qu'on cherche dans mes lettres un appui et des forces. Je devrais en être plus tranquille, mais je ne le suis guère... » Et, dix jours après : « ...La dernière lettre est pleine de témoignages d'amitié, de confiance en moi qui m'ont arraché des larmes qu'aucun plaisir ne peut égaler... Certaines phrases de cette lettre montrent une défiance de la bonne foi de quelqu'un, qui est la seule ressource qui puisse faire espérer une heureuse issue à ces malheureux événements. ...L'âme de cette personne a de singuliers traits de ressemblance avec la tienne. Elle est sensible de même, cachant, dans un repli où la tendre amitié peut seule pénétrer, un abîme de mélancolie... »

Il rentre à Paris et, le 10 août 1811, il écrit au même correspondant fidèle : « Mon ami, cherche, chez les marchands d'estampes, une gravure où on lit en bas

LA CONSTANTE AMITIÉ
Gravure en couleurs par FORTIER, d'après MALLET

la constante amitié, et, sur l'arbre entouré de lierre :
« Je meurs où je m'attache ». Si tu savais combien
cette figure a l'impression que prend souvent sa physionomie [1]... Cette gravure, je l'ai mise dans la
chambre à côté de la mienne ; elle me fait du bien
quand je la regarde, mais cela ne dure pas... J'ai lu
une partie de ta lettre, tu devines bien à qui... Je crai-
gnais presque, avant de le faire, que je ne la bles-
sasse ; mais, au contraire, en m'entendant lire ce que
tu me dis de cette jeune fille [2], elle a appris à t'aimer,
à comprendre ton âme presque comme elle lit dans
la mienne... » — (18 août 1811) : « Je vois plus rare-
ment, depuis quelque temps, la personne dont je
t'ai parlé. Au reste, il n'y a rien de nouveau dans ce
qui l'intéresse. Je me flatte beaucoup à présent que
tout restera encore longtemps dans la situation actuelle. Ce n'est certainement pas par un sentiment
qui se rapporte à moi que je le désire, car cet état
de choses me laisse dans un calme qui m'est insupportable. Je ne sais vraiment s'il n'est pas pire que
des peines cuisantes mêlées à des agitations, des
mouvements à se donner, des précautions à prendre,
l'attente d'un mieux ou d'un plus grand mal... »

(26 août) : « J'ai été dans une société où se trouvait
la physionomie qui ressemble tant à la gravure dont
je t'ai parlé... Que la bénédiction du ciel se repose
sur l'être dont les traits peignent si bien la belle
âme ! Que cette bénédiction soit un asile sûr ! »

Et, le 11 septembre 1811, voici le dénouement momentané. La jeune fille a combiné, sans le dire à
aucun de ses amoureux parisiens, un mariage de

---

1. Gravure par Fortier, d'après Mallet. Voir pl. 6.
2. Bredin s'intéressait à une jeune fille du peuple qu'il avait sauvée
d'une chute imminente en la plaçant dans une maison religieuse.

raison avec un homme âgé, riche et habitant la province. Brusquement, elle l'annonce à Ampère dont elle ne paraît pas avoir soupçonné les sentiments et c'est, pour lui, un coup de foudre : « ...Je m'attendais que ce départ me ferait beaucoup de peine. Mais comment me serais-je fait une idée, avant de l'éprouver, de ce vide autour de moi ? Voilà ce que je ne comprends pas. Ma sœur et mes enfants sont près de moi : c'est comme s'il n'y avait personne. Je ne puis dire à qui que ce soit au monde, excepté à toi, mon ami, ce que je souffre... Pourquoi me suis-je donné tant de liens qui attachent mon âme à la terre sans la remplir ? Ecris-moi, Bredin ! Cherche à remplir par ton amitié le vide qu'y laisse une autre amitié trop tranquille, trop raisonnable pour me consoler. Je crois, en vérité, que j'ai réussi à cacher ce qui se passait en moi. Mais alors qu'était-elle, cette amitié qui n'a pas su le deviner ?... Ou ne l'a-t-elle que trop deviné pour vouloir paraître s'en apercevoir ? Je puis conjecturer ; je ne saurai jamais ce qui s'est passé dans une âme qui ne s'ouvre plus à la mienne... Bon ami, j'étais donc destiné à me rendre malheureux toute ma vie par mon imagination !... »

(22 septembre) : « Je ne souffre pas comme quand j'ai perdu autrefois les êtres qui m'étaient les plus chers. Mais j'aimerais mieux souffrir comme alors que de sentir ce vide autour de mon cœur que rien ne peut remplir. Il me semble que chaque soir me délivre du jour qui vient de s'écouler ; mais je ne pense qu'avec peine qu'il en viendra un autre demain... Il me restait encore je ne sais quelle espérance vague de voir renaître pour moi des sentiments qui pussent encore me faire trouver du charme à l'existence ; à présent, je n'en entrevois plus même la possibilité...

Il n'y a que toi au monde, cher ami, à qui je puisse me plaindre de mon sort. Les autres me trouveraient déraisonnable. Ils ne savent pas comme toi combien les choses du dehors font peu pour le bonheur ; ils me regardent comme un homme heureux !... »

(A la fin de septembre) : « Je ne puis te faire comprendre le vide que le départ d'une personne dont nous avons souvent parlé a laissé dans ma vie. Il était impossible de désirer un événement plus heureux que celui qui a fixé son séjour à une si grande distance de Paris. Je devrais en être charmé. Ne suis-je donc qu'un égoïste ? Je ne l'aurais jamais cru... Mais ces mariages de convenances, je ne pourrai jamais me faire à cette idée, ni les approuver. Un homme qu'elle n'avait vu que dans son enfance, qui serait presque son père !... »

Cinq mois après, l'état d'âme n'a guère changé : « Je n'existe plus que comme un monument de ce que fut mon âme quand les plus doux sentiments la remplissaient entièrement. Mon ami, mon ami, mon cœur crie après toi. Conserve, pour ce cadavre de moi-même, l'amitié que tu avais pour moi plein de vie !... » On comprend Bredin lui écrivant : « Je crains pour un ami si tendre, si affectueux, si exposé aux sentiments exaltés... », ou encore : « Je te vois menacé de mille manières. Il me semble toujours qu'aucun homme n'est exposé à autant d'accidents, de chagrins et de malheurs que toi... »

A ces appréhensions que le lecteur pourrait être tenté de partager, Ampère répond, le 24 mai 1812, par le passage suivant qui accuse, ce semble, finement, la part jouée par l'imagination et par une exaltation momentanée dans ce cerveau tumultueux, où tout sentiment s'amplifie comme dans une conque sonore, mais que distrait aussi le tumulte même de ses pensées. Si profondément sincère qu'il soit toujours en écrivant, les expressions dont il se sert doivent subir de notre part un coefficient de réduction pour être ramenées au diapason du langage vulgaire : « Mon imagination, dit-il, m'offre sans cesse des bonheurs impossibles, des espérances chimériques, auxquelles elle me fait croire malgré moi. C'est par là qu'elle me tourmente, mais qu'elle me soulage en même temps des maux réels et présents qui m'oppressent, de cette inutilité de ma vie, de ce vague abandon où tout ce que j'aimerais me laisse excepté toi ». L'inutilité de la vie d'Ampère, nous nous récrions ! Alors, quelle vie sera utile ? Mais ne prenons pas plus ce mot au pied de la lettre que les autres propos excessifs, où il va nous raconter la transformation ultérieure de son roman en drame.

En effet, ce mariage de raison avec un homme âgé n'avait pas été un dénouement. Ampère et la dame aux yeux célestes continuaient à correspondre, elle parlant toujours d'amitié et lui toujours disposé, suivant l'usage, à traduire « amour ». Il arriva même qu'elle revint à Paris cinq mois après son mariage : « circonstance bien difficile » où Ampère a recours aux lumières de Bredin. Puis, au mois d'août 1812, voici un épisode propre à éclaircir le malentendu entre eux. Depuis quelque temps était intervenue une nouvelle héroïne, dite la « dame au portrait », une veuve coquette et affectée qui avait peint le portrait d'Ampère après celui de ses deux enfants et qui chercha longtemps à l'attirer par une communauté de douleurs. Ampère, après avoir fait plus d'une allusion antérieure à ses « continuelles imprudences », à « une situation fausse d'où son ange gardien l'a tiré », finit, sur les instances inquiètes de Bredin, par raconter à son ami l'histoire : « ...Cela est-il si difficile à comprendre ? Un homme de ta connaissance se laisse surprendre d'une fantaisie qui n'altérait pas sans doute le fond des sentiments dont son cœur est rempli, mais qui les fit taire quelque temps. Il s'y livra tellement que, sans un événement imprévu, il n'y aurait plus eu de retour pour lui à sa première existence si douce et triste à la fois. Le lendemain, il se trouva avec celle dont l'imagination était trop faite pour te plaire (La « constante amitié »). Jamais il n'avait point encore éprouvé d'embarras semblable à celui qu'il sentit alors. On lui en demanda la cause avec ce langage de la vraie amitié tout puissant sur lui. Il l'avoua. On ne lui répondit rien, et il ne soupçonna pas d'abord tout le mal qu'il avait fait à une âme semblable à la tienne. Un regard si douloureux jeté sur lui l'obligea à chercher un autre entretien (à revenir causer un autre jour). Il trouva son amie malade, il ne put rien éclaircir et il fut loin encore de penser que le chagrin y eût contribué. Bientôt il eut à choisir entre l'occasion la plus favorable de contenter des désirs insensés, ou de passer quelques heures auprès d'un être souffrant qui, la tête enflée, ne pouvait qu'à peine écouter la lecture d'un livre insignifiant, mais qui paraissait lui procurer quelques distractions. Heureusement qu'il n'hésita pas, quoiqu'il ne sût pas encore combien il avait à réparer. Tout le reste fut oublié, négligé. Une âme blessée, voyant ces soins donnés par la tendre amitié de celui qu'elle croyait désormais tout livré à une passion étrangère, sentit renaître un peu de confiance. Bientôt une explication pleine de larmes amena cette phrase où elles s'épanchèrent en plus grande abondance : « *Il*

*faut choisir entre l'amour et l'amitié ; et pour jamais
la seule amitié.* » Tu le sens bien, cher ami, cela
voulait dire : « entre un penchant indigne d'une
âme comme la tienne ou la sienne et un sentiment céleste... » Aussi le choix était-il fait avant que la
phrase fût achevée. Il n'y a plus eu que l'embarras
de dénouer des liens qu'on s'était efforcé de serrer... »

Qu'arrive-t-il ensuite ? Sans doute, l'amitié, qui a
tiromphé de cette épreuve, devient plus vive. Mais, au
mois de mai 1813, voilà notre cerveau mobile lancé sur
une voie nouvelle : la réconciliation avec madame
Ampère, rêvée, un moment presque réalisée et finalement manquée. Dans ce cœur, à la fois si simple
et si compliqué, il se produit des mélanges qui nous
surprennent. Une lettre du 28 juin 1813, déjà citée
comme expression du navrement où cet incident avait
jeté Ampère, donne, comme autre cause de chagrin,
« le peu de sensibilité qu'il a trouvé de la part d'une
autre personne dont il en attendait davantage... »
L'autre jour, il s'étonnait de causer quelque peine à
la « Constante Amitié » en lui exprimant naïvement
ses velléités d'amour pour une troisième personne peu
digne de lui. Maintenant il s'attriste de ne pas lui
voir éprouver du chagrin à l'idée qu'il ne se récon-
cilie pas avec sa femme !... Un peu après, cependant,
commence une crise violente et décisive dont nous ne
pouvons que deviner les épisodes : des lettres à Bredin
où, suivant son expression, s'exhalaient « ses transports insensés » ayant, sur sa demande, été brûlées. Si
l'on ne retrouve pas un jour la correspondance avec la
dame elle-même, il flottera toujours du mystère sur
cette histoire. Mais ne nous en plaignons pas trop !
N'est-ce pas un principe d'art, en matière de fiction,
qu'il convient de ne pas tout préciser, de laisser des

points de suspension, des silences ?... Ce que nous savons par lui, c'est qu'il se réfugie tout cet été de 1813 dans une solitude à Nogent, roulant à la fois des pensées d'amour désespérées et des préoccupations religieuses. Il parle de ses extravagances, de jalousies injustifiées qui l'ont fait souffrir, de brouilles et de réconciliations... « Il fallait, dit-il, passer par là pour détruire des impressions de dix-huit ans, qui n'ont cessé depuis lors de faire mon malheur, excepté-pendant le temps si court où j'ai été à Lyon parfaitement heureux. Me voilà enfin complètement désabusé sur tout ce qui pourrait encore me tourmenter !... »

Un amoureux de cette trempe est-il jamais complètement désabusé ? Chaque fois que nous croyons l'aventure finie, nous la voyons repartir d'une nouvelle flambée. Cependant l'époque est capitale pour sa carrière scientifique comme pour les destinées de la France entière. Nous dirons bientôt l'ardeur de découvertes chimiques où le jeta, en cette fin de 1813, l'arrivée du savant anglais Davy dans notre pays. Puis, en avril 1814, vint la nécessité de faire campagne à l'Institut en abandonnant la chimie pour les mathématiques. Et c'est, en même temps, l'Invasion ! Mais Ampère, dans ses lettres, semble uniquement occupé de son amour, qui menace un moment d'évoluer vers les faiblesses honteuses d'une liaison vulgaire.

Il écrit le 14 janvier à Bredin : « ...Ce concours de pensées qui se croisent ; tant d'autres encore dont ma tête est remplie ! Elle l'est tellement qu'il n'y a plus de place pour de tristes réflexions. Les événements peuvent s'enchaîner comme ils voudront ; je les attends sans m'en occuper... »

Le 4 février, il pleure à la fois sur ses croyances

perdues et sur le malheureux remariage qui demeure une chaîne, qui lui interdit de se reconstituer un intérieur correct, alors que toute sa nature se révolte à l'idée d'en former un autre : « ...La malédiction du ciel semble attachée sur moi ; mais c'est toujours par ma faute que je me suis précipité dans le malheur. Toujours je ne sais quelle providence me mettait dans une situation qui m'éclairait, qui me donnait le temps de réfléchir et ensuite un événement subit me venait entraîner dans le moment où je semblais n'avoir plus rien à craindre. Les circonstances de ce malheureux mariage qui, il y a sept ans, a perdu toute ma vie, me sont encore présentes. Combien elles se retracent plus vivement à mon esprit !... »

Pendant le mois de février 1814, les événements intimes se précipitent. Des lettres étrangement troublées, où il faut lire entre les lignes, parlent d'une fermentation « qui appelle de plus grands malheurs sans les prévoir », d'une inquiétude « où il lui semble que le pire état serait un bienfait pour lui s'il le tirait de l'anéantissement où il est », de sa « volonté perverse, librement perverse », « voulant l'être sans en attendre même du plaisir ou du bonheur dans cette vie ». Incidemment, une phrase projette sa lumière sur ce drame cornélien de la passion aux prises avec l'amour : « Tout mon chagrin est de ne pas pouvoir être pire que je ne suis... » Et il nous accuse, en phrases vibrantes, les brûlures de « Vénus, attachée à sa proie » : « Ils croient que je me tourmente des événements politiques, ils croient que c'est d'une place à l'Institut que je suis inquiet. Ah, que tous ceux qui me connaissent le croient, excepté toi seul, Bredin !... Toutes les peines où tu m'as vu précédemment n'étaient rien en comparaison des peines actuelles. Elles sont toute ma vie !... Mon ami, depuis trois semaines que je souffre, je voulais te le cacher ; mais je ne peux plus résister à l'envie de te dire que ton ami ne voit plus de ressource pour retrouver jamais un peu de tranquillité. Jamais, pour lui, de moments supportables ! Rappelle-toi le vers de Phèdre : il peint un peu ma position, quoiqu'elle soit pire que la sienne. Si j'étais près de toi, je te pourrais faire comprendre ce qui la rend si pénible ; mais je n'en écrirai jamais rien ; je suis un misérable d'en avoir tant écrit ! Il faut que je cesse ! Prie pour moi, demande pour moi la force de prier ! Mais à quoi pourrait-elle me servir ?... »

Evidemment, malgré tout ce que nous pouvons attribuer à l'exaltation d'Ampère, le malheureux souffre alors cruellement d'un amour insatisfait que les circonstances empêchent de devenir légitime et qu'il s'évertue, par des sophismes, à vouloir considérer comme supérieur à la vertu. Au cours d'une même lettre, nous assistons aux fluctuations du combat. D'abord, il croit « voir avec évidence une force supérieure entraînant tous les événements de sa vie ». Il en conclut que cette force « veut, par là le ramener, comme malgré lui, à d'anciennes opinions religieuses ». Il forme donc le projet « de rompre des liens d'affection qui s'élèvent comme un mur de séparation éternel entre la volonté de Dieu et la sienne ». Il voit clairement tous les maux que ces liens lui « préparent pour cette vie même, sans qu'ils puissent jamais l'en dédommager par aucune sorte de bonheur que celui de partager les peines d'un être malheureux... » Il se dit : « Les égoïstes, comme les chrétiens à l'image de Bredin, me jugeraient également insensé. Les uns me montreraient la gloire dans les

sciences, la fortune, mon état dans le monde, ou sa-
crifiés, ou exposés ; les autres ce qu'ils nomment la
vertu et un bonheur éternel dédaignés pour rien... »

Rien ?... Mais n'est-ce rien que de soulager une
femme qui souffre ? Et voici que sa pensée évolue !
Tout à l'heure, « il se promettait de sacrifier tout,
tout ; il se savait libre... » Il le sait encore ; mais
maintenant, c'est « librement qu'il veut ainsi. Son
cœur lui dit qu'il serait un monstre exécrable s'il
était ce qu'on appelle raisonnable, ce que d'autres
appellent vertueux... » Et il s'accuse maintenant de
« n'avoir pas su apprécier un dévouement pour lui
qui n'avait de bornes que le devoir impérieux...,
d'avoir empoisonné par son injustice (?) la vie entière
du meilleur des êtres créés », d'avoir inspiré des idées
fausses à des gens sur lesquels il n'a aucune influence,
d'avoir causé des maux qu'il ne peut plus réparer...
Quitter Paris, s'enfuir à Lyon, ce serait « retrouver le
repos à force d'égoïsme et d'ingratitude... »

A cette lettre désordonnée, Bredin, pourtant mieux
renseigné que nous par des conversations antérieures
qui nous échappent, répond : « J'ai beau réfléchir à
tout ce que tu m'as écrit ; je ne puis rien comprendre,
rien deviner... »

Et voici enfin, du 12 et du 14 mars 1814, des lettres
tout à fait délirantes, d'où il résulte en deux mots
qu'il avait envisagé la vie en commun avec son amie
et que, par un concours de circonstances où lui seul
est coupable, tout s'est trouvé rompu. De quel entraînement s'agit-il pour que Bredin, avec son rigo-
risme de janséniste, lui écrive, le 23 août 1815, après
avoir entendu un récit complet : « Tu m'as raconté
des choses qui m'ont bouleversé » et parle, à ce
propos, « de circonstances aussi aggravantes » ? Sous le

choc douloureux de la rupture, la volonté d'Ampère vacille sur le bord du suicide. Le 14 mars 1814, il écrit à 11 heures du soir : « Que ce jour affreux reste gravé dans ma mémoire ! Peut-être un jour tu sauras tout ce que ton ami a dû souffrir ; quel concours de circonstances a achevé de fixer ma destinée et comment ! Voilà tout brisé pour moi sans ressources ! Et il y a quelques heures que je rêvais encore un long bonheur pour toute ma vie. Voilà le résultat de cinq ans de peine, mêlés de quelque peu de temps de bonheur court et empoisonné !... Je te reverrai, j'en suis sûr à présent : ne crains rien pour ma vie ! Le lien qui vient de se rompre m'y attachait peut-être plus que tout le reste ; mais mes deux enfants me restent et m'y attachent encore... Je ne sais ce que je t'écris... Toute mon organisation se soulève. Je n'en puis plus ! Là, seul dans cette petite chambre !... Je me sens comme défaillir, je ne puis plus écrire... Sois tranquille sur moi, je te reverrai !... Je rouvre ma lettre pour te tranquilliser. Tu t'inquiéterais trop. Hélas le coup est porté, rien ne peut diminuer des regrets qui doivent empoisonner le reste de ma vie. Mais, le croirais-tu, j'ai retrouvé un sentiment de prière dans mon sentiment flétri, déchiré de remords ? J'ai ouvert l'*Imitation* en latin qui était sur ma table. J'ai ouvert au chapitre 16 du 3ᵉ livre : « Quod verum solatium in solo Deo quærundum est. » Relis-le ; tu comprendras l'impression qu'il m'a faite. Mais il est pour ceux qui sont dignes de miséricorde ! Mon Dieu, mon Dieu, ayez pitié de moi ! »

L'épreuve a été dure et la blessure profonde ; car, deux mois après, il écrit le 8 mai 1814 : « Tu n'as qu'une idée bien imparfaite de ce que j'ai souffert au mois de mars dernier... C'est une assez bonne preuve de la peine que j'ai éprouvée — et qui, à la perte près que je fis à Lyon avant de te connaître (la mort de Julie) — l'emporte sur les plus douloureux chagrins de ma vie, que l'apathie avec laquelle j'ai assisté au grand spectacle qui s'est déroulé sous mes yeux (le retour des Bourbons). La douleur personnelle me rendait comme insensible à tout ce qui se passait autour de moi et immobile au milieu du mouvement général... »

Et, à la fin de juin, il écrit encore : « Déjà plus de trois mois depuis ce 14 mars et le souvenir en est toujours là ! Rien ne peut écarter ce fantôme de ma pensée. Il n'a fait que traverser l'existence, et la mienne durera encore longtemps... Je voudrais savoir ce que l'homme éprouve à l'entrée de la vie ; sont-ce des tourments indicibles, ou des jouissances dont nous ne pouvons nous faire une idée ?... »

C'était fini. A partir de ce jour, Ampère devait, sinon se résigner à sa solitude, du moins la subir sans nouvelle secousse apparente et se rejeter vers ses enfants que le sort destinait à lui causer, eux aussi, bien des chagrins.

CHAPITRE VII

Dans le chapitre précédent, nous avons épuisé la
vie sentimentale d'Ampère jusqu'en 1814. Ce récit
aura assez montré au milieu de quelles agitations a été
poursuivie son œuvre scientifique et philosophique,
dont nous allons maintenant montrer la marche zigza-
guante, par bonds et par sautes de vent. La recherche
de laboratoire est, chez lui, constamment influencée
par le trouble du cœur et l'inquiétude de la pensée.
Quelquefois même, la passion étouffe un instant la
science, qui rejaillit aussitôt consolatrice. Il passe
d'une idée à l'autre avec une facilité d'enfant et
chaque idée qu'il effleure ou creuse est une inspiration
féconde... Nous avons aussi insisté sur la notion
d'une force supérieure menant les hommes à leur
insu, qui tint toujours une si grande place dans sa
métaphysique. C'est une force de ce genre que nous
allons voir présider à ses découvertes. Ampère répond,
mieux que tout autre, à l'idée que nous concevons du
Génie : une impulsion de la nature, dont les effets

violents surprennent, dans quelque sens qu'ils s'exercent ; une surexcitation, une hypertension du cerveau aux effets discontinus. Cela n'empêche pas ensuite le travail approfondi de coordination et de mise en valeur conscientes. Mais la clarté arrive d'abord par éclairs, par illuminations, avec un imprévu qui déroute nos pauvres petites déductions logiques...

Les premières années dont nous avons à parler ici, celles du second mariage, furent scientifiquement peu productives. « Il ne traversait pas, disait-il, la Seine sans désirer vivement s'y précipiter » (juillet 1807), et, un autre jour, il s'écriait avec désespoir : « Je ne comprends plus rien ; je ne sais plus lier deux idées ». C'est une mauvaise disposition pour étudier l'algèbre. Toutefois, même lorsque sa détresse est la plus forte, il arrive par moments à l'oublier. Quand il va à Lyon le 21 août 1807, après la séparation d'avec sa seconde femme, Bredin le juge ainsi : « Il m'a abordé d'un air égaré ; cependant ses souffrances ne l'ont pas changé... Rien de plus mobile que ses idées, rien de plus persistant que son caractère... En me racontant, les larmes aux yeux, à combien d'épreuves on l'avait soumis, il était dominé par un sentiment de douleur si profond que je croyais ne jamais pouvoir l'en distraire. Mais le mot métaphysique arrive sur ses lèvres, voilà un tout autre homme ; il se met à développer ses systèmes d'idéologie avec un entraînement incroyable, intarissable... »

A cette époque, ne l'oublions pas, celui que nous considérons d'abord comme un physicien était seulement un « professeur de mathématiques » et, depuis quelque temps déjà, les mathématiques ne lui offraient plus aucun attrait. Il délaissait l'algèbre pour se complaire, avec Maine de Biran, aux plus subtiles recherches sur le mécanisme de la pensée. Ce sentiment s'exprime, d'une façon bien curieuse, dans une lettre à son ami Roux de Genève datée de mars 1806 : « Comment quitter les ruisseaux, les bocages (de la métaphysique) pour ces déserts brûlés par les rayons du soleil mathématique, qui, en répandant sur tous les objets la plus vive lumière, les brûle et les flétrit, les dessèche jusqu'à la racine et ne laisse plus, au lieu de ces frais et mystérieux ombrages et de ces fleurs à peine entr'ouvertes, pleines de fraîcheur native, que des « sables éclatants, la stérile étendue » ? Comme il vaut mieux errer sous des ombres mobiles et entremêlées d'une douce lumière, que de marcher le long de cette route toute droite, tracée sur des plaines arides, où l'œil embrasse tout et où l'on a rien à chercher ! »

Seule, alors, on le voit, la métaphysique, honnie par les Lyonnais, conservait pour lui ses charmes, ainsi qu'elle le fit jusqu'à sa mort. Nous laissons, pour le moment, de côté la partie purement théorique de cette étude, l'œuvre qu'il a poursuivie pendant toute sa vie avec le plus de continuité, afin de l'examiner en bloc au terme de sa carrière. Mais il est important, pour la psychologie du savant, d'insister aussitôt sur ce qu'à ses yeux la métaphysique parut toujours la « science unique », la seule intéressante. C'est « le sujet auquel il a consacré toute sa vie ». Et quelle misère, en effet, qu'une différentielle à intégrer ou l'action d'un courant à expliquer, comparées aux problèmes de la vie éternelle ! Combien de fois, dans sa correspondance avec son ami Bredin, ne l'entendonsnous pas s'écrier avec regret : « Je ne trouve que des vérités ; enseigne-moi la vérité ». Même dans cette

période de 1815 à 1816, pendant laquelle il reste éloigné du catholicisme, où il lui arrive de lancer, au
scandale de ses amis, quelque boutade anti-religieuse,
où il s'indigne contre la « secte », où il écrit un jour
qu'il ne peut se résoudre à entrer seulement dans une
église, pendant toute cette phase d'aridité spirituelle,
il conserve, malgré tout, une véritable obsession de
mysticisme. Non seulement ce prétendu incroyant va
à la messe pour l'anniversaire de la mort de sa première femme, prie et fait prier son fils sur sa tombe ;
mais il garde constamment sur sa table une *Imitation*
en latin, dans laquelle il se plonge pendant des heures,
il se prosterne devant Dieu, il implore de lui la Foi et,
sans cesse, dans ses lettres à Bredin, il revient sur les
questions religieuses. Son spiritualisme, qui aspire
douloureusement vers le christianisme perdu, reste,
malgré lui, chrétien.

Nous croyons devoir insister sur ces flottements religieux d'Ampère qui ont occupé, à l'époque où nous
sommes, la plus grande partie de sa pensée. On a
beaucoup étudié la crise d'un Renan. Celle d'un
Ampère n'est pas moins intéressante pour avoir abouti
finalement à un résultat inverse. Il y a des savants
dont la vie intime et mystique est à peu près inexis-
tante. Mais on se ferait une idée bien fausse et bien
tronquée d'un Ampère ou d'un Pascal si l'on ne voulait envisager que leurs expériences et leurs calculs,
considérés par eux-mêmes comme si secondaires.

Les motifs de croire, ainsi que les raisons de
douter, sont essentiellement personnels, comme
toutes les affirmations ou les négations d'ordre sentimental. La foi d'Ampère n'avait été momentanément ébranlée, ni par la physique, ni par l'exégèse,
ni par les railleries puériles du xviiie siècle. Mais

seule son excessive bonté se révolte devant l'idée
d'un enfer éternel et autres objections analogues. Par
bonté aussi, la souffrance terrestre demeure, lorsqu'il croit cesser d'être chrétien, un argument, à ses
yeux irréfutable, en faveur d'une vie future (puisqu'il
ne met pas un instant en doute l'existence de Dieu).
Dans sa bouche et dans celle de Bredin, c'est là une
pensée qui revient toujours, et d'autant plus que leur
vie terrestre est une lamentation incessante : « Dieu
n'a pas dû créer l'homme pour cette misérable existence. Dès qu'il lui en réserve une autre, il n'a
pu le laisser dans ces ténèbres de la terre et, s'il lui
a révélé quelque chose, c'est par Jésus-Christ ». Ce
raisonnement date de juillet 1807, époque où, tout
en le développant, il ne sent pas l'élan nécessaire
pour en adopter la conclusion.

Quand nous donnerons bientôt les extraits de la
correspondance entre les deux amis, on verra ces indications se préciser. Mais elles avaient leurs places ici
parce qu'elles dominent longtemps toute la mentalité
de l'homme.

Cependant, dès qu'Ampère s'était vu abandonné
par sa femme, il avait écrit à sa mère pour lui demander de vendre Poleymieux et de venir à Paris,
avec sa sœur Joséphine, tenir son ménage. La mère
commença par refuser, répondant avec raison qu'à
soixante ans, après avoir toujours habité un village
de la Loire, on ne se transplantait pas dans la capitale.
Mais, le 21 août, Ampère arrivait à Lyon et aussitôt
ses instances triomphaient. Les amis ne lui ména-
gèrent pas les remontrances et il en résulta momentanément de véritables brouillles. L'un, Grognier lui
disait : « Voulez-vous être le bourreau de votre bonne
mère ? Voulez-vous, pour prix de son excessive ten-

dresse, empoisonner ses derniers jours ? » L'autre, Bonjour, n'était pas moins dur : « Votre mère agit par tendresse et vous, vous agissez en égoïste, vous acceptez le sacrifice, vous l'exigez, etc... » Bredin prenait le parti de rédiger, sous forme de journal, ses réflexions sévères pour les lui communiquer. Ampère nerveux, irritable, se refusait à rien entendre, d'autant plus que les attaques portaient en même temps sur sa chère métaphysique. Il se fâchait et il boudait. Ce journal-lettre de Bredin nous fournit l'écho des opinions soutenues alors par Ampère dans des discussions parfois très vives. Il nous le montre sous un jour romantique, qui fait prévoir certaines exaltations de son fils. En voici des extraits datés de septembre 1807 :

« Les sentiments de son cœur sont toujours vifs et profonds, mais jamais durables ni solides... Veux-tu que je te dise combien tu es passionné ? Veux-tu voir jusqu'où la passion t'entraîne ? Tu n'as qu'à réfléchir à ce qui s'est passé ce matin. Notre ami Bonjour te reproche d'emmener ta mère. Il te dit : « Votre mère se sacrifie pour vous ; et vous, vous acceptez, vous exigez ce pénible sacrifice ! C'est une insigne folie. Vous vous exposez à la faire mourir. Elle agit en mère tendre et vous agissez en fils sans tendresse, en égoïste ! » Un moment après, nous te reprochons de mal envisager la métaphysique, d'avoir des vues étroites, quoique profondes. Bonjour dit qu'il faut intituler ton livre : « *Recueil de Folies* » et moi, je dis qu'il faut l'intituler : « *Les Subtilités métaphysiques* ». Le premier reproche ne t'a rien fait ; tu n'en as pas perdu la gaîté. Le second t'a mis en colère. Tu aimes mieux passer pour un mauvais fils que pour un homme qui s'égare en métaphysique : Comment veux-tu juger sainement, étant passionné à ce point ? » (10 sept. 1807).

« Tu trouves le beau moral exclusivement dans la sensibilité pourvu qu'elle soit exaltée et sans règle. Ton sentiment du beau n'est que l'enthousiasme de la passion. Tu es bien de ceux qui ne trouvent le beau moral que dans ce qui flatte leurs passions ou leurs préjugés ! Peut-on trouver le beau moral dans Werther ? Une telle extravagance était réservée à notre siècle. Tes jugements sur Werther, sur la nouvelle Héloïse, sur Brutus, etc., me font frémir... Tu es passionné pour des choses qui s'excluent : l'amour passionné et romanesque, avec le patriotisme des Catons et des Brutus ; la sensibilité exclusive, avec la dissection psychologique ; la nouvelle Héloïse, avec Werther... Rien n'est plus loin de ta pensée que l'humilité. Tu es capable d'admirer l'ostentation de l'humilité ! Mais l'humilité elle-même, tu la méprises. Et, sans humilité, point de christianisme... Tu es plus disposé à admirer un Karl Moor et un Schiderhanne qui, par grandeur d'âme, se mettent au-dessus des lois, des remords et du devoir et qui, par sensibilité, égorgent leurs semblables, qu'un Vincent de Paul, dont l'âme étroite et l'esprit borné ne se portent qu'à des vertus vulgaires et sans éclat. Car n'est-il pas plus grand de tuer les hommes que d'adoucir leurs misères ?... Inconséquence ! Tu es idolâtre du sentiment, tu méprises la raison. Tu crois que c'est surtout par le sentiment que doit avancer le grand œuvre du perfectionnement, etc., etc. Pourquoi donc perds-tu tes forces et ton temps à la métaphysique ? »

Remarquons en passant l'importance attribuée par Ampère aux arguments de sentiment, distincts des arguments rationnels et considérés, dans bien des cas, comme supérieurs. Avec lui, nous sommes loin du scientisme à œillères qui devait régir une génération suivante.

Ces discussions duraient toujours et la brouille avec l'ami Bonjour n'était pas apaisée quand, le 28 octobre 1807, Ampère, jusqu'alors simple répétiteur à l'école Polytechnique, y fut nommé professeur suppléant d'analyse au lieu de Labbey et rentra à Paris, avec les siens[1]. Il avait décidé sa mère et sa sœur à ce grand sacrifice. Toute la famille se transplanta, 22, rue Cassette. Peu après, un triste événement vint l'affliger. La pauvre belle-sœur d'Ampère, Elise avait été prise, comme sa sœur, de manifestations tuberculeuses, qui devinrent bientôt de la phtisie galopante et qui l'emportèrent à la fin de janvier 1808. Environ, un an après, madame Ampère succombait à Paris, le 4 mai 1809. Malgré ce nouveau déchirement, la vie d'Ampère, avec sa sœur et ses enfants, avait pris à cette époque un caractère de stabilité favorable au travail. En même temps, sa situation matérielle s'était améliorée. A peine nommé professeur suppléant à l'Ecole Polytechnique, Ampère y était, en outre, le 23 mai 1808, choisi comme examinateur d'entrée et, le 21 septembre 1808, il devenait, de plus, Inspecteur Général de l'Université. La vie d'Ampère est un exemple très curieux de constants succès extérieurs associés avec toutes les souffrances intimes. On est tout étonné de constater combien facilement s'est développée la carrière de ce génie peu pondéré, nullement administratif et totalement dénué de diplômes ; et cela seul suffirait à

1. Sa titularisation est du 23 octobre 1809.

!

montrer que cette histoire se passe « en des temps très anciens ».

Mais, par le fait de ce succès même, Ampère va nous fournir le tableau fâcheux de ce qu'est presque nécessairement la vie d'un savant en France, même quand les circonstances le favorisent comme celui-là, absorbée, encombrée par les besognes administratives, les inspections, les examens, les commissions, toute la paperasserie inutile des services publics, détournée aussi des libres recherches par la préoccupation de l'Institut et trouvant difficilement à la dérobée quelques instants pour les découvertes. Que de fois, on retrouve cette plainte sous sa plume : « Je ne fais jamais que ce qui m'ennuie. Comme il est triste de voir ainsi sa vie absorbée par des occupations toutes opposées à celles que je choisirais si j'étais libre, etc., etc... » Arago résumait cela d'un mot après sa mort : « L'Etat lui a donné les fonctions auxquelles il était le plus impropre ».

Prenons Ampère en 1809, au moment où nous sommes arrivés. Son génie commence alors à être puissamment attiré vers le renouvellement des sciences physico-chimiques ; cela seul, avec la métaphysique, l'intéresse fortement. Mais quelle est sa vie ? Officiellement, il n'est toujours que mathématicien et tous les gens réputés sensés lui reprochent comme une distraction inutile le temps dérobé au calcul algébrique pour se livrer à d'autres recherches. Il faut d'abord qu'il enseigne l'analyse à l'Ecole Polytechnique, qu'il écrive des mémoires d'algèbre pour l'Académie des sciences, où son avenir est emprisonné dans la section mathématique. De plus, pour faciliter son malheureux mariage, on l'a nommé Secrétaire du Bureau Consultatif des Arts

et Manufactures : besogne fastidieuse, où l'examen
des formalités légales, l'application des règlements,
la difficulté d'accorder les intérêts industriels privés
et publics, se bornent à invoquer le concours simulé
de la science. Enfin, il est Inspecteur général de l'Université et ce sont, chaque année, plusieurs mois perdus
à courir en province de lycée en lycée pour inter-
roger des élèves de troisième ou juger des professeurs. A Paris, c'est un jour la commission des livres
classiques ; une autre fois, la commission pour les
prix du Concours Général : six à huit heures par
jour à lire des copies, à discuter, etc. Puis le jury criminel, etc. Et, s'il renonce à ces places absorbantes,
s'il abandonne la filière, comment vivre, puisqu'il est
entendu dans notre pays que l'Etat ne paye pas le
génie ou le talent, mais la fonction ? Quand on pense
à des circonstances aussi défavorables, les résultats
obtenus par un Ampère apparaissent encore plus prodigieux.

Il faut y ajouter le caractère propre d'Ampère qui,
suivant le mot de Bredin, ne savait pas résister à un
désir intellectuel, ni suivre deux idées à la fois. La
pensée nouvelle s'emparait de lui comme une passion féminine et le possédait quelque temps tout
entier. Dans ce cerveau puissant et douloureux,
c'était une invasion désordonnée de toutes les sciences
humaines : la chimie, la physique, les mathématiques, la zoologie, la botanique, la géologie, pêle-
mêle avec la métaphysique et les tourments amoureux. Voici, d'ailleurs, à ce sujet, quelques observations de l'ami Bredin qui le connaissait si bien :
(6 janvier 1811) : « Si la vivacité et la prodigieuse
activité de ton imagination te donnent de nombreux
plaisirs,.... (elles) laissent ton cœur vide de bonheur,

mais toujours rempli de mille sentiments pénibles que tu es ingénieux à trouver, à créer... Mon ami, cette vie ne peut être supportable que pour des gens qui sont nés avec une organisation toute opposée à la tienne. Il faut être marionnette avec les autres marionnettes. Il faut être une machine parlante, ne s'occuper qu'à gagner de l'argent, à s'habiller mesquinement et à montrer l'esprit qu'on a ou celui qu'on croit avoir... Nous avons nos compensations. Pour toi, mon ami (mais, hélas, quelles tristes compensations !!), l'étourderie, la vivacité, l'étonnante activité de ton imagination. C'est une tempête qui, dans ses plus grandes violences, t'empêche de sentir tes autres douleurs. Pour moi, la croyance en un Dieu qui veille sur moi... »

(6 février 1811) : « Tu as perdu ta liberté, tu crois l'avoir perdue, il te semble que tu n'en as plu... Tu t'imagines que l'on ne peut travailler à régler ses facultés qu'en en diminuant l'intensité. Il te semble que, si tu t'efforçais à diriger ton imagination, tu lui ferais perdre de sa vivacité, de sa force, de son feu... »

(9 mars 1811) : « Tu suis l'idée qui te plaît parce que tu ne veux pas la quitter... »

(20 décembre 1811) : « Nous ne serons jamais heureux. Nous sommes déplacés ; notre vie est dérangée ; nos forces sont déviées... »

(16 janvier 1812) : « Je sais qu'après moi tu es l'homme du monde qui sait le moins disposer et régler son temps... Où en es-tu avec les tourments de la vie ? Qu'est-ce qui t'agite dans ce moment ? Qu'est-ce qui te torturait avant-hier ?... Ne trouveras-tu jamais du repos d'esprit ?... »

La conclusion, si étrange qu'elle puisse paraître,

est que les travaux d'Ampère ont été tous provoqués par l'occasion, exécutés en « amateur » et trop souvent abandonnés pour une idée nouvelle dès que le principal résultat était obtenu. L'exemple n'est à recommander que pour ceux qui seraient bien sûrs d'avoir du génie. Mais il en est résulté une interpénétration féconde de toutes les sciences humaines, qui ne semblait plus pouvoir appartenir à notre temps.

Scientifiquement, la période de 1807 à 1815, que nous abordons ici, est surtout marquée, pour Ampère, par de très importants travaux chimiques et, comme ses découvertes chimiques ont été, dans l'esprit public, éclipsées par ses inventions en physique, nous allons profiter de l'occasion pour en faire un peu connaître la genèse. Au début de sa carrière, cet esprit changeant s'était déjà, vers 1799-1802, passionné pour la physique et la chimie. On peut alors citer de lui quelques recherches sur l'oxyde de carbone · récemment découvert par Priestley. Puis il s'était spécialisé dans les mathématiques, qui constituaient sa carrière officielle. Mais il ne trouvait pas dans l'outil mathématique, si habile que fût son cerveau à le manier, les grandes satisfactions des sciences qui conquièrent les secrets de la nature. Nous l'avons déjà entendu dénigrer l'algèbre comparée à la métaphysique. S'il n'eût pas été forcé de continuer dans la voie mathématique parce qu'il s'y était engagé et que seule désormais elle pouvait le conduire à l'Institut, il l'aurait abandonnée beaucoup plus tôt. De fait, à partir du jour où il fut officiellement décoré mathématicien, il délaissa de plus en plus les spéculations mathématiques. Ce n'est pas là un cas absolument exceptionnel et, pour ne parler que des très grands noms, nous avons déjà eu l'occasion de signaler ailleurs le même fait à l'occasion de Descartes.

Au contraire, le renouvellement des sciences physiques et naturelles au début du XIXe siècle suscitait chaque jour, chez lui, avec un enthousiasme nouveau, une fièvre de recherches fructueuses. Ainsi sa première initiative chimique vraiment féconde se produisit en 1808, lorsque fut communiquée en France la découverte du potassium et du sodium par Davy [1]. Il ne faut pas croire que la reconnaissance des deux métaux, si simple, si évidente à nos yeux, ait alors été admise sans difficulté. Les esprits restaient, malgré Lavoisier, imbus des vieilles idées sur le phlogistique et l'on prétendait que la potasse était un corps simple : le prétendu métal obtenu par Davy résultant en réalité de sa combinaison avec l'hydrogène phlogistiqué. La plupart des vieux chimistes et quelques-uns des plus justement célèbres parmi les jeunes, comme Thénard, soutenaient cette théorie [2]. Ampère, au contraire, avec sa sûreté de coup d'œil et son ardeur habituelle, prit résolument parti pour Davy, auquel il voua, dès lors, une admiration que nous allons voir à l'œuvre.

Mais, dans ce cas, il s'était borné à répéter les expériences en ajoutant des raisons nouvelles à une interprétation déjà donnée. Il joua, au contraire, un rôle très actif et insuffisamment connu dans la découverte du chlore, du fluor et de l'iode. Lui-même, dans une note autobiographique de 1824, où il parle d'Ampère à la troisième personne, résume ainsi les

1. Sir Humphry Davy, chimiste anglais, 1778-1829.
2. L'École Polytechnique ayant reçu les fonds pour la construction d'une pile colossale, Gay-Lussac et Thénard y firent, sur le potassium, des expériences où le premier faillit perdre la vue.

faits : « Dès qu'il eut connaissance des expériences de MM. Gay-Lussac et Thénard sur les acides qu'on nommait alors muriatique (chlorhydrique) et fluorique (fluorhydrique) [1], il en conclut, non comme une simple hypothèse, mais comme une vérité démontrée par des expériences, que l'hydrogène est le radical commun de ces deux acides et qu'ils ne diffèrent que par les deux corps analogues à l'oxygène, avec lesquels il s'y trouve combiné et auxquels il proposa quelque temps après de donner les noms de chlore et de phtore (fluor), dont le premier est aujourd'hui universellement adopté et le second l'a été dans plusieurs ouvrages importants récemment publiés. Comme il se borna à soutenir cette opinion dans des discussions particulières avec les chimistes qui s'occupaient des résultats si inattendus des expériences dont nous parlons, ce fut le célèbre H. Davy, qui, près d'un an plus tard, publia le premier écrit dans lequel on ait prouvé par les faits l'inconséquence de l'ancienne théorie ; mais c'est M. Ampère qui a montré le premier, dans les Annales de Chimie et de Physique (tome II, p. 19-24) qu'il en est de même du phtore (fluor) ».

Une telle affirmation de priorité, venant d'un homme comme Ampère, n'aurait pas besoin de preuve. Mais il se trouve que nous en rencontrons une dans une note autographe où Ampère a résumé, pour lui-même, sur le moment, les communications présentées à l'Institut dans les séances de février 1809. Quand il arrive au mémoire de Gay-Lussac et Thénard,

---

1. Ces expériences furent communiquées à l'Institut le 9 janvier et le 27 février 1809. Les deux savants concluaient formellement, comme la Société d'Arcueil (Berthollet et Laplace), que le chlore était un corps composé.

il en expose aussitôt les conséquences et montre, avec
des preuves à l'appui, que « l'acide muriatique oxy-
géné » des auteurs anciens (notre chlore) « est un
corps jusqu'à présent indécomposé, probablement
simple, qui se rapproche par la plupart de ses propriétés de l'oxygène, qui se combine comme lui avec
les métaux et avec les corps combustibles... » On
peut donc attribuer à Ampère la première idée de
considérer le chlore comme un corps simple. Quant
au fluor, il a eu le temps de publier son idée et nous
possédons toute une correspondance entre Humphry Davy et lui, dans laquelle on le voit multiplier les arguments pour amener Davy, malgré ses
idées contraires, à envisager, soixante-quinze ans
avant les expériences de Moissan, l'existence du fluor.

Cette correspondance, qui a duré trois ans, de 1810
à 1813, n'était par particulièrement facilitée par les
circonstances politiques et c'est ainsi qu'une lettre
de Davy, du 8 février 1811, parvint seulement à
Ampère au bout de dix-huit mois, le 14 août 1812.
Les deux caractères s'y accusent en parfaite clarté.
Ampère se montre enthousiaste, ardent, sans réti-
cence, donnant largement toutes ses idées, révélant
même avec imprudence les découvertes des autres
et parlant sans cesse à l'inventeur du potassium
(pourtant plus jeune de trois ans) sur le ton d'un
cadet respectueux. Davy est froidement poli et remercie avec quelque condescendance, en faisant des
objections ou des critiques qui se trouvent fausses.
Ainsi, au début, Ampère est obligé de multiplier les
raisons, pour démontrer que le fluor ne contient pas
d'oxygène. Davy a réussi des expériences qui lui semblent prouver le contraire : notamment en faisant agir
le potassium sur l'acide hydrofluosilicique. Ampère

donne l'explication juste en disant que l'oxygène en question doit ici provenir de l'eau. En même temps, avec une fécondité d'imagination admirable, il accumule les propositions ingénieuses pour isoler le fluor : avant tout, l'emploi de l'électricité, en adoptant peut-être une électrode de carbone si l'on reconnaissait que le fluor mis en liberté était immédiatement absorbé par les électrodes métalliques ; calcination du phosphate acide de mercure avec du fluorure de calcium pour obtenir du fluorure de mercure que l'on chaufferait à son tour avec du phosphore, etc...

Quand Davy publia le 8 juillet 1813 son premier mémoire sur le fluor, le chimiste anglais reconnut la part d'Ampère, mais dans une forme où l'on aperçoit un peu trop le désir de s'attribuer presque toute la découverte sans pouvoir être cependant accusé de mauvaise foi : « Pendant le temps où j'étais engagé dans ces recherches, je reçus deux lettres de M. Ampère, de Paris, contenant plusieurs arguments ingénieux et originaux en faveur de l'analogie entre les composés chlorurés et fluorés. M. Ampère me communiqua ses vues de la manière la plus libérale. Il les avait formées en conséquence de mes idées sur le chlore et raisonnait par analogie d'après les expériences de MM. Gay-Lussac et Thénard ». Davy oubliait seulement de dire qu'il avait combattu deux ans les arguments d'Ampère et avait dû reconnaître, dans une lettre du 6 mars 1813, « que ses permières vues étaient incorrectes ». Mais Ampère était si brave homme que l'approbation du savant anglais lui causa, suivant son expression, « un des plus vifs plaisirs qu'il eût ressentis de sa vie ».

Il dut cependant publier ensuite une revendication

'de priorité contre Davy, mais au profit d'un autre. Dans une lettre, il lui avait, en effet, signalé incidemment, en trois lignes de *post-scriptum*, qu'on venait de découvrir en France un chlorure d'azote détonnant formant une huile pesante. Davy travailla sur l'idée, faillit même perdre un œil dans une explosion et publia un mémoire, dans lequel il n'était pas question de l'inventeur français Dulong. Ampère fut très contrarié du tort que son indiscrétion involontaire avait causé à Dulong : le travail de celui-ci s'étant trouvé connu en Angleterre avant d'être publié en France et se crut forcé, puisqu'il était le coupable, de rétablir les faits dans la « *Bibliothèque Britannique* ». Un incident analogue faillit se produire à la fin de 1813. Davy avait été autorisé par l'Empereur à traverser la France pour se rendre en Italie et Ampère, enthousiasmé de causer avec lui, lui avait remis un échantillon de l'iode découvert deux ans avant par Courtois, qu'étudiait à ce moment Gay-Lussac. Davy, l'année suivante, publia un mémoire sur l'iode qui faillit enlever à Gay-Lussac, le bénéfice de son travail[1].

Ajoutons seulement, pour terminer ce qui concerne ces relations avec Davy, que, lorsqu'en 1821, Ampère lui envoya le mémoire où il démontrait l'identité de l'électricité et du magnétisme, Davy, tout en le remerciant, se hâta de dire qu'il avait fait, lui aussi, des expériences, dont il croyait pouvoir conclure le contraire. La lettre fut lue à l'Institut le 19 mars 1821. Cela n'empêche pas le savant anglais d'avoir été un grand homme ; mais il lui arrivait de se tromper.

Ampère, lui, avait un tort, c'était de ne pas suivre

---

1. Gay-Lussac a raconté l'histoire (*Annales de chimie*, t. XCI, p. 5) en attribuant à M Clément cette communication imprudente.

un sillon commencé. Sauf dans le cas de l'électro-dynamique, où il s'est montré capable de pousser immédiatement une découverte jusqu'à ses dernières conséquences, il se bornait, en général, à semer au vent ses idées, heureux si elles allaient tomber sur un terrain propice. Comme le remarqua un jour Sainte-Beuve, on citerait difficilement un autre savant plus indifférent à ce qu'il y a de personnel dans la gloire.

Il a failli ainsi être entièrement dépouillé de sa part dans la découverte du principe connu sous le nom d'Avogadro et d'Ampère, aujourd'hui une des bases de notre chimie, dont il a eu très certainement la première idée. La façon dont fut conduit par lui ce travail capital est un des cas les plus typiques que l'on puisse citer pour montrer comment la vie intime réagissait en lui sur la science.

A la fin de 1808, au moment où Gay-Lussac étudiait le potassium, les composés du chlore et du fluor, etc., ce grand chimiste, collègue d'Ampère à l'Ecole Polytechnique, publiait aussi son mémoire fameux sur « la combinaison des substances gazeuses entre elles [1] », dans lequel il constatait que ces combinaisons des substances gazeuses se font toujours dans les rapports de volumes les plus simples, tels que 1 à 2, 1 à 3, etc. Observation curieuse, mais sans conclusion, sur laquelle se mit immédiatement à travailler l'imagination d'Ampère. Depuis longtemps disciple de Bernouilli, Ampère croyait aux atomes avec une foi absolue, comme pouvaient y croire Epicure et Lucrèce, comme y croit un physicien moderne. Il rapproche le phénomène observé par Gay-Lussac de la loi formulée par Mariotte (sur la pression d'un gaz pro-

---

1. *Mémoires de la Société d'Arcueil*, tome II.

portionnelle à sa densité). Il cherche à en déduire la forme et l'agencement des atomes... Puis, comme cela lui est arrivé si souvent, il abandonne cette recherche pour une nouvelle idée qui le séduit et tout un concours de circonstances est nécessaire pour l'y ramener quatre ans après.

L'année 1813 fut tout particulièrement troublée pour Ampère par des causes diverses, dont nous avons déjà indiqué quelques-unes. Ce fut surtout l'essai de réconciliation avec sa femme et le roman de la « Constante Amitié » mêlés à une première candidature académique, dont on va voir le contre-coup direct sur ses recherches de chimie. Le 11 avril 1813, il écrit : « On vient de m'apprendre la mort de M. Lagrange. Ainsi voilà une place vacante à l'Institut... Il va falloir me mettre sur les rangs !... Il va falloir faire soixante visites !... Je vais travailler jour et nuit à brocher un petit mémoire. Dis cela à Ballanche et à Dupré pour qu'ils ne m'en veuillent pas, si je ne leur écris pas d'ici à mon départ. Mais n'en parle guère qu'à eux pour m'éviter un ridicule de plus... »

Dès le 23 avril, il doit néanmoins partir en tournée d'inspection et il n'en revient que pour apprendre le 30 mai son échec complet : l'Institut ne lui donne, ce jour-là, qu'une seule voix contre son concurrent Poinsot.

Peu après, le 14 juin 1813, il reçoit pourtant une lettre de Davy qui devrait le consoler et même le remplir de joie ; car le savant anglais y adopte enfin ses idées sur le fluor, corps simple. Mais son esprit est alors bien loin de la chimie. Ampère met quinze jours à répondre, tant cette réponse l'ennuie : « Je ne peux plus fixer mes idées sur ces choses-là... » C'est qu'il croit, à ce moment-là, pouvoir se réconcilier avec sa femme. C'est aussi qu'il vient d'éprouver un chagrin métaphysique dont il ne peut parler sans rage. Son ami, son collaborateur Maine de Biran n'a-t-il pas adopté en partie les « perceptions immédiates » de Reid ? Ne pense-t-il pas que nous percevons ainsi l'espace réel ? « Je suis, continue Ampère, dans cet état de colère qui m'a donné le nom que je porte dans la ménagerie. » Et, le 28 juin, autre motif d'indignation plus grave : la maladresse de sa sœur qui a empêché la réconciliation désirée. En même temps, nous l'avons vu, la « Constante Amitié » ne prend pas assez de part à son chagrin. C'est alors qu'il va s'isoler à Nogent pendant l'automne 1813. Il est en pleine crise sentimentale complétée d'inquiétude métaphysique et, s'il travaille un peu, c'est à quelque mémoire d'algèbre pouvant lui servir de titre pour l'Institut, quand, à la fin de 1813, Davy vient en France. Ampère le reçoit avec enthousiasme et leur conversation est un tel coup de fouet pour son esprit qu'il ne rêve plus que chimie ou, comme on dit aujourd'hui, physico-chimie.

Aussitôt, tout le travail de méditation qui a incubé depuis quatre ans, se fait jour. C'est, écrit-il à Bredin, « l'application de certaines considérations mathématiques à la physique des gaz et à la cristallisation » : considérations fondées sur les hypothèses de Bernouilli et sur le calcul des probabilités (qui l'occupait déjà à Bourg), adapté au mouvement des molécules atomiques.

Et d'abord, puisque, d'après Mariotte, la pression d'un gaz est en raison inverse du volume ou proportionnelle à la densité ; puisqu'elle est la même pour n'importe quel gaz, c'est que les molécules composant le gaz et réalisant la pression par leurs chocs sur les parois, sont en même nombre quel que soit le gaz, affirmation déjà émise par Bernouilli. Inversement, il suffit d'admettre avec Bernouilli que le nombre des molécules est le même dans un même volume d'oxygène, d'hydrogène ou d'azote pour en déduire la loi de Mariotte comme une conclusion théorique. Tel est l'objet d'un premier mémoire, auquel il travaille avec une ardeur fébrile pour l'avoir fini avant que M. Davy quitte Paris, au point de négliger ses leçons à l'Ecole Polytechnique et d'y arriver en tremblant de rester court, mémoire qui finira par être lu à l'Institut le 28 janvier 1814 sous le titre : « Démonstration de la relation découverte par Mariotte entre les volumes des gaz et les pressions qu'ils supportent à une même température ». Mais, maintenant qu'il est lancé, il ne s'arrête pas là, et c'est alors que son travail va devenir profondément original.

Il se reporte au principe découvert par Gay-Lussac en 1809 et s'aperçoit vite que ce principe n'est pas compatible avec la première conception simple des atomes. Gay-Lussac[1] a montré qu'un volume de gaz hydrogène contenant 20 molécules, combiné avec un volume moitié moindre contenant 10 molécules d'oxygène, donne un volume de vapeur égal au premier et contenant, par conséquent, d'après le principe général de Bernouilli, 20 molécules d'eau. Si la soudure s'était faite en accolant à chaque molécule d'oxygène deux molécules d'hydrogène, on n'aurait eu finalement que 10 molécules du corps composé. Puisqu'on en a 20, il faut que les 20 molécules d'hydrogène aient gardé leur individualité et alors que chaque molécule d'oxygène se soit coupée en deux pour entrer dans la combi-

---

1. Gay-Lussac (1778-1850).

naison. La molécule n'était donc pas l'élément ultime et indivisible de la matière. Il y a quelque chose de plus petit, pour lequel nous réserverons le nom d'atome. C'est la première de ces retouches successives que l'on n'a jamais cessé plus tard d'appliquer à la théorie atomique pour lui permettre, en évoluant avec souplesse, de s'adapter aux observations nouvelles. Depuis un siècle, la théorie atomique, déjà reprise par Descartes, n'a fait que s'imposer de plus en plus aux savants ; mais il n'y a plus aucun rapport entre l'atome de Descartes et l'élément ultime de matière qui finit aujourd'hui par se dissoudre en énergie.

Ampère ne s'arrête pas là. Il associe, à la chimie discutée de Lavoisier, à la loi de Mariotte, la cristallographie d'Hauy. Il cherche l'agencement des atomes dans la molécule. Il fait ce que nous appelons de la stéréochimie. Il arrive à cette conclusion que, lorsqu'on connaît les volumes à l'état de gaz d'un corps composé et de ses composants, on peut calculer combien une particule du corps composé renferme de particules ou de portions de particules des corps composants. Connaissant la densité d'un gaz, il pourra donc peser, non seulement les molécules, mais les atomes plus petits, déterminer ce qu'on appelle leurs poids atomiques, prévoir leurs combinaisons, les substitutions d'un élément à l'autre. Ainsi la chimie, qui n'était qu'une cuisine, devient une mathématique. Notre science moderne apparaît dans le lointain avec tous ses développements et ses conséquences... En novembre et décembre 1813, quand Ampère travaillait ainsi sur ses idées de 1809, il s'était laissé précéder de deux ans par l'italien Avogadro, dont le mémoire sur un sujet analogue est de 1811 ; mais il l'ignorait. Aussi son enthousiasme était tel qu'il en oubliait tout, ses chagrins amoureux et presque les désastres de la France envahie ! Comme il l'écrivait à Roux de Genève, le résultat lui semblait « devoir ouvrir en chimie une nouvelle carrière et donner le moyen d'annoncer a priori les rapports fixes suivant lesquels les corps se combinent. » « ...Cette découverte, ajoute-t-il, sera peut-être, après ce que j'ai fait l'été passé en métaphysique, ce que j'aurai conçu de plus important dans ma vie... La théorie des combinaisons chimiques deviendra une chose aussi usuelle dans les sciences physiques que les autres théories généralement admises... »

Et à Davy il donne plus de détails : « ... Cette manière de concevoir les choses s'étend à tous les genres de combinaisons. Elle ne détermine pas seulement les proportions suivant lesquelles les gaz se combinent, mais les quantités d'eau de cristallisation nécessaires à chaque sel, les proportions d'oxygène, d'hydrogène, d'azote et de gaz des substances végétales et animales, soit gazeuses, soit réductibles à l'état de gaz par une chaleur médiocre... Celles de ces substances dont je connaissais les proportions se sont trouvées d'accord avec ma théorie... »

Malheureusement, au moment où il va aboutir, le 14 janvier 1814, un mathématicien de l'Institut, l'abbé Bossut vient à mourir. Le pauvre Ampère s'est laissé prendre dans l'engrenage des candidatures. Pour se créer des titres à cette place de mathématicien, il est forcé de s'appliquer à un mémoire d'analyse, en abandonnant la chimie. Il en est navré, et il l'écrit à tout le monde. Mais c'est, pour lui, une question de vie et de mort, d'autant plus qu'il est alors pécuniairement dans la situation la plus critique, criblé de dettes, avec ses traitements suspendus par l'invasion. Il s'incline devant la nécessité :

« Je faisais, écrit-il à Bredin, un mémoire mathématico-chimique que je regardais comme devant donner des bases mathématiques à toute la théorie des combinaisons des corps. J'en ai toujours la même idée ; je le regarde toujours comme préparant une de ces grandes théories qui donnent une nouvelle forme à une science ; eh bien, je l'ai interrompu ! Voilà une place de mathématiques, qui va vaquer à l'Institut. Il faut, pour pouvoir y prétendre, un mémoire de mathématiques pures. Je vais m'efforcer d'en faire un. »

Le voilà donc plongé dans l'algèbre ; et tout le reste disparaît à ses yeux ! Lui, si passionné, si vibrant à toute occasion, regarde la chute de Napoléon, le rétablissement des Bourbons, avec une sorte d'indifférence, qui fut alors, on doit l'avouer, après tant d'années où le système nerveux des Français avait été mis à de telles épreuves, le sentiment assez général de la France. Tout en poussant quelques soupirs et en ne partageant pas les sentiments de son ami Bredin qui fulminait d'abord contre la guerre et le militarisme, il écrit à peine deux ou trois lignes sur les événements. « Ils peuvent s'enchaîner comme ils voudront ; je les attends sans m'en occuper ! »

D'ailleurs, comme nous l'avons vu précédemment, d'autres tourments de cœur viennent l'accabler. C'est le 14 mars 1814 qu'a lieu le « dénouement affreux », dont nous avons parlé plus haut et dont il se lamente ensuite pendant des mois. Le 3 avril, il assiste à l'entrée des Alliés, suivant son expression, « comme à une représentation théâtrale ». Les théories chimiques sont bien loin. Mais, heureusement pour la gloire de la science française, survient un nouvel incident qu'Ampère raconte ainsi à Bredin :

« Voici ce qui m'est arrivé. Je travaillais à un mémoire que je devais lire à l'Institut sur les différentielles partielles. J'en étais peu content moi-même, quoiqu'il y eût bien des choses nouvelles ; mais je sais qu'elles ne plairont aux Bonapartes des Mathématiques et ils en seront les seuls juges. On me dit tout à coup que M. Dalton[1] s'occupe en Angleterre de la manière dont les molécules des corps s'arrangent dans les combinaisons chimiques. Tu sais que j'avais écrit un mémoire là-dessus au mois de janvier dernier. Voilà que la peur me saisit qu'il ne trouve et ne publie avant moi une partie de ce que j'en ai fait. Je parle de ma crainte. On me conseille de faire un extrait en forme de lettre à M. Berthollet du mémoire du mois de janvier et qu'on l'imprimera dans les *Annales de Chimie*. On le dit à M. Berthollet qui l'agrée fort. Je commence l'extrait, où je croyais qu'il y avait pour deux jours de travail, peut-être trois. Ce mémoire était un chaos informe. Je n'y voyais plus rien, ayant perdu de vue mes idées. Enfin j'y renonce. Le rédacteur des Annales de Chimie va se plaindre à M. Berthollet, qui lui dit qu'il a compté là-dessus et qu'il se trouve à court. M. Berthollet me trouve à l'Institut et me le dit. Je rentre. Je prends un copiste pour écrire sous ma dictée. Je le loge bientôt chez moi pour travailler très tard le soir et de grand matin. Mais j'oublie le mémoire de mathématiques, je perds presque tout espoir d'arriver à l'Institut, et voilà trois semaines que je dicte ! Je donne à mesure à l'impression ; la moitié est à l'impression, le reste est

1. Dalton (1766-1844).
2. Berthollet (1748-1822).

enfin à peu près achevé ; mais cet extrait est aussi long que le mémoire dont il est censé tiré. Personne ne le lira. On n'y comprendra rien. Et tout cela, ce sont de ces événements arrangés pour renverser, sur tous les points, tous les projets auxquels j'ai tenu successivement dans ma vie... »

Le 26 juin, pendant qu'on imprime dans les *Annales de Chimie*, Ampère écrit encore : « C'est peut-être une chose comme je ne referai jamais ; mais ce n'est qu'un extrait d'un travail qui exigerait toute la vie d'un homme, et il faut m'occuper d'autre chose ! D'ailleurs tout mon être est absorbé par des pensées si tristes ! Je fais de vains efforts pour fixer mes pensées, je n'y vois rien ; je reste des journées entières à penser à vide... »

On voit combien de hasards successifs il a fallu pour que ce travail aboutît, entre tant d'autres, peut-être de valeur comparable et demeurés à l'état embryonnaire. Il est certain que, si nous avions été réduits aux premiers brouillons de janvier 1814, conservés dans les cartons de l'Institut, nous aurions peut-être fait comme Ampère, qui déclarait tout à l'heure ne plus se comprendre. Même sous sa forme actuelle, la lettre à Berthollet pourrait presque être considérée comme une de ces merveilleuses improvisations dictées par un génie secret, au cours desquelles Ampère entraînait son auditoire suspendu à ses lèvres pendant des heures. Du moins nous la possédons parmi les documents classiques de la chimie [1].

Classique pour nous, ajoutons-le, parce que, un demi-siècle plus tard, on l'a ressuscitée et remise en

---

1. Ce mémoire a été réimprimé deux fois en 1913, dans les *Classiques de la Science* et dans les *Lectures scientifiques sur la chimie*, de Coupin.

lumière ! Mais il ne faudrait pas croire que, pour les contemporains, ce mémoire ait eu une importance considérable. L'article d'Ampère contient seulement 4 pages sur 47 consacrées à la théorie atomique, tout le reste étant de la minéralogie géométrique. Quant au travail d'Avogadro, assez confus, il fourmillait d'hypothèses invérifiables. Le principe que nous connaissons sous leurs deux noms associés, fut regardé au début comme une théorie ingénieuse ajoutée à beaucoup d'autres. Il n'eut pas ce succès d'un fait expérimental un moment contesté, mais auquel on arrive vite à se rendre, sauf à l'interpréter inexactement. Ampère, il faut bien le dire, prêtait à la controverse par sa hardiesse à adopter les idées nouvelles pour en déduire des conclusions, par la manière aussi dont il bousculait ces cloisons des sciences, si commodes pour les bureaucrates de la physique, de la chimie ou de l'algèbre. Même lorsqu'il aura découvert l'électro-dynamique, nous verrons les hostilités contre lui se faire jour ; elles étaient naturellement plus vives dans un temps où, n'ayant encore fait ses preuves que comme mathématicien, il prétendait se mêler de chimie ou de physique.

Il écrit, par exemple, le 4 février 1814, à Bredin, après avoir lu la semaine précédente son mémoire sur la loi de Mariotte : « Je vois bien que j'échouerai à l'Institut ; mais je ne puis me résigner à ne pas faire les démarches nécessaires et à ne pas travailler pour y obtenir des titres. J'y ai lu et on condamne mon mémoire sans l'examiner. Celui des membres dont l'amitié me devait être la plus assurée, pour qui j'avais sacrifié une place qui serait peut-être à présent ma ressource, tu sais bien qui, m'a reproché, jusqu'aux plus graves injures, ma correspondance avec M. Davy comme un crime. Je me vois en butte à la haine de ceux à qui je n'ai jamais fait de mal, inquiet au dernier degré du présent et de l'avenir, ne me voyant peut-être bientôt aucune ressource pour subsister ici... »

Néanmoins, ce qui prouve qu'Ampère s'exagérait un peu la mauvaise volonté « des Bonaparte de l'algèbre », c'est qu'au mois de mars, l'Institut décidait de remettre l'élection au mois de septembre, « en partie à cause de lui, pour lui donner le temps de lire » ces mémoires mathématiques « qui l'accablaient, auxquels il travaillait laborieusement ».

Pendant tout l'été 1814, nous le voyons perfectionner péniblement ces trois mémoires sur les différentielles partielles, qui finirent par être lus le 11 juillet, le 12 septembre et le 17 octobre 1814, et qui, ne nous y trompons pas, ont, malgré ces récriminations d'Ampère, ouvert, comme toutes ses œuvres, des voies remarquablement fécondes [1]. En même temps, il se lamente sur le drame du 14 mars et exprime sa soif de psychologie. Une lettre de la fin juin montre notre grand écolier singulièrement distrait de son utile pensum algébrique par « ces travaux psychologiques qui lui restent pour seul but de son existence... » « Il faut, dit-il à Bredin, que j'aie la certitude de pouvoir parler psychologie et cela n'est pas facile à Lyon... C'est sur ma théorie des relations de l'existence des connaissances subjectives et objectives et de la moralité absolue que j'ai besoin de discuter, comme toi de voyager. J'irais chercher au bout du monde quelqu'un qui en voulût parler avec moi. Ainsi, si tu veux me voir cet automne, il faut d'abord

---

1. Voir, à cet égard, les *Leçons sur les équations aux dérivées partielles* de M. Goursat.

t'assurer d'un auditeur bénévole. C'est la condition *sine qua non*. Il faut que j'aie la certitude d'en pouvoir parler au moins quatre après-dîner par semaine et en écrire le reste du temps, avec la certitude d'être lu à mesure pour me donner le courage d'écrire. J'écrirais moi-même ce que j'aurais expliqué la veille ; mais il faudrait que je fûsse sûr qu'après m'avoir bien compris, on pût prononcer si ce qui est écrit est suffisamment clair pour être imprimé. Sans cela, je ne ferai jamais rien, et cette pensée me désespère au point de désirer dans certains moments la fin de mon existence pour ne plus sentir cette douleur de l'avoir sans en retirer aucun avantage pour moi ni pour les autres... »

Le 10 août 1814, autre idée qui n'est pas non plus mathématique : « J'avais mis en expérience au soleil des substances au mois de mai dernier. Je les avais comme oubliées depuis trois mois. J'ai trouvé aujourd'hui dans le flacon un résultat si singulier que je ne sais si ce ne sera pas une bien importante découverte ; et point de temps pour m'en assurer, ou renoncer à l'Institut !... »

En septembre et octobre, sa nostalgie de condamné à l'algèbre se porte encore sur un sujet différent : « Toutes mes idées sur la chimie, écrit-il à Bredin, ont, comme tu sais, triomphé de toutes les objections. Je t'en prie, bon ami, prends à Lyon, dans un cabinet littéraire, le dernier cahier des *Annales de Chimie*. Cherches-y le mémoire sur l'iode (de Gay-Lussac), où la théorie du chlore est aussi exposée avec les notes et additions. Lis-le tout, je t'en prie, avec attention. A' cette condition, je t'envoie de l'iode dans un petit

---

1. Le mémoire sur l'iode a été lu à l'Institut dans les quatre séances d'août 1814. (*Annales de Chimie*, t. LXXXVIII, p. 311).

flacon... » Et il lui décrit amoureusement les belles vapeurs violettes et les jolis cristaux, brillants comme des diamants, que donne l'iode. Un autre jour, où il écrit à Ballanche, c'est, à propos de la même découverte, le regret qui domine : « Gay-Lussac achève l'ébauche créée par le génie de M. Davy, mais que j'eusse infailliblement faite, que j'ai faite réellement le premier, mais que, malheureusement, je n'ai pas publiée quand il en était temps... » Et pourtant il ajoute, dans la même lettre : « Quand j'ai vaincu la première répugnance, je voudrais ne plus quitter les calculs ; j'y éprouve encore un grand charme quand je puis écarter toute autre pensée... » Le même jour où il recommande à Bredin le mémoire de Gay-Lussac (13 octobre), il résume ainsi son état d'âme : « Heureusement que plusieurs objets scientifiques se partagent mon esprit de manière à laisser peu de temps à des souvenirs déchirants qui, sans cela, ne me laisseraient pas un instant de repos. »

Pauvre Ampère candidat ! « Je veillais une partie des nuits pour préparer mon cours, tandis que les jours se passaient en visites aux membres de l'Institut, à faire des notes et des extraits de mes travaux pour mettre mes titres en évidence [1]... »

Enfin, le 28 novembre 1814, il est élu au premier tour de scrutin. Il l'écrit aussitôt à Bredin : « Tout s'est réuni pour que je fusse momentanément heureux. Mais que de regrets mêlés !... » Et Bredin, recevant cette lettre, écrit sur son journal : « Ceux qui ne le connaissent pas bien peuvent croire qu'il se trouve très heureux aujourd'hui ; ils se trompent... Rien

---

1. Postérieurement à sa nomination, ses travaux d'algèbre ont été surtout des applications à la physique, sauf un mémoire du 18 juin 1821 sur les axes permanents de rotation des corps.

n'est plus disproportionné que le plaisir qu'il éprouve en voyant l'accomplissement de ses désirs et le chagrin que lui cause une espérance déçue ou seulement différée... »

Quelques jours après, Ampère insiste : « Tout me réussit de ce qu'on voit au dehors ; tout me pèse au dedans... Au reste, depuis le printemps passé, des idées me tourmentent dès que je me trouve dans une situation tranquille. Pendant que j'étais dans l'incertitude sur ma nomination, je n'y pensais presque plus, tout agité de craintes et d'espérances, et l'esprit plein de calculs et de visites. A présent, je retombe moi-même, je ne trouve plus rien dans ma vie. Il vaut mieux souffrir et être agité et vivant que d'être dans cette situation. J'espère que je pourrai m'en secouer, que je travaillerai avec ardeur : d'abord aux mathématiques dont je vais m'occuper... ; ensuite un jour à cette psychologie dont je ne puis me cacher que j'ai résolu, en profitant de ce qu'a fait Maine-Biran, les grands problèmes restés jusqu'alors insolubles. Mais il faudrait pouvoir arracher de ma mémoire des souvenirs que je chéris malgré moi, qui dominent encore la plus grande partie de ma vie, et qui l'empoisonneront jusqu'à la fin. J'ai fait de grands efforts pour me dire : « me voilà libre ». Ils n'ont abouti qu'à me prouver que je l'étais moins que jamais ; et cependant je défendrai cette liberté en théorie, plus que personne n'ose le faire... »

A cette époque, il est très occupé d'une Société qui vient de se constituer « pour cultiver la psychologie et la morale théorique » et qui comprend Maine de Biran, Royer-Collard, Degérando, Georges et Frédéric Cuvier, Guizot, Durivaux, Thurot, Fauriel et Ampère. A la première séance, « tout le monde est d'accord sur la loi morale, absolue et désintéressée, sur la pauvreté de la sensation en psychologie, etc. Plaise à Dieu qu'on s'accorde de même sur le reste !... »

Quant aux événements politiques, pourtant de quelque importance, qui ont marqué jusqu'au bout cette année 1814, ils ont continué à passer à peu près inaperçus de cet homme si émotif, mais alors trop absorbé par son amour, par sa chimie, par sa candidature et par la classification des opérations mentales.

« Pas le plus petit changement dans ma vie ni dans celle de presque tous ceux que je connais, écrivait-il le 18 avril 1814 après le retour des Bourbons ; c'est comme si tout cela s'était passé à cent lieues d'ici (Paris). J'ai perdu beaucoup de temps bien inutilement pour voir Monsieur ; je n'ai rien distingué ; je n'ai pas même entrevu les souverains alliés... »

Cependant, on trouve, dans ses papiers, un curieux document daté du 23 avril 1814. C'est une lettre entièrement écrite de sa main, sans rature et adressée au duc d'Angoulême, dans laquelle il le supplie, au moment « où les Bourbons remontent sur le trône parmi les transports de la joie universelle », d'oublier, de pardonner les erreurs de la Révolution, d'accorder une liberté égale à celle de l'Angleterre, de rétablir ce qu'on a appelé un siècle plus tard « l'Union sacrée ». Il est possible (quoique peu probable) qu'Ampère se soit borné à recopier pour lui-même cette lettre un peu imprudente sans en être l'auteur. Il fallait, en tout cas, qu'avec sa fougue habituelle et son libéralisme monarchique, il fût bien pénétré des sentiments qu'elle exprimait. S'il l'a conçue et envoyée à son adresse, le gouvernement ne lui en a pas gardé rancune sur le moment ; car, un mois après son

élection à l'Institut, le 20 décembre 1814, un ministre
de Louis XVIII lui accordait le seul grade qu'il ait
jamais obtenu dans la Légion d'honneur, la croix de
chevalier. Le 16 janvier 1815, une lettre du ministre
d'Etat de l'Intérieur lui envoyait son brevet.

Pourtant, le 20 février, par une incohérence qu'explique seul le trouble de l'époque, il était destitué
comme inspecteur général, ou plutôt privé de ses fonctions et mis en demi-solde sous prétexte d'économie.
Quelque collègue désireux de sa place l'avait sans
doute dénoncé comme bonapartiste ; ce qui était certainement tout le contraire de la vérité. L'histoire
de cette destitution, que la suite des événements rendit
sans effet, reste assez obscure. Nous la connaissons par
une lettre qu'Ampère, avec son étourderie habituelle, a
datée du 23 février 1814, mais qui est certainement de
1815 puisqu'il y parle du Roi, de sa décoration, etc... :
« C'est avant hier, mon bon ami, que le Roi a signé
l'ordonnance par laquelle je perds toutes fonctions
d'inspecteur général et la moitié du traitement. Je ne
l'ai su qu'hier... vers deux heures. J'ai la certitude
complète que cela ne serait pas arrivé si j'avais
fait le quart des démarches que mes collègues ont
faites ; mais je n'en avais pas même ouvert la bouche
à ces membres de la Société Philosophique qui y ont
eu une si grande influence. A cet égard, c'est bien ma
faute ; mais j'avais reçu la croix d'honneur sans la
demander, sans y avoir pensé. Je comptais sur leur
bienveillance sans la demander pour une chose où je
n'avais (besoin) que d'une justice rigoureuse, puisque
plusieurs de ceux qu'on m'a préférés sont moins anciens que moi dans la place et ne peuvent, à aucun
égard, être à l'instruction de la même utilité. Tu sais
que je savais seul à très peu près l'état actuel de la

physique, de la chimie, etc. Mais tout cela ne sert
plus de rien !... Je ne sais quel sentiment de l'injustice et de la perte que je prévois pour les sciences physiques que je pouvais seul défendre, se mêle à ce qui
m'est personnel, de manière à me faire désespérer et
des hommes et des progrès futurs des sciences, qui
sont, comme tu sais, mes grandes chimères... »

Viennent les Cent Jours [1] et Ampère les accueille encore avec calme. Le 20 mars, il remarque seulement
qu'il devait lire un mémoire sur les mathématiques
dont il était assez content et que la séance de l'Institut a été presque déserte : « Dans huit jours, ajoute-
t-il philosophiquement, il y aura du monde. » Et, le
27 mars 1815, en effet, il lisait « la démonstration d'un
théorème nouveau d'où l'on peut déduire toutes les
lois de la réfraction ordinaire et extraordinaire. »

Une pétition ultérieure, adressée à Louis XVIII en
1816, résume ainsi son attitude devant le retour de
Napoléon : « Pendant les Cent Jours, dit-il, il ne
fut point appelé au Conseil de l'Université par ceux
qui gouvernaient alors et on ne peut guère douter
qu'ils n'y eussent fait entrer un membre de l'Institut, qui se trouvait un des plus anciens Inspecteurs
Généraux, s'ils avaient cru pouvoir l'attacher à leur
parti. Vers la même époque, comme il ne pouvait plus
porter sa décoration, on lui offrit de la lui envoyer
de nouveau s'il voulait seulement montrer qu'il l'ac-
cepterait par la plus simple demande. Il se refusa à
toute démarche de ce genre. » Ampère n'aimait ni
les Jacobins, ni les militaires, à commencer par Napoléon. Il avait un fond de royalisme, auquel, malgré
ses malheurs pendant la Révolution, s'ajoutait un

1. 10 mars au 22 juin 1815.

vieux levain libéral. Il croyait, comme les meilleurs de sa génération, au progrès des lumières, au développement moral par la science, etc. Une lettre à Ballanche du 17 décembre 1815 marque bien son idéologie plus généreuse que pratique : « Tant qu'on parlera d'utilité, d'intérêt, on ne saura ce qu'on dira. Le vrai but de la politique ne doit pas être de rendre les hommes plus heureux, mais de les rendre meilleurs ! »

Cependant, à défaut des lettres d'Ampère manquant à ce moment, les lettres de Bredin témoignent de son émotion après Waterloo : « Les événements, lui écrit celui-ci, m'effrayent comme ils t'effrayent ; ils sont énormes... Quel que soit le gouvernement, il ne portera que des fruits mauvais... Mon âme desséchée ne peut se faire des illusions semblables à celles qui te soutiennent... »

Au second retour des Bourbons, il y eut, on le sait, un grand mouvement « d'épuration », qui n'épargna pas l'Institut, et encore moins l'Ecole Polytechnique jugée trop bonapartiste. Chacun se sentait menacé[1] et Ampère particulièrement en raison de la destitution précédente. Dès le 1er janvier 1816, il recevait, comme cadeau de jour de l'an, l'avis du ministre que son traitement était diminué. Cette fois, il fit agir ses amis et, le 12 février 1816, le ministre écrivait à Maine de Biran qui s'était interposé : « Toutes les notes qui me sont parvenues (sur Ampère) sont favorables... Mais ce que vous me dites de lui suffirait à détruire toutes les impressions défavorables que l'on aurait pu chercher à me donner sur son compte... Les craintes que M. Ampère pouvait avoir sont sans

---

1. C'est alors qu'en pleine séance du Conseil d'instruction, Gay-Lussac déclara spontanément avoir signé l'acte additionnel.

fondement... » En effet, le 27 mars 1816, notre savant trouva sa place dans la réorganisation royaliste de l'Institut.

En même temps, pendant l'hiver 1815-1816, nous voyons continuer son angoisse sentimentale et religieuse, avec les doléances qu'elle entraîne. C'est un état d'esprit auquel il faut nous accoutumer ; car il ne se modifiera qu'avec son retour au catholicisme à la fin de 1816 et suivra encore longtemps les fluctuations d'une foi aussi exaltée qu'intermittente :

(26 octobre 1815, à Ballanche) : « L'existence m'est tout à fait insupportable. Souvent je me vois forcé par l'insomnie et les inquiétudes à me lever la nuit, à allumer une chandelle et à souffrir en me promenant, ou assis à rêver... »

L'ami Bredin passe au même moment par une crise assez singulière. Pendant les trente-trois ans de sa correspondance avec Ampère, nous le voyons sans cesse animé d'un christianisme fougueux et jouant le rôle d'apôtre. Mais, depuis longtemps, on pouvait surprendre, chez lui, des signes d'hérésie, qui confinent maintenant au protestantisme. Et, à l'époque même où Ampère, tant prêché par lui, se rapproche du catholicisme, nous apprenons que Bredin, tout en ayant un désir ardent de la communion, considère comme impossible de se confesser, non pas du tout par embarras d'avouer ses péchés, mais parce qu'il ne croit plus au sacrement de la confession. Avec un certain illogisme, il ajoute : « Quel est le prêtre qui me donnera l'absolution si je déclare que je ne veux de lui que des avis, des encouragements, des consolations et des prières ? Et, sans cette absolution, je ne peux communier... » En même temps, ce frère d'Oberman continue à déclarer : « La tristesse est mon plus grand plaisir sur la terre ». Voilà deux malades aux prises l'un avec l'autre et, précisément, à cause de cela, ils se prennent pour confidents, au profit de notre curiosité ! L'année 1816 est presque absorbée par une volumineuse correspondance religieuse entre les deux amis, dont nous verrons bientôt la conclusion.

Scientifiquement, les travaux d'Ampère les plus originaux continuent à être surtout chimiques, bien qu'il doive, pendant trois ans encore, poursuivre en algèbre les recherches sur les équations aux différences partielles, grâce auxquelles il est entré à l'Institut. Au début de 1816, c'est le minerai de tellure (la pechblende) qui le préoccupe et dont il cherche, avec Vauquelin, à se procurer des échantillons en Autriche. Le hasard aurait pu faire alors que, remarquant avec sa curiosité habituelle les phénomènes de phosphorescence et en cherchant la cause, il eût été mis sur la voie du radium (sans avoir cependant une chimie assez précise pour le réaliser).

Il obéit, en même temps, à ce besoin de classification qui, du premier jour au dernier, domina son esprit, en apparence si désordonné et publie, dans les *Annales de Chimie et de Physique*, un important mémoire de 84 pages : « premier essai de classification naturelle pour les corps simples », où il s'efforce de grouper les éléments chimiques rationnellement d'après leurs affinités [1].

Mais, aussi, toujours à l'affut des idées nouvelles, il se passionne pour le mémoire que Fresnel fait paraître

---

1. Les cartons de l'Institut contiennent de nombreux manuscrits à ce sujet. La correspondance avec Bredin manque, des deux parts, dans les années 1816 et 1817, où elle fut cependant particulièrement active.

cette année-là dans les mêmes *Annales* et où il expose, pour la première fois, avec une admirable rigueur, la théorie ondulatoire de la lumière, restée, jusqu'à ces tout derniers temps, la base incontestée de notre optique. Il a même, à ce propos, (19 mai 1816) un cri de regret touchant pour la théorie de l'émission newtonienne « qu'il aimait tant, mais à laquelle il doit, bien malgré lui, renoncer... »

Dans un ordre d'idées différent, qui ne fut pas sans contre-coup sur la science, cette année 1816 est, pour lui, une année d'inquiétude matérielle en raison des réductions et épurations de tout genre. Ampère a été vite tranquillisé pour ce qui concerne l'Institut. Mais, à l'Ecole Polytechnique, il apprend le 5 septembre 1816 que « son sor test fixé, avec 1.600 francs de moins et le double de travail (8 mois de cours). « Louis XVIII l'a, en effet, renommé (ou plutôt nommé, le passé étant aboli) « Professeur pour le cours d'analyse et de mécanique » (au lieu de l'analyse seule). Les sciences pâtissaient, sous la Restauration, de la faveur que leur avaient témoignée les Encyclopédistes ! Puis l'université même subsistera-t-elle ? Tout est remis en question, depuis que le règne de Napoléon a pu être éliminé de l'histoire. Il faut aussi qu'Ampère reçoive un nouveau brevet de la Légion d'honneur...

Enfin, en cette même année 1816, un dernier sujet de préoccupation (mais aussi de satisfaction) se dessine pour Ampère, l'avenir de son fils, qui a grandi depuis que nous l'avons perdu de vue. A cette date, Jean-Jacques n'est plus un enfant, avec lequel on joue, ou que l'on instruit en passant. Il a 16 ans ; il finit avec succès sa rhétorique et il arrive au moment de choisir une carrière. Influencé à la fois par les conseils pratiques de la tante Carron et par son propre goût pour la chimie, le père, dès le début de 1816, le pousse à entrer dans le commerce chimique et, au navrement du jeune homme peu scientifique mais très épris de littérature, il le fait travailler, entre ses classes, pendant la fin de l'année scolaire, chez un brave industriel qui s'applique d'abord à le guérir de l'imagination et de la théorie. Presque aussi ardent que son père, Jean-Jacques en souffre et proteste. Mais le père, si peu pratique lui-même, n'était pas homme à s'entêter longtemps dans un projet de ce genre. Et puis il avait, pour son grand garçon, une admiration naïve, un peu par le même sentiment qui lui faisait apprécier toutes les nouveautés, toutes les jeunesses. Avant que l'année de rhétorique fût finie, le commerce chimique était déjà abandonné et l'année scolaire suivante retrouva Jean-Jacques en classe de philosophie, travaillant la psychologie ou la métaphysique sous la direction de son père, de Cousin, de tous les amis, en attendant que le père réalisât son ambition d'en faire un poète tragique.

Ampère, à cette époque, est, en effet, relancé pour longtemps en pleine philosophie et, dans les heures laissées libres par ses cours, ses inspections, ses commissions, c'est à cela qu'il s'attache presque uniquement, comme la chimie n'avait été pour lui qu'un intermède entre l'occupation, également momentanée, des mathématiques et les six glorieuses années consacrées plus tard à l'électro-dynamique : « Je ne penserai probablement pas de longtemps à la chimie », écrit-il le 28 mars 1817 ». Ce qui ne l'empêche pas, bien entendu, d'être immédiatement en arrêt comme un bon chien de chasse, dès qu'une idée originale se dessine à l'horizon : par exemple, quand

Thénard fait, en août 1818, ses communications sur les oxydes alcalins, qualifiées par Ampère « d'admirables découvertes ouvrant une nouvelle carrière à la science ». Mais il faut bien avouer que sa production scientifique personnelle se restreint de 1817 à 1820, tandis que ses lettres de cette période sont pleines de commentaires sur la naissance du moi, de modifications à son tableau psychologique, toujours déclaré définitif et constamment remanié.

Nous l'avons vu, en novembre 1814, plein d'ardeur pour sa société psychologique qui se formait alors et constatant avec satisfaction l'accord établi dès le premier jour sur quelques points essentiels. Mais cette lune de miel avait peu duré et, les événements aidant, la société avait été dissoute sans avoir rien produit. En 1817, elle renaît sous une forme plus simple. Tous les lundis, Maine de Biran, Ampère et Cousin[1] se réunissent pour discuter et établir une doctrine destinée à passer dans l'enseignement. Mais, cette fois encore, les déboires sont prompts. Des trois philosophes associés, Ampère seul vit exclusivement dans ses abstractions. Cousin se montre déjà l'arriviste adroitement éclectique, qui a successivement joué tant de ses amis. Il amalgame dans son cours la doctrine d'Ampère avec celles de Reid et de Kant, et Ampère, si peu susceptible, ne peut s'empêcher de remarquer à quel point cet homme pratique le pille sans le nommer. Maine de Biran lui-même est trop mêlé à la vie active, et même à la politique pour ne pas en subir l'influence. « Il hésite sans cesse, pour compléter sa psychologie, entre Cousin et Ampère », et la conclusion sera ce cri navré d'Ampère le 22 mai

1. Victor Cousin (1792-1867).

1817 : « La réunion psychologique qui avait lieu chez M. de Biran tous les lundis s'est dissoute, comme celle de 1814, sans rien produire que de le dégoûter entièrement d'écrire ce qu'il a fait sur ce sujet de nouveau et d'important... Il paraît qu'on l'a circonvenu, qu'on lui a fait appréhender de déplaire à un parti ; que sais-je moi, ce qui s'est passé dans son esprit. Mais ce qui me paraît clair, c'est qu'il ne publiera rien de sa théorie, que je vais rester seul en butte à ceux qui veulent combattre la vérité uniquement parce que ce n'est pas eux qui l'ont inventée [1]... »

A ce moment pourtant, la doctrine d'Ampère devait donner satisfaction à ce « parti » clérical dont il parle. Car sa foi catholique était redevenue entière. Ses lettres de janvier 1817 racontent qu'il a fait à un prêtre l'aveu « de ses égarements ». Une lettre du 1er mars 1817 dit qu'il vient de recevoir « la grâce inappréciable de l'absolution. » C'est lui maintenant qui convertit Bredin. A l'occasion même de cet ennui pour la réunion psychologique, il écrit : « Si je n'avais appris à voir en tout la volonté de Dieu, j'en serais dans un vrai désespoir ; mais que sa volonté soit faite ! Peut-être avais-je besoin de cette épreuve pour réparer tant d'erreurs et d'offenses contre Dieu et contre la religion qu'il a donnée *in ruinam et in resurrectionem multorum*, suivant les paroles de l'Ecriture. » Et, désormais, nous retrouverons sans cesse cette note. Ampère va devenir le catholique prosterné aux pieds des autels qui est généralement connu par les récits d'Ozanam. Voici, entre mille autres, une phrase du 18 août 1818 : « Ce chagrin du

---

1. En 1819, la société fonctionne de nouveau.

fond de l'âme est sûrement la peine que j'ai méritée, en me laissant, à force de vaines occupations accumulées, aller à une paresse impardonnable pour les choses qui seules méritent d'occuper une intelligence dont le monde n'est pas le but... »

Un peu après Ampère, Bredin revenait lui aussi à « la voie droite, simple et unie ». Quelques extraits empruntés à ses longues lettres de 1818 suffiront à montrer l'état d'esprit où s'entretenaient l'un l'autre les deux amis :

« Ce n'est pas pour entasser des pierres ou de l'or que nous sommes sur cette terre. Ce que nous avons à faire, c'est de porter notre croix, ou plutôt la croix de Jésus-Christ, pour retourner dans cette patrie, dans laquelle nous ne pouvons entrer qu'avec ce fardeau... Notre plus grande folie, la source de nos folies, c'est de chercher le bonheur parmi les ruines du royaume de Lucifer. Une autre grande folie, qui, dans le fond, est la même, c'est de demander à notre raison ce qu'est le Christ notre Seigneur... L'homme est tombé par le faux usage de sa liberté, dans les sombres labyrinthes de la raison. Car la raison, dont nous nous enorgueillissons tant, n'est pourtant qu'un déplorable résultat de la chute d'Adam... Le bonheur ne sera jamais un fruit du monde où nous sommes. Les hommes le désireront toujours, le chercheront toujours. Mais ils ne le trouveront, ils ne l'obtiendront que dans la proportion qu'ils sortiront de ce monde... Dieu a daigné m'envoyer des épreuves que je te dirai... Tout est miséricorde dans les mains de la Providence ; mes douleurs sont aussi des dons de son amour... »

A tous égards, cette époque de 1818 et 1819 est, pour Ampère, un temps de stabilité relative. Son re-

tour à la foi catholique a calmé en lui beaucoup
d'angoisses. Matériellement, il a été consolidé dans
ses deux principales fonctions de professeur à l'Ecole
Polytechnique et d'Inspecteur Général de l'Université.
Depuis le mois de novembre 1817, il y joint une occupation qui le ravit. Le Ministre de l'Instruction Publique Royer-Collard a accepté sa proposition de faire
à l'Ecole Normale un cours de Logique, dont il tirera
bientôt des « Eléments de Logique », mais qu'il in-
terrompra, je crois, au bout d'un an. Dans cette même
année 1817, son fils Jean-Jacques, qui ne lui donne
encore que des satisfactions, a terminé brillamment
ses études par un prix d'honneur de philosophie : ce
qui permet au père de s'entretenir avec lui sur sa
science favorite... Enfin, détail qui n'est pas sans intérêt, le 18 mai 1818, Ampère s'est décidé à acheter
de concert avec sa sœur, rue des Fossés-Saint-Victor,
n° 19, près du Jardin des Plantes, une petite maison,
avec un jardin dont l'arrangement et la culture formeront dès lors sa grande récréation et son principal
plaisir. La location de l'entresol couvrira une partie
de la dépense. En même temps, pour contribuer au
payement, il a vendu le domaine familial de Poleymieux [1].

Cependant, comme son caractère ne permet jamais
le bonheur complet, il commence, à cette époque, à
avoir de graves ennuis pour son cours de l'Ecole Po-

---

1. Les comptes relatifs à cette affaire montrent que la maison revenait à 37.000 francs, dont 28.000 avancés par la sœur Joséphine
contre une rente de 1.400 francs. Par contre, Ampère vend la propriété de Poleymieux pour 25.000 francs, dont il redoit 12.000 à son
fils comme représentant la succession de sa mère. En outre, madame
Carron étant morte en mai 1819, Jean-Jacques en hérite pour un
tiers, soit 18.000 francs. Et c'est là toute leur fortune, presque totalement entre les mains du fils. On s'expliquera bientôt les dettes du
père.

lytechnique. Ampère était un homme d'un merveilleux génie. Mais il suffit d'avoir un peu fréquenté ses écrits pour deviner qu'il devait se montrer un fort mauvais professeur. En principe, c'est une question depuis longtemps discutée de savoir si, dans une école supérieure comme celle-là, où l'on veut former des jeunes gens déjà habitués à un travail personnel, il vaut mieux un homme de génie enseignant mal qu'un savant de second ordre ayant le talent d'exposer les travaux des autres avec ordre et clarté. Toujours est-il qu'une assemblée nombreuse, où tous les élèves ne sont pas studieux, devient facilement houleuse, quand le professeur accumule les distractions et les enfantillages, avec le défaut de préparation et, danger plus grave encore, avec ces sautes brusques de tous intermédiaires logiques qui caractérisent les génies mathématiques, pour lesquels les conclusions, auxquelles nous arrivons péniblement par une filière d'équations, semblent intuitives. Que de fois Ampère, dans ses lettres, au fort de ses angoisses sentimentales ou de ses recherches métaphysiques, ne nous dit-il pas qu'il tremble d'arriver à l'Ecole avec une leçon non préparée, ou n'avoue-t-il pas que son cours a marché mal ?... De tels accidents, dont les anciens élèves d'Ampère, nous le verrons, avaient tous gardé le souvenir, ne pouvaient manquer d'émouvoir une administration bureaucratique, dirigée et commandée par de vieux militaires brouillés avec les sciences. Aussi, dès octobre 1818, le Conseil de l'Ecole commença-t-il à taquiner Ampère (auquel on adjoignait Cauchy) en les priant tous deux de clarifier leur enseignement, de justifier leurs changements de programmes ; puis, d'observation en observation, en les invitant à rédiger entièrement leur cours par écrit, afin que les élèves pussent du moins suivre sur une publication méthodique. Pour Ampère, qui eut toujours tant de peine à aboutir dans une rédaction et que surchargaient déjà des occupations multiples, incompatibles avec ses travaux personnels, cette nécessité d'une longue rédaction parut un véritable supplice et contribua à son départ de l'Ecole en 1824.

L'année 1819 est encore surtout adonnée à la philosophie, qu'Ampère se fait autoriser, le 27 novembre 1819, à professer à la Faculté des Lettres de Paris. Lui, si surchargé de travaux, était heureux de pouvoir, en outre, professer devant un auditoire de choix sa science favorite. Des réunions du lundi soir avaient aussi repris chez Maine de Biran.

Néanmoins, à côté de la psychologie qui forme l'occupation dominante, les deux années 1818 et 1819 sont marquées par l'achèvement d'un grand mémoire mathématique sur les équations aux différences partielles, suite et conclusion des notes présentées à l'Institut en 1814 au moment de sa candidature. Pendant toute l'année 1819, on voit Ampère, avec sa difficulté de rédaction habituelle, reprendre et corriger sans cesse ce mémoire que l'on imprime dans le *Journal de l'Ecole Polytechnique* et qu'il finit seulement par présenter à l'Institut le 24 janvier 1820.

Après ce temps relativement calme, l'année 1820 fut, au contraire, glorieusement occupée. Elle avait commencé par un événement d'apparence insignifiante, sur lequel nous aurons pourtant à revenir longuement plus tard. Le 19 janvier 1820, Ampère écrit à Ballanche, en l'invitant à dîner : « Comme je me porte bien maintenant, nous irons passer la soirée à l'Abbaye aux Bois, où je me reproche beaucoup de n'être pas encore allé depuis le lendemain du jour de l'an... » Cette petite phrase précise la date de certaine visite de jour de l'an, où Jean-Jacques Ampère, présenté par son père à madame Récamier, en devint amoureux pour la vie, ruinant ainsi tous les espoirs familiaux que son père avait pu concevoir pour lui et par lui. Elle montre également le savant, dès cette époque, en relation de visites assez fréquentes à l'Abbaye-au-Bois. A partir de cette année 1820, Jean-Jacques, dont la carrière commence à tenir une place essentielle dans les pensées de son père, se met à l'abandonner des semaines, puis des mois, puis des années. Des séjours successifs chez ses amis Bastide et de Jussieu précèdent un grand voyage en Suisse avec Adrien de Jussieu et Albert Stapfer. Le père témoigne, pendant ce temps, une inquiétude presque comique et dont il ne guérira plus, en voyant son poussin prendre son vol. La Suisse encore, passe ; beaux paysages célèbres depuis Rousseau et occasion d'herboriser avec de Jussieu ! Mais l'Italie, pays dangereux par ses troubles et par ses épidémies !...

Tandis que le fils court les Alpes, le père accomplit sa tournée d'inspection annuelle, cette fois dans le Nord (Douai, Amiens, etc.). Il en revient le 4 août 1820 pour prendre part comme juré à la session des assises. Le 20 août, il est nommé professeur suppléant d'astronomie à la Faculté des Sciences de Paris. Le 23 août, nous le trouvons très occupé d'une note sur l'enseignement des sciences, rédigée à la demande de Poisson pour défendre les sciences contre les attaques dirigées à la Commission de l'Instruction Publique en vue de les anéantir. Il y insiste curieusement sur les applications des sciences, en même temps que sur l'importance des expériences dans un cours de physique ou de chimie. C'est alors, au milieu d'une vie consacrée aux mathématiques, à la philosophie, à la chimie, où la physique n'a tenu, jusqu'ici, à peu près aucune place (sauf une explication de la loi de Mariotte et des calculs d'optique mathématique à l'occasion des travaux de Fresnel) que la découverte de l'électro-dynamique va soudain se développer et fructifier, comme un incident considérable, un incident de six années, mais un incident pourtant, dans une existence occupée antérieurement et reprise ensuite par de tout autres travaux...

CHAPITRE VIII

AMPÈRE PHYSICIEN (1820-1826)

Le lundi 4 septembre 1820, les procès-verbaux de l'Institut renferment cette simple phrase : « M. Arago rend compte des expériences faites par M. Oersted relativement à l'influence réciproque du magnétisme et du galvanisme et répétées à Genève par M. de la Rive » ; et, le lundi suivant 11 septembre : « M. Arago répète les expériences de magnétisme et de galvanisme dont il a parlé dans la séance précédente. Il lit le mémoire d'Oersted. » Huit jours après exactement, le lundi 18 septembre, Ampère apportait à l'Académie la découverte qui a immortalisé son nom. En deux semaines, de ce cerveau prodigieux, jusqu'alors absorbé par l'algèbre, la chimie ou la psychologie, avait jailli l'idée fondamentale qui devait transformer toute l'électricité moderne. Oersted avait été l'amorce de fulminate excitatrice, qui provoque l'explosion capable de faire sauter un monde. Ainsi que cela est arrivé plus d'une fois, et sans sortir de la physique, pour d'autres inventions mémorables, le savant danois avait trouvé un fait sans en tirer parti, sans le comprendre. Ampère vit aussitôt les conclusions à en tirer et employa son génie mathématiqūe, avec son habileté expérimentale, à les pousser jusqu'au bout.

Si j'écrivais ici un mémoire scientifique, ce serait le lieu d'exposer en détail la série de ces expériences mémorables. Mais cette partie de mon sujet a déjà été très abondamment traitée dans des ouvrages approfondis où chacun peut en lire les détails[1] et tous les manuels d'enseignement en donnent la substance. Le caractère de cet ouvrage ne permettrait pas du reste d'entrer dans la théorie mathématique de l'électrodynamique ni dans ses rapports avec les théories plus modernes (Maxwell, etc.). Je serai donc plus bref que ne le comporterait l'importance capitale de la question et il me suffira de rappeler en deux mots qu'Ampère a identifié un aimant à un courant, montré l'action réciproque de deux courants comme celle de deux aimants, construit des électro-aimants sous la forme de fils enroulés en bobines, appris à les aimanter et désaimanter, donné la théorie mathématique complète du phénomène, préparé les voies à l'induction, trouvé l'engin d'où sortent le télégraphe, le téléphone, le transport de la force à distance, etc., etc...

Les procès-verbaux de l'Institut, qui relatent ces séances mémorables, sont courts : « 18 septembre 1820. M. Ampère lit un mémoire contenant des expériences qui lui sont propres et qui ajoutent de nouveaux faits aux expériences de M. Oersted relatives à l'action du galvanisme sur le magnétisme. » — (25 septembre). « M. Ampère lit un mémoire sur les effets produits

---

1. Tous les mémoires relatifs à cette question ont été classés et réimprimés en 1885-87 par Joubert dans la *Collection des mémoires relatifs à la physique publiés par la Société Française de Physique* (tomes II et III). — Voir encore la *Revue générale de l'Electricité* de nov. 1922 (centenaire d'Ampère) et VALSON : *La vie et les travaux d'A.-M. Ampère*, 1910.

sur l'aiguille magnétique par la pile voltaïque et qui fait suite au mémoire lu dans la séance précédente. Il annonce un fait nouveau, celui de l'action mutuelle de deux courants électriques, sans l'intermédiaire d'aucun aimant. Il fait des expériences pour prouver ce fait, et elles remplissent le reste de la séance. » — (9 octobre). « M. Ampère lit un troisième mémoire contenant la suite de ses recherches sur l'aimant, l'électricité et la pile. »

Pour trouver quelque chose de plus vivant, recueillons, dans la correspondance, les pages où apparaît cette merveilleuse découverte. Dès le 25 septembre, le soir de sa seconde communication à l'Institut, Ampère écrit à son fils à Genève : «...Tous mes moments ont été pris par une circonstance importante de ma vie. Depuis que j'ai entendu parler pour la première fois de la belle découverte de M. Oersted, professeur à Copenhague, sur l'action des courants galvaniques sur l'aiguille aimantée, j'y ai pensé continuellement ; je n'ai fait qu'écrire une grande théorie sur ces phénomènes et tous ceux déjà connus de l'aimant et tenter des expériences indiquées par cette théorie, qui toutes ont réussi et m'ont fait connaître autant de faits nouveaux. Je lus le commencement d'un mémoire à la séance de l'Institut il y a aujourd'hui huit jours. Je fis les jours suivants, tantôt avec Fresnel, tantôt avec Desprets, les expériences confirmatives. Je les répétai toutes vendredi soir chez Poisson, où étaient réunis les deux de Mussy, Rendu, plusieurs élèves de l'Ecole Normale, le général Campredon, etc. Tout réussit à merveille ; mais l'expérience décisive que j'avais conçue comme preuve définitive exigeait deux piles galvaniques. Tentée avec des piles trop faibles chez Fresnel, elle n'avait point réussi. Enfin hier j'obtins de Dulong qu'il permît à Dumotier de me vendre la grande pile qu'il faisait construire pour le cours de physique de la Faculté et qui venait d'être achevée. Ce matin, l'expérience a été faite chez Dumotier avec un plein succès et répétée aujourd'hui à 4 heures à la séance de l'Institut. On ne m'a plus fait d'objection, et voilà une nouvelle théorie de l'aimant, qui en ramène, par le fait, tous les phénomènes à ceux du galvanisme. Cela ne ressemble en rien à ce qu'on disait jusqu'à présent. Je le réexpliquerai demain à M. de Humboldt, après-demain à M. de Laplace au bureau des Longitudes. »

Comme il l'écrivait longtemps après à Beuchot avec une juste fierté, dès cette séance mémorable du 25 septembre 1820, le mémoire lu par lui à l'Académie des Sciences contenait en germe tout ce qu'il devait découvrir dans la suite. « Il y avait comme prédit les résultats obtenus depuis. »

C'est, en particulier, dans cette communication, précisée par un mémoire du 2 octobre 1820, qu'il exposa, pour la première fois, le résultat d'une expérience fondamentale suggérée par Laplace sur le déplacement d'une aiguille aimantée à grande distance au moyen d'un courant et qu'il en conclut le premier projet d'un télégraphe électrique (il est vrai, non réalisé sous cette forme) :

« On pourrait, au moyen d'autant de fils conducteurs et d'aiguilles aimantées qu'il y a de lettres et en plaçant chaque lettre sur une aiguille différente, établir à l'aide d'une pile placée loin de ces aiguilles et qu'on ferait communiquer alternativement par ses deux extrémités avec celles de chaque conducteur, former une sorte de télégraphe, propre à écrire tous les détails qu'on voudrait transmettre, à travers quel-

ques obstacles que ce soit, à la personne chargée
d'observer les lettres placées sur les aiguilles. En
établissant sur la pile un clavier, dont les touches por-
teraient les mêmes lettres et établiraient la communication par leur abaissement, ce moyen de communication pourrait avoir lieu avec assez de facilité, et
n'exigerait que le temps nécessaire pour toucher d'un
côté et lire de l'autre chaque lettre... »

Deux mois après, l'idée première ayant fructifié,
Ampère écrit à Roux de Genève pour lui envoyer le
compte rendu de ses travaux rédigé par Hachette, avec
les conclusions de ce mémoire du 25 septembre qu'il
considère comme le plus important de tous. Tout cet
hiver 1820-21, il n'a plus, dit-il, que cette idée en tête
et, en effet, les communications sensationnelles se succèdent presque à chaque séance (9, 16 et 30 octobre ;
6, 13 et 27 novembre ; 4, 11 et 26 décembre ; 8 et
15 janvier 1821). Ajoutons qu'à ce moment, une part
dans l'invention capitale de l'électro-aimant est attri-
buable à Arago. C'est lui qui, le 10 novembre 1820,
eut l'idée de plonger dans la limaille de fer un fil
parcouru par un courant. Si, conformément à la
théorie d'Ampère, il y avait identité entre le galvanisme et le magnétisme, la limaille devait être attirée comme par un aimant ; elle le fut en effet. Arago
montra cette expérience à Ampère. Aussitôt celui-ci
en tira cette conséquence que, si l'on plaçait une aiguille de fer doux dans un courant contourné en
spirale, on en ferait un aimant temporaire. L'expérience, réussie en commun par Ampère et Arago,
donna l'électro-aimant.

Dans cette période admirablement productive d'Ampère, une des caractéristiques est l'appui que l'analyse mathématique donne immédiatement à l'expé-

rimentation. Du premier coup, cette branche nouvelle de la physique aboutit, grâce à lui, à cette forme définitive que donne la mise en équation, avec la possibilité propre à l'algèbre de se laisser conduire les yeux bandés vers quelque conséquence imprévue et immédiatement vérifiable. Le 2 avril 1821, il est en état de lire à la séance publique de l'Académie une notice d'ensemble, que complètera, le 8 avril 1822, un mémoire récapitulatif.

Comme il arrive toujours en pareil cas, les savants se divisaient en trois groupes : les suiveurs enthousiastes, les contradicteurs de bonne foi, ou, simplement, jaloux, et, enfin, ceux qui se rappelaient avoir déjà eu des idées analogues. Tout d'abord, une élite de chercheurs se précipita sur ce champ nouveau et appuya Ampère : Savary, Boisgiraud, Demonferrand, plus tard Becquerel, etc. Mais tout le monde ne se rendait pas. Les étrangers d'abord, et particulièrement les Anglais, étaient déconcertés par des calculs mathématiques, auxquels une éducation insuffisante ne les avait pas préparés. Parmi les plus grands, Berzelius ignora Ampère. Faraday et Davy faisaient des objections et donnaient des explications fausses. La résistance de Davy se traduisait encore le 10 février 1821 dans cette phrase d'une lettre adressée à Ampère : « Quelques-uns des faits que j'ai observés m'ont conduit à douter de l'identité de l'électricité et du magnétisme ; et mes doutes sont plutôt augmentés que dissipés par quelques nouvelles expériences... » Les comptes rendus de l'Académie enregistrent, fâcheusement pour Davy, cette déclaration à la date du 19 mars 1821. A Paris même, Ampère trouva d'abord peu de soutien. On opposait à sa théorie celle de Newton, d'après laquelle toutes les actions et réactions

s'exercent suivant une ligne droite et non circulaire-
ment et il lui fallait démontrer que le mouvement
giratoire résultait d'attractions et répulsions directes.

Les jaloux trouvaient commode de noyer la gloire
d'Ampère dans l'expérience préliminaire d'Oersted.
Cette attitude fut, notamment, celle de Biot[1], qui,
avec une perfidie singulière, imagina de faire une
communication publique sur l'électro-dynamique,
dans laquelle, en prétendant donner un historique
impartial, il s'attachait à montrer Ampère comme
ayant habilement profité des idées d'Oersted. Bien
entendu, Ampère et Arago, également maltraités par
cette méthode insidieuse, n'avaient pas été prévenus
du coup que leur confrère de l'Institut leur préparait.
Le 30 mars 1821, Ampère l'apprit par hasard à l'Ob-
servatoire et décida aussitôt de faire, dans la même
séance, une communication véridique, résumant ses
propres travaux et ceux d'Arago. Le plus comique,
c'est que Biot se fâcha, comme d'une offense, de
n'avoir pas été averti et qu'Ampère, toujours brave
homme, se justifia par une note du 2 avril à la Société
philomathique, grâce à laquelle nous connaissons les
faits : « Il est historiquement vrai et facile à constater,
termine Ampère, que je n'ai été conduit à la découverte de ces faits que parce que je m'étais rendu
compte des phénomènes découverts par M. Oersted
d'une manière toute opposée à l'explication qu'il en
avait donnée[2]. »

Enfin, parmi les « prédécesseurs », bornons-nous à
citer un ami d'Ampère, esprit original jusqu'au paradoxe, son ami Roux de Genève, qui lui écrit avoir

---

1. Biot (1774-1862), mathématicien et physicien.
2. Voir, sur les rapports de Biot et d'Arago, un article de Joseph
Bertrand dans la *Revue des Deux Mondes* du 15 septembre 1896.

déjà pensé depuis longtemps à des courants électriques dirigés de l'est à l'ouest dans la terre. Ampère, en le félicitant avec bonhomie (21 février 1821), ajoute ces réflexions applicables dans tous les temps : « Vous avez bien raison de dire qu'il est inconcevable qu'on n'ait pas essayé il y a vingt ans l'action de la pile voltaïque sur l'aimant ; cependant, je crois qu'on peut en assigner la cause : elle est dans l'hypothèse de Coulomb sur la nature de l'action magnétique. On croyait à cette hypothèse comme à un fait : elle écartait absolument toute idée d'action entre l'électricité et les prétendus fils magnétiques. La prévention en était au point que, quand M. Arago parla des nouveaux phénomènes à l'Institut, on rejeta cela, comme on avait rejeté les pierres tombées du ciel, quand M. Pictet vint dans le temps lire un mémoire à l'Institut sur ces pierres. Ils décidaient tous que c'était impossible ! C'est la même prévention qui empêche à présent d'admettre l'identité des fluides électriques et magnétiques, et l'existence des courants électriques dans le globe terrestre et dans les aimants, comme elle a, pendant quelques années, empêché d'admettre que le chlore fût un corps simple. On résiste tant qu'on peut à changer les idées auxquelles on est accoutumé. C'est drôle à voir que les efforts que font certains esprits pour tâcher de faire accorder avec les nouveaux faits, l'hypothèse gratuite de deux fluides magnétiques différents des fluides électriques, uniquement parce qu'on y a accoutumé son esprit.

« Je sais bien que mon mémoire n'est pas rédigé assez clairement. Cela vient de ce que je l'ai écrit avec une hâte extrême et par morceaux détachés, que j'ai ensuite réunis comme j'ai pu. A l'égard de ce que j'ai dit des deux états d'un circuit voltaïque suivant qu'il est interrompu ou qu'on y rétablit la continuité, j'ai seulement énoncé les faits : que, dans le premier cas, les deux extrémités se constituent dans l'état de tension et produisent des attractions et répulsions ordinaires ; que, dans le second, la tension électrique disparaît, ainsi que les attractions et répulsions ordinaires, mais que, dans le nouvel état qui s'établit et que j'ai appelé courant électrique comme d'autres physiciens, il se manifeste de nouvelles attractions et répulsions toutes différentes des premières, lesquelles cessent aussitôt qu'on interrompt de nouveau le circuit, et que les autres attractions et répulsions, celles de la tension, reparaissent aux deux extrémités du fil interrompu.

« Je n'ai point donné de théorie de l'état de tension ; je l'ai laissée comme elle était ; mon mémoire n'en parle que pour la rappeler afin de mettre les phénomènes connus de l'état de tension en opposition avec les nouveaux phénomènes qui ont lieu dans l'autre état nommé *courant électrique...* Si je n'ai pas cité M. Berzelius, ni ce qu'on avait dit sur ce que la chaleur et la lumière du soleil étaient dues à des courants semblables à ceux d'un circuit voltaïque, c'est que je n'ai parlé de cela que comme d'une conjecture très accessoire à mon affaire ; que, dans l'ouvrage de M. Oersted dont la traduction en français par M. Marcel de Serres a paru il y a plus de quinze ans, on trouve déjà que toute chaleur et toute lumière résulte, comme il dit, du conflit électrique ; que je crois qu'on avait dit quelque chose de semblable en Angleterre et qu'ainsi je ne savais qui citer sur un sujet dont j'ai parlé comme d'une chose déjà connue... Ma première idée sur les courants électriques de la terre est que, s'étant établis dans le globe de l'est à

l'ouest par l'action galvanique des matières qui le
constituent, le globe s'est mis, par réaction, à tourner
de l'ouest à l'est, comme le canon recule à mesure
qu'il chasse le boulet en avant ; mais je me suis bien
gardé d'imprimer cette conjecture et cent mille autres
qui m'ont passé par la tête... »

Cependant, au printemps 1821, cette fièvre de recherches se ralentit un moment. Ce n'est pas versa-
tilité, c'est maladie. Ampère avait déjà ressenti, en
1820, quelques atteintes d'un mal qui le ressaisit
alors avec plus de persistance et qui semble avoir eu
une cause profonde : « Si tu savais, écrit-il à Bredin
le 17 avril, comme, à force de penser et d'écrire, je
suis devenu comme stupide par moments, et ensuite
affecté de douleurs dans la poitrine et d'oppressions
qui m'obligent à suivre un régime de sangsues, de
lait d'ânesse, etc.., tu comprendrais pourquoi je ne
t'écris pas plus souvent... » Et, le 15 août, il ajoute :
« Depuis qu'on m'a interdit la pipe à cause de ma
poitrine, je suis devenu presque incapable de travailler. » Cette atteinte devait se calmer, puis revenir
à diverses reprises, de plus en plus aiguë et faire rapidement d'Ampère un vieillard. Un tel état physique
n'est pas une considération négligeable quand on
veut apprécier la carrière du grand physicien. Mais, à
un autre égard, la maladie de 1821 nous fournit un
trait de caractère curieux. Nous avons déjà surpris
chez Ampère une tendance à explorer les théories de
Gall, de Lavater, le magnétisme animal, le spiritisme,
la baguette divinatoire, etc., qui s'expliquent aisément par son enthousiasme pour toutes les idées nouvelles et par une sincérité si absolue qu'il lui était
difficile de suspecter l'intervention du charlatanisme.
Dès 1819, il s'était fait soigner une première fois un

mal de gorge par des passes magnétiques ; en avril
1821, il recourt au même moyen, combiné avec
15 sangsues sur la poitrine et se félicite du résultat.
Là, comme ailleurs, il aimait à expérimenter, tout
en plaisantant à l'occasion son ami Roux sur le Lava-
térisme, sur la crânologie et sur la théorie, chère à
Gasparin et Roux, des races humaines.

Néanmoins, le 12 juillet, il demandait un congé
de santé, qui le dispensait de son inspection annuelle
et il s'établissait à l'automne chez Bredin, tandis que
son fils, dont il réglait les affaires à sa majorité, commençait à suivre madame Récamier dans les bois de
Saint-Germain. La physique était alors un moment
délaissée pour la métaphysique, dont il avait, disait-il,
la tête pleine.

Mais, au retour, en novembre 1821, une expérience
ingénieuse de Faraday venait lui fournir un excitant
nouveau. Faraday, qui commençait alors à s'occuper d'électricité, avait, au moyen d'un aimant et
d'un conducteur voltaïque, imprimé, soit à l'un soit
à l'autre, un mouvement de révolution autour de
l'élément fixe. Ampère répète ses expériences, en
imagine d'autres et, le 7 janvier 1822, réussit à faire
tourner, soit l'aimant, soit le courant autour de leurs
axes, ce que Faraday avait essayé sans succès de réaliser. En même temps, il montre la concordance de
ces phénomènes avec sa théorie. Continuées pendant
près d'un an à peu près sans interruption, ces recherches, constamment appuyées sur l'analyse mathématique (ce qui en constitue l'originalité profonde), devaient aboutir à une communication du
16 septembre 1822 sur « la production des courants
électriques par influence. » Ampère avait remarqué
que, lorsqu'on approche d'une lame de cuivre un

aimant en fer à cheval, la lame de cuivre peut être attirée ou repoussée suivant la direction du courant. Il en conclut qu'un courant électrique excite de l'électricité dans les corps conducteurs près desquels il passe. Il avait, d'autre part, comme je viens de le dire, obtenu la rotation d'un aimant par un courant en plongeant l'aimant dans un bain de mercure. Cependant, il devait laisser Faraday préciser l'induction, dont sa théorie antérieure donna aussitôt les lois [1].

Ces travaux ne l'empêchaient pas de se passionner ardemment pour l'indépendance de la Grèce et de remanier sans cesse son tableau métaphysique, où, en avril 1822, il déclare une fois de plus que « rien ne sera plus jamais changé. » A partir de cette époque, nous le voyons, en outre, presque aussi occupé des tragédies de son fils (toujours amoureux et généralement absent) que de ses propres œuvres. Nous reviendrons plus tard sur Jean-Jacques Ampère. Bornons-nous ici à noter qu'une certaine « Rosemonde », pour laquelle le père multiplie les lectures et les démarches, le passionne comme un chef-d'œuvre et que ses lettres à son fils, de 1822 à 1824, sont remplies de compliments, d'observations, de retouches proposées. En même temps, il trouve encore le loisir de compléter sa théorie chimique quand Dulong découvre le moyen de calculer les poids atomiques par les chaleurs spécifiques et, passant quatre jours à Genève chez de la Rive au début de septembre, il réalise avec lui son expérience d'induction.

En 1823, il semble atteindre le point culminant de sa vie. L'ensemble de tous ses travaux sur la

---

1. Des lettres d'Ampère à de la Rive en 1832 revendiquent la priorité.

science nouvelle de « l'électro-dynamique se codifie dans un ouvrage de son disciple Demonferrand ; et, ce qui le touche plus encore, la « Rosemonde » de son fils, protégée auprès de Talma par madame Récamier, est reçue au second théâtre français, avec promesse de passer au premier. Ce père admirable, qui rêve une carrière de poète dramatique pour son fils, croit donc toucher à la réalisation de tous ses désirs, quand ce fils lui cause une douleur profonde. Entraîné en Italie par madame Récamier, il part subitement, abandonnant tout, son père, sa pièce (que le père reste chargé de défendre à Paris) pour aller vivre un an entier à l'étranger (2 nov. 1823 au 10 déc. 1824). Le contre-coup de ce voyage sur le père fut, nous allons le voir, fatal.

Jean-Jacques Ampère a laissé, dans les milieux qui ont cultivé sa mémoire, la réputation d'un fils dévoué ; et il l'était sans doute dans la mesure où le permet l'habituelle inconscience de l'égoïsme filial. Mais, lorsqu'on réussit à pénétrer dans les rapports intimes du père et du fils, on s'aperçoit que, comme d'habitude, le père ici donnait beaucoup et recevait peu. Les deux caractères offraient certaines analogies qui rendaient souvent leurs contacts pénibles. Ils étaient également distraits, passionnés, violents dans leurs colères. Jean-Jacques, quand il habitait avec son père, se plaignait, non sans raison, d'une existence désordonnée, agitée, contraire à toute règle suivie. Mais, quand il fut libre de s'organiser à sa guise, il ne réussit à éviter les mêmes défauts qu'en vivant sans cesse à la remorque de quelqu'un, ou même chez quelqu'un... Ampère eut toujours, pour son fils, une admiration touchante et dont l'expression était presque naïve, parlant à tout le monde du

génie de Jean-Jacques, allant dans sa vieillesse, quand
le fils fut professeur au Collège de France, assister à
son cours. Il n'en souffrait que plus cruellement
quand ce fils l'abandonnait. Celui-ci, par contre,
n'était pas loin de considérer son père comme un
grand enfant, dont il fallait supporter les travers par
respect, en s'efforçant, suivant sa propre expression,
« de ne pas oublier qu'il avait du génie ». Il ne devint
réellement dévot à la mémoire de son père que lorsque
le savant fut mort et lorsque sa gloire devint ainsi
une partie de son propre patrimoine.

En l'absence de son fils, Ampère était réduit à la
société, plutôt silencieuse, de sa sœur et de sa fille,
avec lesquelles il vivait depuis 1808 dans la plus parfaite intimité, mais avec lesquelles il lui était difficile d'échanger beaucoup d'idées. La solitude de cette
année 1824 réveilla, chez le pauvre homme affamé
d'affection et avide de confidences, une partie de ses
anciennes angoisses morales et religieuses. Il continuait à travailler activement et avec fruit sa physique. Mais le sujet, sans s'épuiser, ne présentait plus
la même fraîcheur et la science nouvelle, tendant
à prendre une tournure classique, n'occupait plus son
esprit d'une manière aussi intense, aussi exclusive,
aussi continue. Peut-être aussi sous une influence
maladive, il tournait à ce que nous appellerions la
neurasthénie, et son changement physique frappait
tous ceux qui l'observaient. Il écrivait constamment
des lettres de ce genre (26 janvier 1824) : « Je n'ai
jamais été si malheureux que je suis, si accablé d'ennuis, si surchargé de travail. Je n'ai plus de consolation et, sans le plaisir inexprimable que j'éprouve
à regarder mon jardin depuis que j'y ai pratiqué de
nouveaux sentiers, je ne sais ce que je serais de-

venu... » Les amis avertissaient discrètement le fils, plongé de son côté dans les souffrances amoureuses à Rome ; mais le charme de la Circé qui retenait celui-ci était trop puissant pour se laisser rompre.

Des circonstances matérielles vinrent donner un corps à ces humeurs noires d'Ampère et toute l'année 1824 fut occupée par l'histoire lamentable de sa candidature au Collège de France, puis de sa démission forcée comme Inspecteur général. Cette histoire, dont nous connaissons aujourd'hui les péripéties, est trop caractéristique des mœurs administratives françaises dans leurs rapports avec la science et elle a exercé une trop grande influence sur Ampère pour que nous ne lui fassions pas une place dans notre récit. Mais, pour en faire comprendre les complications, il n'est pas inutile d'expliquer d'abord pourquoi Ampère désira si vivement échanger son cours à l'Ecole Polytechnique contre un cours au Collège de France, et de rappeler quel est le mécanisme spécial de ces élections.

On sait qu'à l'Ecole Polytechnique, Ampère professait l'analyse et la mécanique. Pour lui qui ne rêvait plus que physique et psychologie, cet enseignement mathématique était une chaîne. Il lui causait de plus des ennuis que j'ai indiqués. Des jeunes gens moqueurs s'apercevaient un peu trop de ses distractions. Le comité d'enseignement lui imposait la rédaction de son cours : ce qu'il reconnaissait « bon en soi », mais ce qui ne l'en navrait pas moins comme une sujétion écrasante. Quelle différence avec l'enseignement si libre du Collège de France, où le professeur développe à peu près le sujet qui lui plaît et où, lorsqu'il est, comme Ampère, un passionné très étranger aux réalités extérieures, il peut parler avec abondance devant quelques auditeurs fidèles et la tranquillité de banquettes à peu près vides !

Ajoutons à cela des raisons pécuniaires. La très petite fortune de la famille appartenait au fils qui avait hérité de sa mère, un peu aussi à la sœur Joséphine, tandis qu'Ampère n'avait à peu près rien. Aussi, tandis que le fils mangeait tranquillement ses petites rentes en Italie, le père était enchaîné à la tâche pour vivre. Désordonné comme on le connaît et grevé par l'arrangement de sa maison, par l'achat d'instruments de physique, etc., il se trouvait lamentablement à cours d'argent, sans se douter que sa sœur, chargée d'entretenir la maison, le laissait, à son insu, contracter des dettes. On éprouve quelque honte pour la France en lisant qu'en 1824, Ampère, membre de l'Institut, professeur à l'Ecole Polytechnique, inspecteur général de l'Université et, qui mieux est, inventeur de l'électro-dynamique, était réduit à emprunter 50 francs à Fresnel pour payer les frais du ménage. Sans être alors bien lucrative puisqu'elle ne rapportait que 5.000 francs, une chaire au Collège de France constituait cependant un petit avantage sur la chaire à l'Ecole Polytechnique, contre laquelle Ampère comptait bien l'échanger.

Mais il fallait une place vacante. Or, précisément, le 30 décembre 1823, Lefèvre Gineau, l'expérimentateur auquel on doit le kilogramme étalon, fut brutalement destitué pour ses opinions politiques. Ampère posa immédiatement sa candidature. Officiellement, voici comment se passent les élections au Collège de France quand il s'agit d'un cours scientifique : 1° vote de l'assemblée des professeurs ; 2° vote de l'Académie des Sciences ; 3° libre désignation par le Ministre. Mais toute élection implique des combinaisons officieuses et c'est pourquoi, dans cette élection de physique où deux physiciens de génie, Ampère et Fresnel, se présentaient, nous allons voir le choix du ministre et du Collège se porter d'abord sur le minéralogiste Beudant.

Ampère eut, dans cette occasion, un premier tort. Croyant trouver un appui et un conseil dans l'ancien titulaire, il commença par aller lui faire une visite de déférence que celui-ci, fort mécontent de sa disgrâce, interpréta mal. Le corps des professeurs, qui s'associait dans une certaine mesure au disgrâcié, trouva aussi, dans la démarche d'Ampère, un sujet de mécontentement. Celui-ci commit une seconde faute. Froissé de voir qu'on ne l'accueillait pas avec plus d'enthousiasme, il hésita quelque temps à poursuivre sa campagne et négligea d'abord de voir M. de Sacy, qui était, à cette époque, le grand électeur. M. de Sacy alla demander des ordres au ministre, qui proposa Beudant. Il fut convenu entre eux que, si Beudant acceptait, on le choisirait et qu'à son défaut on se porterait sur Ampère.

Pendant ce temps, Ampère jetait sur le papier et chargeait son ami Beuchot de rédiger, sous une forme impersonnelle, une note sur ses découvertes qu'il résumait dans les cinq points suivants :

« 1° Deux conducteurs voltaïques s'attirent ou se repoussent suivant des circonstances que j'ai déterminées par de nombreuses expériences.

« 2° Cette attraction mutuelle de deux conducteurs voltaïques est telle qu'on peut, par son moyen, produire, dans un de ces conducteurs, un mouvement de rotation qui va toujours s'accélérant jusqu'à ce que les frottements fassent équilibre à la force accélératrice. Ce mouvement continue alors uniformément

malgré les frottements. Il persiste ainsi tant que
l'électricité est en jeu dans les conducteurs voltaïques.

« 3° J'ai découvert l'action qu'exerce le globe terrestre sur un conducteur voltaïque, que nul n'avait
vue avant moi.

« 4° J'ai déterminé par une suite d'expériences pré-
cises la formule mathématique qui représente la nouvelle force, jusqu'ici inconnue dans la nature, à
laquelle sont dus tous ces phénomènes.

« 5° La marche qui m'a conduit à cette formule sera
toujours un modèle de celle qu'on doit suivre pour
arriver à de telles formules par l'expérience seulement
et sans aucune supposition... »

Cet exposé de titres nous paraît aujourd'hui suffi-
sant. Mais, pour la justification du Collège de France,
il faut se rappeler que la science y était seulement
représentée par Binet, Biot, Cuvier, Lacroix, Laënnec,
Portal et Thénard (dont Biot hostile), tous les autres
professeurs étant absolument étrangers à la physique. En outre, les indécisions d'Ampère, amor-
çant, puis retirant, puis reprenant sa candidature,
n'étaient pas favorables au succès. Des extraits de
correspondances contemporaines vont nous faire
assister aux péripéties de la lutte.

C'est d'abord une lettre d'Ampère à son fils en
date du 21 mars 1824, où le père implore timidement
le secours de Jean-Jacques, ou plutôt exprime le regret
que son absence en Italie le prive de certains appuis
parmi les professeurs littéraires ! On y voit, en même
temps, dans quel état de désolation l'absence du jeune
amoureux laissait son père :

« ...Ton absence fait sur moi comme la maladie
du pays sur les Suisses et les Lapons. Ballanche a
parlé de la nostalgie céleste ; je suis tourmenté de la

nostalgie paternelle... Aussi, si tu pouvais me dire, même par un grossier à peu près, quel projet on a sur l'époque du retour à Paris : seulement pour le savoir et avoir un but d'espérance !... Pourquoi faut-il que tout me manque à la fois ? Est-ce une main invisible qui arrange tout pour m'accabler ?... Beuchot a écrit à Ballanche l'espoir que j'avais eu un instant qu'un professeur, obligé de quitter la chaire que j'ai le plus désirée depuis les découvertes en électricité dynamique, aurait vu avec plaisir que je fusse plutôt qu'un autre choisi pour le remplacer. Il n'en a pas été ainsi et je ne peux plus guère espérer que cela arrive. Cependant qui y a des droits comparables à ceux que m'y donnent ces découvertes ? Comme ma situation serait changée d'un état si pénible à un si heureux ! Et quels avantages, je puis bien le dire, n'en serait-il pas résulté pour la science que j'étais plus destiné à étendre que les mathématiques ! Je n'espérais plus rien à cet égard et n'y songeais presque plus ; mais, depuis quelques jours, il semble que peut-être la chose pourrait de nouveau avoir lieu. Quand Arago a vu quels concurrents se trouvaient sur les rangs pour me la disputer, il s'est, à ce qu'il paraît, décidé à agir pour moi auprès des personnes qui ont des voix, sur lesquelles il peut avoir de l'influence. Il est probable que, sur les 19 voix des professeurs restants, j'en aurais plusieurs, peut-être un peu plus ou un peu moins de la moitié, et alors tout peut dépendre d'une voix. Si tu étais ici, tu m'aurais peut-être celles de MM. Rémusat et Naudet... Ballanche, instruit par une lettre de Beuchot, peut te donner sur ce sujet plusieurs détails que je n'ai pas le temps de t'écrire... »

Malgré cet espoir, le 25 avril, jour du vote au Collège de France, Ampère eut seulement 3 voix, Fresnel 2 et Beudant fut choisi par 9 voix. L'Institut avait à faire ensuite de son côté une présentation et n'hésitait qu'entre Ampère et Fresnel. A ce moment, eut lieu un petit marchandage ministériel, auquel nous initie une lettre d'Ampère à son fils datée du 1er mai. La manœuvre des bureaux est intéressante à noter parce qu'on en verra la conclusion dans la suite :

« ...Tu ne peux te faire une idée du concours de circonstances qui se sont réunies pour que la vacance de la place de professeur de physique au Collège de France, que j'ai été sur le point d'obtenir et dont toutes les chances ont ensuite tourné contre moi, devînt un grand malheur pour moi. A présent, on m'offre de me la rendre si je donne ma démission de la place d'Inspecteur, tandis que je la désirais surtout pour donner ma démission de celle de l'Ecole Polytechnique, parce que ni ma poitrine ni d'autres circonstances encore ne me laisseront probablement pas la possibilité de faire bien deux cours de cette nature, surtout depuis qu'on exige : d'une part, des professeurs de l'Ecole, la rédaction de leur cours, qui est un travail de deux ans à ne faire que cela et, de l'autre, que, pour faire le cours de physique comme je l'avais conçu, il aurait fallu m'en occuper à peu près exclusivement. Mais aussi comme j'en aurais fait alors un modèle pour tous les cours de physique à venir ! Je ne sais ni à quoi je me déciderai, ni ce qui arrivera de tout cela. Mais il en résulte, pour moi, un chagrin que je ne puis exprimer... »

Le résultat fut, à ce moment, qu'Ampère retira sa candidature et que Fresnel fut présenté par l'Institut presque unanimement. Mais alors, Beudant, repoussé par l'Institut, renonça à son tour en faveur d'Ampère et il se produisit une situation confuse, avec des apparences fâcheuses pour Ampère, devenu par un renversement singulier le candidat du gouvernement contre les corps savants. C'est ce que Sautelet explique à Jean-Jacques Ampère le 24 juin :

« ...A l'Institut, Fresnel et ton père se présentaient. Ton père, qui devait avoir un certain nombre de voix, sachant bien que Beudant l'emporterait et que cette candidature ne signifierait rien, n'ayant pas besoin de ces voix de l'Institut pour servir sa réputation, les reporta sur Fresnel. C'est de son aveu que Fresnel fut nommé à l'unanimité. Toutefois il paraît qu'il resta bien convenu entre eux qu'il ne renonçait à cette candidature que parce qu'elle était vaine. Aujourd'hui Beudant se retire et ton père se trouve dans une position très fausse. Aux yeux de ses collègues, il semble avoir renoncé à sa candidature. La voie de l'Institut lui est fermée. On va revoter au Collège de France ; mais il aura beaucoup de peine à obtenir les voix parce qu'il semble s'être désisté. Il aura beau aller dire à chacun en particulier ses raisons. Ses ennemis diront — et disent déjà à ce qu'il a raconté — qu'il a manœuvré en dessous, que c'est par adresse et pour ne pas déplaire au ministre qu'il n'a pas consentit à être porté par l'Institut, qu'il ne s'est pas opposé un instant au candidat du gouvernement et qu'il est lui-même le substitut que le gouvernement a choisi. S'il n'est pas nommé par le Collège, il peut, malgré cela, être nommé par le ministre tout seul. Mais il n'y consentirait pas, à ce qu'il dit et je conçois tout ce qu'il y aurait de triste pour lui à être ainsi repoussé par tous et nommé par un seul. Le pauvre homme n'avait pas dormi de la nuit. M. Arago, qu'il avait vu dimanche soir, avec sa gros-

sièreté ordinaire, l'avait effrayé sur tout cela. Vois,
mon ami, ce que tu as à faire et peut-être lui serais-
tu fort utile... »

Quelques jours après, le 2 juillet, Ampère écrit à
son fils à Rome avoir été « plus affairé et plus malheureux qu'il ne l'a été depuis ses grands malheurs. »
« Cette place au Collège de France que j'étais sûr
d'avoir si je n'avais oublié, en en faisant tant d'autres, la démarche réellement importante, celle auprès
de M. de Sacy !... La chose en est toujours là et j'ai
encore juste ce qu'il faut d'espoir pour être bien
tourmenté. Aussi toutes ces souffrances, jointes à ton
absence, ont amené un changement si grand dans
tout mon être qu'il influera sans doute sur toute ma
vie. Quand tu quittas Paris, j'en sentais comme un
pressentiment, contre lequel je me roidissais de tout
mon pouvoir ; mais j'ai été trop accablé de peines
sans la moindre consolation près de moi. Vous m'avez
tous quitté !... Je suis endetté de tous côtés et ne sais
où donner de la tête... Je ne sais quel sombre chagrin
me fait m'inquiéter de tout... »

Néanmoins, le 11 juillet, le Collège de France se
réunissait de nouveau et désignait Ampère. Le 12 août,
celui-ci est dans la joie lorsqu'il écrit à son fils :

« Mon sort est bien changé depuis la lettre à laquelle tu me réponds ; il ne manque plus que ta présence à Paris pour que je sois bien heureux. Je t'ai
écrit que, M. Beudant s'étant retiré, le Collège de
France m'avait présenté à la majorité de 11 voix
sur 19. Pouillet en a eu 5, Fresnel 2 et Becquerel 1.
Vendredi dernier, le Grand-Maître a joint en ma
faveur sa présentation à celle du Collège de France,
et Lenoir vient de me dire que le ministre a donné
ordre de dresser l'ordonnance qui me nommera ;

peut-être sera-t-elle signée par le roi mercredi pro-
chain qui est le jour des signatures. Dis vite tout cela
à Ballanche et à tous ceux qui prennent quelque
intérêt à moi... Tu sais la mort de M. de Biran qui
m'a désolé... Je professerai la physique expérimentale cet hiver au Collège de France ! Je pense que ce
sera une bien grande joie pour moi de te le voir
suivre... »

Ampère, ce jour-là, par hasard, était heureux. Mais
sa satisfaction, comme toutes les joies de sa pauvre
existence, devait être bien courte. Il semble que, dans
toutes ces négociations compliquées, il y ait eu des
sous-entendus, mal compris par la droiture d'Ampère.
Lui désirait le Collège de France pour abandonner
l'Ecole Polytechnique trop fatigante ; mais, évidemment, au ministère, on voulait avoir sa place d'inspecteur pour quelque protégé. Il se fiait cependant
sur l'assurance reçue au Collège de France qu'il pourrait s'absenter pour ses inspections, quand, le 21 septembre 1824, un mois après son élection, il fut mandé
au ministère des Affaires ecclésiastiques et de l'Instruction publique pour y recevoir une communication du ministre Frayssinous, évêque d'Hermopolis[1].
« De quel coup imprévu, écrit-il quelque temps après,
je fus frappé en apprenant que Votre Excellence désirait sur-le-champ ma démission et que je la moti-
vasse de manière qu'elle parût absolument libre de
ma part... Supposant que les fonctions d'inspecteur
général étaient regardées comme incompatibles avec
celles de professeur à l'Ecole Polytechnique que je
remplissais et que je remplis encore, j'offris de me
démettre de cette dernière place. Cette offre ne fut

---

1. Frayssinous (1765-1841), prédicateur du Roi en 1817, académicien
en 1825, avait été nommé ministre le 26 août 1824.

point agréée. Je demandai à parler à Son Excellence
le Grand-Maître, cette satisfaction me fut également
refusée et, après une longue résistance, je me vis
réduit à signer sur-le-champ et séance tenante ma
démission d'inspecteur général telle qu'elle fut exigée.
Quels motifs déterminèrent les personnes qui diri-
geaient alors l'Université à exiger ma démission, je
ne dois point le rechercher. Mais la preuve qu'il n'y
avait de ma part aucune négligence dans mes devoirs,
c'est qu'on m'accorda le titre d'inspecteur général
honoraire et que l'on me nomma membre de la Commission des Livres classiques... »

Bredin lui écrit à ce propos : « J'ai beau me demander comment on a pu s'y prendre pour te faire
tomber dans le panneau, je ne peux m'en faire la
moindre idée... Mais n'avoir pas vu le Grand-Maître,
c'est trop fort aussi ! Qu'y avait-il de si pressé ?... Il
n'y a que Bredin et Ampère au monde que l'on puisse
entraîner ainsi ! Je ne connais que ces deux fous-là
capables d'une bêtise de cette force-là... »

Quels que fussent les motifs réels de cette disgrâce,
il est parfaitement certain que les Bureaux abusèrent
ce jour-là du bon Ampère en extirpant une démission,
qu'on l'engagea à laisser supposer volontaire pour
qu'elle n'eût pas l'air d'un châtiment. Ce qui est plus
impardonnable encore, ils voulurent ensuite compléter leur mauvaise action en lui refusant une retraite accordée à d'autres inspecteurs révoqués le lendemain, sous prétexte que lui était parti de son plein
gré. De longues démarches furent nécessaires pour
que, six mois après, le 23 mai 1825, il obtînt une
retraite proportionnelle de 2.400 francs, correspondant
à vingt-deux ans et sept mois de service.

Le coup était cruel pour lui. C'était l'impossibilité

de continuer ses recherches de physique, ou la misère
s'il abandonnait aussi l'Ecole Polytechnique faute de
force suffisante pour professer à la fois deux cours
aussi lourds.

Toute sa correspondance témoigne encore une fois
de son chagrin profond : (24 septembre, à son fils)
« Tu as vu par des journaux d'avant-hier et d'hier,
de quel événement a été suivie la joie que j'avais eue
de ma nomination au Collège de France. Au reste,
la même chose aurait eu lieu peut-être, un peu plus
tard à la vérité, quand même je n'y aurais pas été
nommé, et alors que serais-je devenu ? J'étais seul à
Paris quand le coup est tombé sur moi avec la rapi-
dité de l'éclair... L'événement de mercredi m'a mis,
par la surprise qu'il m'a causée, dans une mélancolie
que la pensée que tout ce qui m'arrive est déterminé
par une volonté divine toute particulière (ce dont j'ai
eu des preuves si évidentes et si multipliées depuis un
an) a pu seule adoucir. Il faut bien se résigner à ce
qui a été arrêté et prévu de toute éternité. Comment
n'en verrais-je pas une nouvelle preuve dans ce qui
vient de m'arriver mardi dernier, à l'instant où je
m'applaudissais de la plus grande aisance dans laquelle j'allais me trouver, au lieu que le résultat de
tant d'agitations, de chagrin et puis de joie, est de
me trouver avec mille francs de revenu de moins !
Il fallait que je fisse encore cette expérience de la
vicissitude de tout sur la terre. Suis-je destiné à
influer sur la marche des sciences d'une manière dé-
terminée, ou ma carrière sur la terre est-elle comme
finie ?... Je ne sais pourquoi je t'écris tout cela. J'en
suis plein et je l'écris quoique je sente que, pour le
comprendre, il faudrait que tu eusses quelque idée
de tout ce que j'ai pensé et souffert depuis ton départ,

et l'enchaînement des événements si extraordinaires qui m'ont conduit au Collège de France... »

Cependant, pécuniairement, on lui donna une petite satisfaction, en lui rendant, à titre d'indemnité pour la commission des livres classiques, les mille francs qu'il perdait. « Mais, écrivait-il encore le 28 octobre, deux cours à faire à la fois, l'impossibilité de faire de nouvelles recherches sur la physique, de publier des ouvrages que je projetais, voilà ce dont je ne pouvais supporter l'idée ! C'est cette fureur de gloire scientifique qui est punie par l'événement comme elle méritait de l'être, puisque c'est une des causes qui m'ont écarté de ce que je n'aurais dû jamais abandonner, en m'occupant uniquement des découvertes de l'électricité dynamique. Il fallait que j'apprisse à me détacher même de ce désir immodéré de gloire, où je mêlais sans doute trop d'orgueil... »

Et, pour compléter sa désolation, sa sœur, qui lui avait déjà avoué au mois de mars quelques dettes courantes, reconnaît à ce moment qu'elle doit, depuis cinq ans, plus de 11.000 francs, dont elle ne lui a jamais rien dit pour ne pas le priver des douceurs de sa vie ordinaire, espérant combler le trou avec ses propres revenus : « Je prépare à la hâte mon cours de physique, écrit-il alors, n'ayant presque rien fait pendant le mois qui vient de s'écouler dans le chagrin. »

A tous ces tourments, exaspérés par l'absence prolongée de son fils, s'ajoutait encore une nouvelle crise religieuse, assez courte il est vrai. Cet esprit aux mouvements de balancier passait alternativement par la foi la plus ardente et par le doute. Et, comme Bredin subissait des alternatives du même genre, leur correspondance, où la question religieuse occupe la première place, offre, d'un bout à l'autre, une succession curieuse de conversations mutuelles. Le 18 juillet 1824, c'est Bredin qui écrit à Ampère, au moment même de sa nomination au Collège de France :

« Il y a des choses bien douloureuses dans ta lettre : ...ce combat entre ton imagination, ton cœur et ta raison ! Je compatis d'autant mieux à ta peine que j'ai passé plusieurs fois, tu le sais, par cette angoissante situation. Mais, mon cher ami, il était inévitable que cela se renouvelle dans ton intérieur ; tu ne pouvais rester dans l'état d'incertitude où tu étais. ...Je me borne à faire des vœux pour que cette crise se termine par quelque chose de fixe et de stable. Je prie Dieu qu'il fonde ton édifice spirituel sur le roc inébranlable de la foi, de la foi en Jésus-Christ. Pourquoi ton édifice a-t-il toujours été renversé jusqu'à cette heure ? C'est que tu l'avais établi sur les croyances que partout certains hommes substituent à la foi... Elles peuvent servir de voie pour s'approcher de la vérité ; mais elles ne sont pas la vérité... Ah, mon ami, par quelles voies détournées il faut quelquefois passer pour arriver à Jésus-Christ ! Tu as souvent senti que les différentes circonstances de ta vie concouraient toutes à te lier de nouveau à la lumière. Tu le sens encore dans ce moment ; tu vois concourir tout ce qui est relatif à ta place de physique à ce but... »

Nous venons déjà de lire une lettre d'Ampère montrant que, suivant le conseil de Bredin, il était arrivé à voir, dans toute cette aventure du Collège de France, la volonté divine destinée à le ramener vers un esprit plus chrétien. En voici une du 30 novembre 1824, qui accentue cette note : « Sans le malheur qui m'est arrivé, je n'aurais pas su à quel point la Providence veille sur moi pour me retirer des abîmes où je me précipite. Je vois bien que les âmes angéliques, qui m'aimaient sur la terre, et qui sont maintenant au ciel, la prient pour moi. Il fallait que je souffrisse tout ce que j'ai souffert pour me ramener à la vérité que j'avais si inconcevablement abandonnée... » Néanmoins, la foi d'Ampère, avant de devenir absolue dans les dernières années, subit encore quelques atteintes légères que Bredin résume l'année suivante (20 septembre 1825) dans une phrase très caractéristique : « Ton croire n'est pas d'accord avec ton vouloir. C'est un vrai malheur... »

Disons de suite pour terminer le récit de cet épisode, qu'Ampère resta quatre ans en retraite comme inspecteur, puis fut réintégré en 1828 jusqu'à la fin de sa vie (1836). Dans l'intervalle, il fit de vains efforts pour améliorer sa situation en échangeant son cours à l'Ecole Polytechnique contre la fonction, moins fatigante et moins assujettissante, d'examinateur de sortie. Il demanda également sans succès à rentrer au Comité consultatif. On lui refusa de même, en 1827, la rosette d'officier. Au lieu de faveurs, on lui envoyait des lettres de rappel pour le décider à imprimer enfin son cours d'analyse et de mécanique. Aussi, dès qu'il fut renommé inspecteur général, le 7 mai 1828, il donna sa démission à l'Ecole Polytechnique et ne garda plus, pendant les dernières années de sa vie, comme il le désirait, que les deux fonctions de professeur au Collège de France et d'inspecteur général, la seconde simple gagne-pain sans intérêt.

C'est ainsi comme professeur au Collège de France

qu'Ampère a été surtout connu dans la dernière
partie de sa vie où l'attention était attirée sur lui par
sa gloire et c'est le professeur au Collège de France
qui a laissé la plupart des souvenirs parvenus jusqu'à
nous.

Il n'y a pourtant pas enseigné bien longtemps.
Après quatre hivers où il fit consciencieusement ses
trois, puis deux leçons par semaine, il fut, comme
nous le verrons au chapitre suivant, malade en
1829-1830 et obligé de se faire remplacer par Savart.
Il reprit son cours une année et fut encore suppléé
en 1832-1833, d'abord par Savart, puis par Becquerel.
Pendant les trois derniers hivers de sa vie, l'amphi-
théâtre de physique étant rendu inutilisable par des
travaux, les leçons prirent un caractère plus familier
et plus restreint. Les premières années seules furent
réellement consacrées à la physique. A cet égard, son
dernier travail important est de 1828 : c'est la détermination de la surface de l'onde dans les milieux
biaxes. Mais, rapidement, son cours se laissa entraîner à des digressions qui en faisaient le principal
attrait. Il arrivait à parler de toutes les sciences humaines, oubliant l'heure, oubliant son sujet primitif,
entassant, improvisant les remarques les plus ingénieuses, les plus profondes, les plus imprévues. Enfin,
après sa maladie, il appliquait volontiers son enseignement au sujet qui occupait alors toutes ses
pensées, la Classification des Sciences.

Avant de se consacrer presque exclusivement à ce
dernier sujet, il avait encore eu l'occasion, dans la
période qui nous occupe ici, de manifester sa merveilleuse universalité, par divers travaux étrangers
à ses sciences habituelles. Ainsi, en 1824, il publiait, sans signature, dans les *Annales des Sciences*

naturelles, un morceau d'anatomie comparée. « J'espère, écrivait-il, qu'il deviendra une base importante pour les travaux à venir des naturalistes sur les animaux articulés, arachnides, insectes, vers et crustacés. » Et Bredin, dont le métier était de professer l'anatomie, se déclarait ravi par ses vues_sur le système nerveux.

Quelques années après, en 1832, revenant sur ces questions biologiques, Ampère devait employer son cours de « mathésiologie » à défendre des vues évolutionnistes analogues à celles de Geoffroy Saint-Hilaire sur le développement des êtres vivants. Il se trouvait ainsi en contradiction avec son ami Cuvier, qui soutenait la théorie des créations successives. Cuvier, renseigné sur l'enseignement d'Ampère par son frère Frédéric, auditeur assidu, employait alors la semaine suivante à discuter ses arguments et Ampère lui répondait à son tour.

De même encore, le 4 octobre 1824, en pleine désolation de sa démission, il publiait, avec Cauchy, un mémoire contre Soutton, qui avait osé accuser Newton de matérialisme sur la foi de Voltaire.

Néanmoins, si son activité cérébrale est restée admirable jusqu'au bout, on ne saurait dissimuler que sa production s'est ralentie à partir de cette triste année 1824. En grande partie, par l'effet d'infirmités précoces, il s'est presque borné, depuis lors, à un travail de réflexion et de coordination, qui a trouvé sa mise en œuvre dans son livre sur la classification des sciences. Le coup avait été rude. Quand, le 10 décembre 1824, son fils, rappelé d'Italie par tant de lettres douloureuses, se décida enfin à revenir, il fut douloureusement affecté par la dévastation qui s'était produite en son absence dans l'aspect physique et dans le moral de son père, par sa prostration, par sa mélancolie, dont rien, pas même le retour de Jean-Jacques, ne réussissait à le distraire.

Ils reprirent quelque temps à peu près la vie en commun.- Mais, dans cette année de séparation, tous deux avaient évolué en sens divers et ne se comprenaient plus. Ampère, comme l'ont assez montré quelques extraits précédents, était de plus en plus pénétré de l'idée religieuse et se liait alors avec l'abbé de Lamennais, auteur très orthodoxe de l'*Indifférence*. Jean-Jacques, étranger à toute foi réelle, malgré quelques essais pour associer une religiosité lamartinienne à sa passion, ne l'écoutait plus que d'une oreille distraite. Et, littérairement, sentimentalement, il allait bientôt refuser à son père toutes les satisfactions que celui-ci aurait pu espérer : carrière dramatique abandonnée, projets de mariage repoussés. Le malheureux Ampère avait déjà beaucoup souffert, mais il lui restait à souffrir par ses deux enfants. Plus qu'une carrière scientifique à peu près terminée, ce sont ces chagrins de famille, ce sont les recherches de métaphysique et enfin les soucis de santé qui vont remplir les dix dernières années.

CHAPITRE IX

AMPÈRE ET SES ENFANTS. LA MÉTAPHYSIQUE. LA VIEILLESSE
(1824-1836)

Dans la dernière partie de la vie d'Ampère, les rapports avec son fils, que je me propose d'étudier plus tard, tiennent une place essentielle. C'est aussi à ce fils qu'ont été adressées à cette époque la plupart des lettres venues jusqu'à nous. Le ton de la correspondance en est modifié et nous sommes désormais privés de certains épanchements réservés à Bredin.

Jean-Jacques Ampère, nous l'avons vu, était revenu d'Italie le 10 décembre 1824, laissant madame Récamier à Naples. Pendant les mois suivants, le père essaya vainement de le ramener à une carrière dramatique, dont il attendait pour lui la gloire. Jean-Jacques avait compris que le génie poétique lui manquait et se tournait vers la critique ou l'érudition. C'était une preuve de bon sens, mais aussi une évolution dont le père se désolait. Celui-ci continuait ses expériences électro-dynamiques, auxquelles sont consacrées diverses communications du 12 septembre et du 14 novembre 1825, puis du 3 avril 1826. Mais il était surtout occupé d'assurer à son fils la vie intime et familiale dont il avait éprouvé pour lui-même le regret si cuisant et son rêve était alors de le marier avec mademoiselle Clémentine Cuvier, la fille du naturaliste, son ami. Malheureusement, Jean-Jacques avait de tout autres idées en tête. Comme nous aurons l'occasion de le dire quand nous reviendrons sur son histoire, la demoiselle lui plaisait peu, le père encore moins. Cependant, « mobile comme le printemps », suivant l'expression de Delescluze, il donna un jour une sorte d'acquiescement, à la suite duquel le père, trop ardent, parla aussitôt presque ouvertement à la famille Cuvier. Quand le savant revint triomphant de l'accueil qu'il avait reçu, Jean-Jacques avait déjà changé d'avis. D'où scènes entre le père et le fils, et une situation si fausse à l'égard de mademoiselle Cuvier que Jean-Jacques, un beau jour, sans prévenir son père, partit brusquement pour aller passer une année en Allemagne.

Tandis que le jeune homme courait les universités germaniques, puis les routes de Scandinavie (20 septembre 1826 au 21 novembre 1827), le père continuait à espérer pour l'avenir le mariage Cuvier. Mais, à la fin de juillet, la jeune fille se fiança ; huit jours après, elle était prise de phtisie galopante et mourait le 28 septembre 1827. Le chagrin d'Ampère fut profond et il n'avait pas tort, cette fois, de se désoler. Car, ce jour-là, ce n'était pas seulement une belle-fille très désirée qu'on enterrait, mais aussi tous les projets familiaux conçus pour son fils. Bornons-nous à dire ici que le fils, emprisonné dans des rets gracieux dont il ne sut pas se dégager à temps, puis trop préoccupé de sa santé, et amoureux de voyages, devait peu à peu renoncer au mariage. La fatalité voulait que toutes les joies de l'intimité, vers lesquelles aspirait son pauvre père, lui fissent défaut l'une après l'autre ; car le mariage de son second enfant, de sa fille, qui aurait pu être pour lui une joie, devait, on va le voir, tourner lamentablement.

Cependant, à la fin de 1826, Ampère publie encore un important volume de 220 pages, son dernier véritable travail scientifique de quelque importance : « Théorie des phénomènes électro-dynamiques, uniquement déduite de l'expérience. » C'est le tome II d'un traité complet en deux volumes qu'il se proposait alors d'achever un jour et que sa maladie de 1829 devait rejeter dans l'oubli.

Enfin, le 21 novembre 1827, Jean-Jacques revient après quinze mois d'absence et, aussitôt son retour, le 27 novembre, on célèbre le mariage d'Albine Ampère avec Gabriel Ride.

Les préliminaires de ce mariage qu'Ampère annonce à son fils le 20 octobre, montrent assez sa confiance naïve, qui allait, cette fois encore, lui causer de tels chagrins. Le projet avait été bizarrement présenté « je ne sais pourquoi ni comment, par quelqu'un que je ne connaissais que parce qu'il avait déjà proposé un autre parti pour ma fille, affaire qui n'avait pas pu s'arranger ».

Racontons d'un trait toute cette déplorable histoire, qui empoisonna les huit dernières années du savant.

Ce Gabriel Ride, alors âgé de 32 ans, était un officier, ancien saint-cyrien, lieutenant de 1813, blessé à Leipzig, mis en demi-solde en 1814, réintégré en 1815, chevalier de la Légion d'honneur en 1823, en 1827 chef d'escadron porte-étendard dans la compagnie des gardes du corps du roi (commandant duc de Rivière) : par conséquent, un prétendant de premier aspect avantageux. Ampère vit le jeune homme et le trouva agréable, demanda quelques renseignements banals à son chef, le duc de Rivière, qui les donna bons comme toujours en pareil cas, et décida le mariage. La mère (madame Ampère) et la grand'mère Potot refusèrent d'abord leur consentement pour des raisons accessoires, telles que le manque de fortune et la résidence à Versailles, puis cédèrent. Si on s'était mieux informé, on aurait appris que Ride était buveur, joueur et criblé de dettes. On en eut bien un moment quelques soupçons. La liaison avec un certain vicomte de S... faillit faire rompre le mariage au début de septembre. Mais l'officier donna toutes les paroles d'honneur que l'on voulut, promit notamment d'habiter toujours en commun avec son beau-père et, le 27 novembre 1827, le mariage fut célébré. Ampère assurait à sa fille 2.000 francs de pension et madame Ampère 1.500.

A peine le mariage était-il célébré que les indices de folie alcoolique se manifestèrent, de plus en plus caractérisés, rendant la vie de famille intolérable. Dès le mois d'avril 1828, on trouve des lettres de Bredin cherchant à rassurer Ampère sur « la santé de son gendre ». « M. Ride, raconte sa jeune femme dans un document ultérieur, commença, vers la fin de la première année de notre mariage, à me porter des pistolets chargés au front et des poignards au cœur pour me rendre brave. Un jour du mois de novembre 1828, en revenant dans un fiacre après avoir dîné aux environs du Champ-de-Mars, il me tint, pendant plusieurs minutes, un pistolet chargé au front, en me disant qu'il voulait me rendre aussi brave qu'un militaire. Au mois de mars 1829, il entra une nuit dans une grande fureur contre moi sans aucun sujet et me jeta la clef de son secrétaire, où étaient renfermées ses armes, en me disant de la cacher, parce qu'il était

si furieux contre moi qu'il me tuerait si ce n'était pas
une lâcheté de tuer une femme... Le 30 janvier 1830,
il devint si furieux que deux médecins, MM. Baron et
Martin-Saint-Ange déclarèrent qu'il fallait absolument le saigner. Il s'en défendit et courut sur
M. Martin et d'autres personnes qui étaient dans la
chambre, au nombre de cinq, armé de ses rasoirs.
Le lendemain, on le mena dans la maison de santé
de M. Esquirol, où il se rétablit en peu de temps (dix
jours). »

On le mit alors à la réforme (février 1830, tandis
qu'Ampère et son fils passaient l'hiver dans le Midi).
Mais le pire dans ce genre d'affections mentales tenant
à l'abus des excitants alcooliques est que la folie
semble parfois s'apaiser ainsi assez vite après une
cure d'isolement. Ce fut ce qui se produisit pour
Ride pendant toute sa vie. On le relâchait guéri en
apparence et, aussitôt, il recommençait. Dès avril
1830, on était forcé de l'enfermer à nouveau pendant
trois semaines. Parti avec sa femme à la Ferté-sous-
Jouarre, il mettait sa vie dans un tel danger que, le
11 octobre 1830, la pauvre Albine accourait à Paris
se réfugier chez son père. Le mari la suivait huit jours
après et avait alors une période de calme. Ampère, lui
ayant fait signer une promesse de ne plus garder
d'armes chez lui avec l'engagement de ne plus boire,
était assez faible pour le recevoir dans sa maison et
sa sœur le dépassait encore en aveuglement. « Nous
sommes, écrivait-il à son fils, les meilleurs amis du
monde. » Puis c'étaient de nouvelles scènes en janvier 1831. Ride et sa femme partaient à la Ferté-sous-
Jouarre, mais revenaient le 7 mai 1831 à Paris, chez
Ampère, sous prétexte que la grand'mère Potot était
malade. A ce moment, Jean-Jacques, furieux de ce

retour qui lui rendait intolérable la vie en commun chez son père, se décidait à déménager pour aller habiter plus près de madame Récamier, avec l'orientaliste Mohl. Au moment du départ, son beau-frère lui faisait une scène violente en l'accusant de voler des meubles paternels. Peu après, la surexcitation augmentait. Un jour, il veut mettre le feu à la robe de sa femme ; un autre jour, il la poursuit avec une canne à épée...

Cette histoire de folie serait tristement banale sans la faiblesse d'Ampère qui se laissait toujours attendrir et qui amenait ainsi de nouvelles scènes. Ride était, en outre, sous le coup d'une incarcération pour dettes à Sainte-Pélagie, tantôt acceptant, tantôt refusant une séparation de biens amiable. En octobre 1831, on tente un autre moyen de guérison sans plus de succès, on envoie Ride voyager en Suisse et en Allemagne. Enfin, au début de 1832, on obtient du tribunal une séparation judiciaire depuis longtemps désirée et, au mois de décembre de la même année, on expédie ce mari indésirable à la Guadeloupe, où il avait un vieux parent de son nom, M. Ride du Lamentin dont il espérait hériter [1]. Tout un paquet de lettres d'Ampère est relatif aux démarches faites à l'occasion de ce voyage : le savant, malgré son extrême véracité, mettant les bizarreries de son gendre sur le compte d'un coup de feu à la tête reçu à Leipzig. A cette époque, il lui écrivait, d'ailleurs, encore en l'appelant « cher et excellent fils » et l'embrassant bien tendrement et Ride répondait : « mon cher papa ».

---

1. Il partait avec un ménage de Roquefort, ses cousins germains, dont les dossiers historiques se trouvent de ce fait à l'Institut dans les cartons d'Ampère.

Notons en passant que l'excellent Ampère, ayant
ainsi sa maison vide et recevant un jour de novembre.
1831 la visite du jeune Ozanam, qui lui était recom-
mandé par des amis lyonnais, l'installa dans sa maison
comme un autre enfant et l'y garda jusqu'à sa mort.

Mais Ride ne tient pas à la Guadeloupe et la crainte
que l'on a de son retour est, pour lui, un moyen de
chantage afin d'obtenir de l'argent. Ampère est obligé
de lui écrire qu'il est « ruiné, prêt à voir vendre sa
maison en justice ». Malgré tout, au bout de 18 mois,
l'autre reparaît à la fin de 1834, ayant obtenu son passage gratuit sur un bâtiment de l'Etat et reste un
moment à peu près calme. Puis, au début- de
juin 1835, nouvelle crise qu'Ampère raconte ainsi à
son fils : « Je me souviendrai toute ma vie du danger
que j'ai couru quand il vint peu de temps avant mon
départ de Paris, avec son épée une nuit dans ma
chambre : danger, auquel je n'échappai qu'en flattant
sa manie, faisant semblant d'entrer dans ses idées,
lui persuadant de faire venir le portier à notre défense. Alors il fit ouvrir la porte sur la rue, où il
courut en chemise et toujours l'épée à la main. ...Le
portier t'indiquera le poste..., où il fut chercher deux
gardes municipaux qui aidèrent à désarmer Ride... »

Malgré cette leçon, Ampère incorrigible commit
l'imprudence de partir en tournée, laissant chez lui
sa fille et son gendre. Presque aussitôt, Albine dut
s'enfuir chez sa tante Carron et Jean-Jacques Ampère, intervenant, fit encore une fois enfermer son
beau-frère à Charenton en demandant son interdic-
tion. Le 10 novembre 1835, on expédiait de nouveau
le misérable à la Nouvelle-Orléans, où il avait deux
frères. La terreur de la famille était toujours de le
voir revenir malgré ses engagements. Et, en effet, à

peine Ampère était-il mort (10 juin 1836) que Ride reparaissait en France. Il eut alors une petite fille, Marie, qui naquit le 13 juin 1838 dans les conditions les plus pénibles, eut pour parrain et marraine Jean-Jacques Ampère avec la « très affectueuse » madame Ampère, et mourut à dix mois, le 8 avril 1839. Mais, à peine l'enfant née, de nouveaux accès firent réintégrer le père à Charenton, où il resta cette fois jusqu'en avril 1841. Dans cette période, madame Ride essaya un moment de vivre avec sa mère ; mais celle-ci était, suivant l'expression de Ballanche, « très disposée au trouble », tandis qu'Albine était alors calme et résignée. Ce calme ne dura pas. Quand Ride revint guéri en apparence pour aller s'établir dans son pays de Champagne avec sa femme, toujours disposée à le revoir, un nouveau drame se produisit. La malheureuse Albine Ampère avait peut-être, comme son père, quelques prédispositions à la tuberculose. Mais le cerveau le plus sain aurait été ébranlé par cette succession ininterrompue de secousses, notamment pendant ses couches. Elle-même fut prise de folie sous la forme de l'angoisse religieuse (terreur de l'enfer, remords de « ses crimes », batailles avec le diable, etc.) et mourut le 8 août 1842. Quelques mois après, en avril 1843, Ride disparaissait à son tour, usé par les excès. Ampère, à ce moment, reposait depuis sept ans dans son tombeau et ces dernières souffrances lui avaient été épargnées...

Nous avons cru devoir raconter ces misères qui, avec la maladie chronique dont Ampère fut atteint à partir de 1829, contribuèrent pour leur part à arrêter sa production scientifique. Revenons maintenant à l'époque de ce mariage, en 1827, pour retracer, à d'autres égards, ses dernières années : période peu remplie qu'occupent surtout, avec les incidents précédents, l'enseignement du Collège de France et les inspections, mais où se place pourtant ce grand ouvrage sur la classification des sciences qui aurait suffi, sinon à la gloire, du moins à la réputation d'un autre.

Le 7 mai 1828, il obtenait sa réintégration comme inspecteur des études après trois ans et demi d'interruption. En échange, il donnait sa démission à l'Ecole Polytechnique, où il fut remplacé par Mathieu, beau-frère d'Arago. Pratiquement, c'était pour lui, l'obligation de passer chaque année plusieurs mois en tournée ; donc l'interruption, pendant ce temps, des travaux de laboratoire.

Puis, l'année 1829, fut marquée par une pneumonie très grave dont il ne se guérit jamais complètement. Déjà, en 1821, une bronchite l'avait empêché de faire son cours et avait interrompu, pendant deux ans, ses tournées. Il en avait gardé une faiblesse du larynx, qui se manifestait chaque hiver et dont l'origine était malheureusement une phtisie laryngée. En octobre 1825, un médecin anglais lui préconisa l'ablation de la luette comme un remède souverain et l'opéra sans succès. Enfin, au mois de mai 1829, comme il était en tournée d'inspection à Caen, une fluxion de poitrine se déclara. Il parut se remettre et alla passer août et septembre à Lyon, dans la maison hospitalière de Bredin. Mais bientôt la maladie prit de nouveau une tournure si grave qu'on lui imposa un hiver dans le Midi, avec le silence et le repos le plus absolus. Son fils partit avec lui.

La situation se compliquait de difficultés matérielles, Ampère ayant plus de dettes que de capitaux. Néanmoins, on acheta, pour 300 francs, une calèche afin de gagner la Côte d'Azur à petites journées. A la fin de septembre, on s'arrêtait à Orange chez de Gasparin. Puis en octobre, on s'installait à Hyères, où Ampère devait rester jusqu'à fin mars. La difficulté était d'éviter ses perpétuelles imprudences et, plus encore, son exaltation, ses colères ou ses vivacités, qui se reproduisaient à tout propos. Empêcher Ampère de professer, de disserter, de discuter était presque impossible. En vain, tous ses amis lui adressaient les meilleurs conseils à ce sujet. On obtint seulement quelque repos intellectuel. Ampère, à son départ, rêvait de publier enfin son traité de physique. Il abandonna ce projet et il passa tout l'hiver à se reposer, à se promener, à jouer 8 ou 10 parties d'échecs par jour, ou à méditer sa classification des sciences. Malgré tout, le bonhomme se sentait heureux de posséder son fils, d'être soigné par lui. Mais, du côté de sa fille, arrivaient les épreuves racontées plus haut. Le premier internement de son gendre dans une maison de santé eut lieu en janvier 1830.

Au début de mars 1830, Jean-Jacques, acceptant la proposition qui lui avait été faite d'un cours à l'Athénée de Marseille, quitta son père pour aller commencer ses leçons. A la fin du mois, celui-ci venait le rejoindre et applaudir à son succès. Il était alors assez remis pour repasser à Paris à la fin de mai et partir aussitôt en tournée d'inspection dans le Midi : tournée qu'il avait implorée longtemps d'avance pour rétablir un peu sa situation pécuniaire. Mais cet homme de 54 ans avait pris l'apparence d'un vieillard. C'est comme d'un vieillard que l'on parle de lui et une lettre originale de Bredin, datée de mai 1830, accuse cette décrépitude par un détail physique. Elle n'est qu'un long reproche sur le fait qu'il a commencé à porter perruque : reproche basé (et l'on reconnaît

PROFIL D'AMPÈRE en 1833

par la comtesse de Saint-Crécy
Dessin au crayon appartenant à M. DE LANZAC DE LABORIE
Au bas « ressemblance garantie. »

bien là Bredin), non sur le ridicule dont ils ne se
souciaient pas plus l'un que l'autre, mais sur les
inconvénients hygiéniques de ne pas laisser la tête
à découvert. En vérité, Ampère avait brûlé sa vie par
les abus intellectuels, comme d'autres par de plus
vulgaires excès [1].

Cette tournée de 1830, commencée après le séjour à
Hyères, fut interrompue par la Révolution de juillet.
Tandis que son fils revenait précipitamment de
Dieppe, où il se trouvait avec madame Récamier, Chateaubriand et Ballanche, Ampère allait rejoindre sa
fille à la Ferté-sous-Jouarre. A l'automne, il avait la satisfaction de voir Jean-Jacques mettre le pied dans l'enseignement officiel comme suppléant de Fauriel à
l'Ecole normale pour un cours de littérature étrangère. Lui-même professait au Collège de France. Mais
bientôt sa malheureuse fille venait se réfugier chez
lui ; le mari la suivait ; Ampère avait la faiblesse de
l'accueillir et le résultat était, au mois de mai 1831,
le départ du fils pour une autre habitation.

En ce printemps 1831, Ampère commence une
tournée de trois mois et demi dans le Midi, où il
obtenait généralement de se rendre pour raison de
santé et arrive à Clermont à la fin de juillet. Là, les
essais de rédaction et de mise en tableaux prennent
assez de corps pour que, dans l'hiver 1831-32, il fasse
dévier son enseignement du Collège de France vers
« la mathésiologie » et trouve moyen, à propos de
physique, d'engager une discussion célèbre avec Cuvier sur l'évolution. Sainte-Beuve et Arago nous ont
conservé le souvenir de ces leçons.

1. Voir, pl. 7, l'aspect un peu caricatural du savant, malicieusement
saisi en 1833 par Mme de Saint-Crécy, après un dîner à Limoges chez
son père.

A ce moment, il songe à je ne sais quelle candidature, au sujet de laquelle il adresse à son fils ce cri découragé (31 mai 1832) : « Tu vois à quel point on a étouffé ce que j'ai fait ! Sans cela, est-ce que la voix publique, parmi ceux qui peuvent juger de l'électricité dynamique, etc., ne m'indiquerait pas ? »

En 1832, une nouvelle tournée, également de plus de 3 mois, aboutit encore à Clermont, où il s'installe pour l'automne, par peur du choléra parisien. Nous surprenons, à ce moment, chez Ampère, un sentiment bien imprévu de frayeur, qui accuse, lui aussi, la dépression causée par la maladie et par l'âge. Les morts successives de divers savants, Cuvier, Sérullas, Cassini, Thurot, Chaptal, etc., l'affectent comme un pressentiment. Il est intimement convaincu que, s'il met le pied à Paris, c'est son arrêt de mort. D'autre part, il manque d'argent pour retourner à Lyon. C'est pourquoi il s'immobilise à Clermont, où il prend pension chez un professeur du collège et bibliothécaire, M. Gonod, homme complaisant et dévoué.

A quelque chose malheur est bon et, comme dit Ampère, la Providence a suscité ces événements pour faire aboutir la classification des sciences, devenue la « mathésionomie ». Gonod s'enflamme pour le sujet. Ampère, qui était capable d'improviser sur n'importe quel sujet pendant des heures de suite, emporté par le flux de ses idées comme un méridional grisé de paroles, se sentait figé lorsqu'il lui fallait jeter une rédaction sur un papier. Il aurait eu besoin d'un sténographe. Et, bien des années auparavant, nous l'avions entendu demander à Bredin de lui procurer un ami, un confident éclairé, susceptible de comprendre la métaphysique et de la discuter, pour que son œuvre philosophique s'improvisât ainsi d'elle-même dans le feu des conversations. En ce temps-là, c'était Roux, l'éternel et original contradicteur qui jouait souvent ce rôle d'avocat du diable. Maintenant, c'était Gonod. Ampère parlait, l'autre écrivait. Puis on relisait ensemble, on discutait, et on arrivait ainsi à mettre les idées sur pied. « C'était, dit Ampère, l'homme fait exprès pour faire passer sur le papier ce que je n'ai que la faculté d'exprimer de vivè voix quand ma tête s'est montée... »

Ainsi, au mois de septembre, un premier volume était assez avancé pour pouvoir être donné à l'impression chez un éditeur clermontois.

Ampère partait alors avec son fils pour une course géologique en Auvergne, tout heureux de s'enthousiasmer pour un sujet nouveau, auquel il n'était jamais resté étranger, ayant applaudi aux premiers résultats annoncés par Elie de Beaumont, discuté avec Cordier en 1827 sur la température intérieure de la terre, etc. Est-ce des réflexions faites pendant cette course que sortit, au mois de juin suivant (1833), une « théorie de la formation de la terre », qui complète le cycle de son universalité [1] ?

En mai 1833, nous voyons Ampère dans le rôle de solliciteur et de candidat, non pas pour lui mais pour son fils. Jean-Jacques, après avoir supplié à l'Ecole Normale Fauriel et à la Sorbonne Villemain, désirait alors une chaire au Collège de France. Il avait, comme concurrent, Dubois, directeur du *Globe*, inspecteur de l'Université, député. La politique jouait, dans cette élection littéraire, son rôle habituel ; mais lui-même pouvait compter sur l'appui prépondérant de madame Récamier, de Chateaubriand et du groupe de

---

1. *Revue des Deux Mondes.* — Cf. *Ann. de phil. chr.*, 1840.

l'Abbaye aux Bois : « C'est bien dommage, écrit naïvement le père au fils à la date du 26 mai 1833, que nous ayons tant négligé madame Cuvier et sa fille, qui auraient pu t'être bien utiles dans cette circonstance, surtout auprès de M. Biot et des professeurs qui ont été particulièrement liés avec Cuvier... Je suis persuadé que tu auras tous les *justes milieux ;* mais, si M. Dubois ne fait pas sa tournée (d'inspection) à cause de la Chambre, je crains bien que les autres soient pour lui... Chevreul, qui te faisait tant d'avances dans le temps, pourrait peut-être travailler pour toi si tu l'allais voir... Revois Thénard et Letronne, qui sont des plus influents... Dugas (Montbel), confrère à l'Académie des Inscriptions de plusieurs professeurs du Collège, ne pourrait-il pas te servir auprès d'eux ?... » Hâtons-nous de dire que tant de zèle réussit.

En 1833, nouvelle tournée de deux mois, toujours dans le Midi à cause de sa poitrine. Ces courses étaient, pour lui, des occasions favorables de compléter ses tableaux, de retoucher les vers latins, dans lesquels il avait résumé, sous une forme étonnamment concise, tout l'objet et l'enchaînement de la science humaine. Cependant, on imprimait déjà depuis plusieurs mois. Mais Ampère était un de ces auteurs à la Balzac, désespoir de leurs éditeurs ou ruine pour eux-mêmes, qui remanient entièrement un livre sur les épreuves. On se souvient peut-être de ce premier ouvrage écrit à Bourg, qui, promis dans les huit jours, demanda des mois et, finalement, nécessita un carton pour une faute de calcul. Il ne s'agissait alors que de quelques pages sur un sujet mathématique précis et nettement défini. Que fut-ce lorsqu'Ampère prétendit codifier tout l'ensemble des con-

naissances humaines ?· Notre philosophe, dans ses
lettres, ne cesse de dire qu'il a obtenu cette fois un
résultat définitif et immuable. Il fait à son imprimeur
les promesses les plus sacrées, des promesses « invio-
lables » de ne rien modifier. Et toujours il ajoute, il
déplace, il corrige, il perfectionne, si bien que le
volume, commencé à imprimer à l'automne 1832,
parut seulement en août 1834. Aussi parle-t-il d'un
« chaos de corrections », où lui seul peut se reconnaître. Et, quand enfin le premier volume est tiré,
ce sont encore des conseils sans fin au relieur pour lui
permettre de mettre en ordre les bis, les cartons, etc.
Il est obligé de lui envoyer un modèle classé par lui-
même, où « les pages imprimées deux ou trois fois
sont choisies et rangées ». Sans quoi, « tout serait
perdu sans ressources. »

L'ouvrage paru, Ampère, comme un auteur quelconque, s'efforce d'obtenir assez difficilement des articles : « J'ai fait ce que j'ai pu pour avoir des articles d'annonces. J'espère qu'il en paraîtra bientôt
plusieurs ; mais aucun n'a encore paru. Sainte-Beuve
est allé demeurer quelque temps à la campagne ; cela
me contrarie beaucoup. Depuis deux mois à peu près
que Roulin a un exemplaire, il ne s'en est point occupé. Je verrai Albert (Stapfer) et Eustazade (de Sacy),
...J'ai donné l'exemplaire destiné à M. de Chateau
briand qui m'a reçu à merveille. L'Académie Française fera la bêtise de ne pas le nommer secrétaire
perpétuel à la place de M. Arnaud. Madame Récamier était à la campagne ; je ne sais son retour que
depuis peu ; je lui porterai incessamment son exemplaire... »

Après quoi, il s'applique au second volume, qui
ne devait paraître qu'après sa mort par les soins de

son fils ; et l'on assiste, naturellement, aux mêmes alternatives, aux mêmes minuties. Jean-Jacques Ampère professait maintenant au Collège de France les littératures étrangères, en même temps que son père la physique. Et c'était, paraît-il, un spectacle émouvant de voir le père, en quittant sa chaire glorieuse, venir assister modestement, ou plutôt fièrement, à toutes les leçons de son fils. C'est que, pour lui, ce fils était le véritable grand homme de la famille. Il faut le lire quand, en octobre 1834, Jean-Jacques abandonne son cours à l'Ecole Normale pour être plus libre de voyager. Le père n'hésite pas à parler avec regret de « l'influence que ces leçons lui donnaient sur l'instruction publique et, par là même, sur la France entière, par suite même sur la civilisation du monde... »

Après ce départ de Jean-Jacques, on fut, pendant plusieurs mois, occupé du gendre qu'il fallut, d'abord enfermer à Charenton, puis expédier à la Nouvelle-Orléans. Enfin, au mois de juin 1836, Ampère partit pour sa dernière tournée d'inspection avec son collègue Matter. Il arriva déjà malade à Roanne, ayant été obligé de voyager très rapidement à raison de vingt postes par jour et Bredin, qui le vit à Saint-Etienne, en fut inquiet. On essayait en vain de le faire taire : « Ma santé, ma santé, s'écriait Ampère, il s'agit bien de ma santé ! Il ne doit être question ici, entre nous deux, que des vérités éternelles, des choses et des hommes qui ont été funestes ou utiles à l'humanité. »

Ses amis espéraient qu'il se remettrait dans le Midi comme en 1829. Au contraire, en arrivant à Marseille, vers le 25 mai, la pneumonie se caractérisa, avec les mêmes symptômes que 7 ans auparavant, « épouvantable mal de gorge, mêmes crachats, etc... » Il dut s'aliter chez le recteur du lycée et sembla un moment se remettre. Ses lettres le montrent alors très préoccupé d'empêcher le retour de son gendre, poussant également son fils à concourir pour un prix académique sur l'influence de la littérature espagnole. Lui-même, suivant son habitude, lisait des vers latins, discutait sur la philosophie malgré les efforts pour le forcer à garder le silence et jouait aux échecs.

Il expira le 11 juin 1836, après 24 heures de délire. Les voyages étaient longs à cette époque et, quoique le télégraphe fonctionnât, aucun de ses enfants n'avait pu accourir près de lui. Son fils était à Beauséjour, près Passy, quand un télégramme adressé au Ministère de l'Instruction Publique lui fit connaître la nouvelle. Ampère mourait à 61 ans, et, comme l'écrivait Bredin dans son émotion, « toute grande que fût sa renommée, elle restait bien au-dessous de la prodigieuse étendue de cette intelligence. »

Sa mort provoqua la banalité ordinaire des éloges officiels, mais, c'est Sainte-Beuve qui le remarque, ne suscita pas, dans le public, la grande émotion de voir disparaître une des formes du génie humain. Il est singulier et un peu triste de penser que la réputation mondaine et académique de son fils a seule commencé à populariser un tel nom. Pour notre temps qui représente déjà la postérité, Ampère prend peu à peu sa vraie place dans l'histoire des sciences : celle que lui attribuait déjà Arago, au rang de Newton.

Et maintenant que nous sommes arrivés au terme de cette belle existence, peut-être faut-il encore revenir sur des traits épars dans les pages précédentes pour décrire plus particulièrement la physionomie du savant pendant la seconde partie de sa vie, telle qu'elle s'est fixée dans les souvenirs des contemporains.

Ampère habitait rue des Fossés Saint-Victor, près du Jardin des Plantes, dans une maison lui appartenant, avec sa sœur et ses enfants, Jean-Jacques et la fille Albine (madame Ride).

L'intérieur était fort simple et généralement mal ordonné. Un bout de jardin faisait les délices d'Ampère qui l'entretenait avec amour. Dans ce logis, l'art ne trouvait sa place modeste que sous la forme de deux gravures encadrées à sujets religieux : le Christ portant sa croix, par Bloemart ; Madeleine quittant les habits du monde, par Lebrun. Reproduisons, d'ailleurs, le tableau tracé par le critique Delécluze quand, après s'être lié avec Jean-Jacques Ampère, en Italie, il fut, vers 1825, reçu à dîner chez le père de son ami. Le récit montre la naïveté de l'observateur et son besoin de grossissement. On peut néanmoins en retenir quelques traits.

Ce jour-là, on s'était réuni à trois heures dans la chambre de Jean-Jacques : Mérimée, Albert Stapfer, le libraire Sautelet, Delécluze et les deux de Jussieu, pour entendre lire un drame romantique. Le drame terminé, on resta à jaser autour d'un poêle vivement chauffé, dans l'obscurité d'un soir d'hiver, jusqu'au moment où Ampère entra une lumière à la main et annonça que le dîner était prêt.

« Avant d'arriver dans la salle à manger, on passa par le cabinet du savant Ampère, où l'attention d'Etienne[1] fut attirée par l'agitation d'une quantité

---

1. C'est ainsi que Delécluze se désigne lui-même.

extraordinaire de petites feuilles de papier de la grandeur de la main, passées dans la bordure des glaces et du cadre des gravures. » Delécluze affirme ici que c'étaient les manuscrits d'Ampère, ses « archives voltigeantes » et qu'une flammèche aurait suffi pour détruire en deux minutes tous ses travaux. L'affirmation paraît bien peu vraisemblable quand on a vu l'énorme écriture d'Ampère étalée sur du fort papier in-quarto et on est porté à penser qu'il s'agissait plutôt d'invitations à dîner ou à des séances de commissions, de factures et de mémentos...

On passe alors à table. « La mise simple, la tenue modeste et réservée de la tante et de la nièce, qui avaient déjà pris place près de la table », rappellent au conteur son maître de pension. Les deux femmes ne prennent aucune part à la conversation et se retirent silencieusement aussitôt le dîner fini, tandis que tout le monde descend dans la chambre du fils. Là, les jeunes gens, pour se réchauffer, s'asseoient autour du poêle, les pieds sur la tablette et Adrien de Jussieu se met à causer botanique : ce qui conduit Ampère à une de ses étonnantes improvisations habituelles, passant de la reproduction des végétaux aux rotifères, puis à la paléontologie, aux découvertes de Cuvier, à la création de l'homme et aux destinées éternelles. Soudain, pendant la conversation, un jeune homme, donnant un coup de pied à un cendrier de fumeur placé sur la tablette, en fait voler dans l'air la braise mal éteinte, qui retombe sur les assistants. Chacun se secoue, excepté Ampère, qui continue sa dissertation sans s'émouvoir, jusqu'au moment où on l'avertit que ses vêtements sentent le roussi. « Ampère, explique Delécluze, n'était en réalité qu'une âme, une intelligence dont l'activité dévorante absorbait presque toute celle destinée à l'exercice de ses facultés physiques. Il ne voyait tout juste que pour se conduire ; et, quelque agréable, extraordinaire ou même désagréable que fût ce qui se passait autour de lui, il ne s'en apercevait pas. » Puis, vers neuf heures, les amis s'étant retirés, les deux Ampère, avec Delécluze, vont achever leur soirée à l'Abbaye-aux-Bois, dans une société brillante où madame Récamier accueille le savant « avec des égards tout particuliers ».

L'improvisation géniale que Delécluze a entendue ce soir-là avec admiration, s'est renouvelée bien des fois sur les sujets les plus divers. Il arrivait fréquemment à Ampère, si médiocre professeur en chaire, quand il fallait traiter quelques points précis, de disserter plusieurs heures de suite sur toutes les questions humaines et divines en enthousiasmant son auditoire. Telle, par exemple, cette montée de Belmont à Poleymieux, avec Bredin, Jordan, d'Ambérieux, etc..., où, après avoir voulu parler psychologie, il se résigna à expliquer les découvertes de Cuvier et commença une leçon de paléontologie, que le dîner, puis le retour en voiture n'interrompirent plus jusqu'au soir. Tel aussi ce soir, où, d'après Sainte-Beuve, étant avec Camille Jordan et Degérando, il se mit à leur expliquer le système du monde ; « et, comme le monde est infini et que tout s'y enchaîne et qu'il le savait de cercle en cercle dans tous les sens, il parla treize heures de suite... » Sainte-Beuve nous l'a peint à ce propos « dans les dernières années, au Collège de France, se promenant le long de la longue table comme il l'eût fait dans l'allée de Poleymieux, et discourant durant des heures ». Par contre, les récits de madame Lenormant accentuent

la note un peu railleuse de Delécluze sur Ampère
maître de maison, sur le désordre qui régnait dans
son intérieur et sur ses dîners, où la conversation
suppléait à l'insuffisance du menu. Il est assez amusant de penser que le tableau de ce désordre donné
par les livres de madame Lenormant, de madame
Cheuvreux, etc., a été en grande partie suggéré ou
dicté par le fils, qui récriminait volontiers à ce propos
contre son père et qui n'était pourtant ni plus ordonné ni plus pratique.

La gêne financière pouvait contribuer à ces défauts remarqués par les visiteurs. A ce propos, nous
sommes forcés de répéter une observation précédente
sur la situation misérable de ce grand savant, réduit à continuer un métier d'inspecteur qui l'épuise
et ne réussissant pas néanmoins à joindre les deux
bouts. Plus d'une lettre le montre possédant à peine
quelques dizaines de francs en caisse et ne sachant
où donner de la tête pour acquitter des dettes, dont
ce distrait a oublié le total. En octobre 1830, on le
voit particulièrement affolé à l'idée qu'un billet de
quatre mille francs, signé par lui, peut être pro-
testé et entraîner son déshonneur avec sa radiation
de l'Université. Il touchait cependant deux traitements, cinq mille francs au Collège de France,
six mille francs à l'Université ; mais, même en ce
temps-là, c'était peu pour alimenter une maison mal
ordonnée, avec sa fille qui retombait constamment
à sa charge. Et puis, comme dans tous les cas semblables, il était dévoré par les intérêts de ses emprunts :
intérêts calculés pourtant sans la moindre usure par
des créanciers faciles et plus ou moins amis. Le
contraste est curieux entre le désordre de cette vie
matérielle et l'obsession intellectuelle de l'ordre à

établir dans les sciences et dans les opérations de l'esprit humain.

Il est, dans le caractère d'Ampère, un trait essentiel, que j'ai déjà eu l'occasion d'indiquer, mais en parlant d'une époque où il n'atteignait pas toute sa plénitude, c'est sa foi catholique intense et atteignant le mysticisme. Cette foi d'Ampère a été, dans son esprit, l'objet d'un long combat que j'ai cru intéressant de raconter avec ses vicissitudes ; dans les dernières années, la victoire avait été complète et l'on peut alors se représenter Ampère, d'après la peinture d'Ozanam, longuement prosterné dans un coin obscur de l'église Saint-Etienne-du-Mont ou s'écriant au milieu d'un silence : « Que Dieu est grand ! »

On a fait remarquer à ce propos que Faraday, son émule dans la création de l'électro-dynamique, — l'un auteur de l'électro-aimant, l'autre de l'induction, — était aussi un esprit profondément religieux et qu'il prêchait fréquemment dans la chapelle de sa secte protestante. Mais Faraday se rapprocherait plutôt de Descartes par une foi tranquille, appuyée sur la raison plutôt qu'en conflit avec elle. La religion ardente et tumultueuse d'Ampère ferait songer à Pascal.

Enfin, ce portrait ne serait pas complet si nous n'y ajoutions pas des traits qui ont particulièrement frappé les contemporains : et d'abord cette distraction légendaire, dont on retrouverait aisément l'équivalent chez d'autres grands mathématiciens, philosophes ou musiciens ; chez ceux en un mot qui traversent la réalité, enveloppés, comme dans un scaphandre, par leur rêve intérieur.

« Déplorablement myope, timide et gauche au delà de toute expression, Ampère professeur (à l'École Polytechnique), nous dit Mercadier, a laissé le sou-

venir de bévues célèbres et de démonstrations man-
quées, au bout desquelles, désespéré, il finissait par
donner sa parole d'honneur que le théorème était vrai.
Les affirmations les plus stupéfiantes trouvaient parfois en lui un auditeur bénévole, que sa curiosité
passionnée et sa fièvre d'invention toujours en éveil,
portaient à chercher des rapports insoupçonnés, des
possibilités inconnues, plutôt qu'à suspecter la véracité de son interlocuteur... »

Mais, sans vouloir contester ce récit fondé sur une
tradition très enracinée, nous devons ajouter que bien
des auditeurs ont pu être troublés par une méthode
d'enseignement, qui était chez lui parfaitement consciente et dont il exposait déjà les principes dans un
mémoire de l'an XII : « Un écueil de l'enseignement
consiste à n'offrir à celui dont on veut former l'en-
tendement que les rapports les plus faciles à saisir
en rétablissant entre le principe et la conséquence
toutes les vérités intermédiaires. S'il n'était question
que d'arriver à cette conséquence, ce serait la marche
la plus facile ; mais il ne s'agit pas tant de faire
adopter les déductions déjà faites que de rendre l'esprit capable d'en faire de nouvelles... Si le propre du
génie est de franchir à cet égard d'immenses intervalles, n'est-ce pas l'étouffer que de ne lui permettre
de passer jamais d'une idée qu'à l'idée la plus voi-
sine ?... »

D'autre part, il n'est pas douteux qu'Ampère, professeur, se laissait entraîner par sa pensée en oubliant
ses auditeurs. Voici, à ce propos, un tableau de son
cours au Collège de France, écrit le 11 avril 1825
par l'observateur le plus indulgent, par son fils :

« ... Au cours de mon père qui a fait une leçon
très claire sur les deux fluides électriques. La leçon

a bien été. Mon père se complaisait un peu trop à battre la résine avec la peau de chat et à montrer que les boules se repoussaient ou se rapprochaient selon qu'on les soumettait à des électricités semblables ou différentes. Il a une grande naïveté dans sa manière de professer et pense à ses idées, jamais à ses auditeurs. Il répète avec volupté une expérience bien simple, bien facile à comprendre, parce qu'elle lui plaît, parce qu'il est amusant pour lui de la répéter, et il ira vite dans un calcul, ne pouvant pas apprécier la différence qu'il y a pour d'autres entre des choses qui n'en n'ont aucune à ses yeux. Mais, en tout cela, il est un homme de génie ; il faut bien se souvenir de cela pour tâcher de ne pas prendre d'humeur contre lui... »

Nous qui avons appris, par sa connaissance intime, à aimer Ampère de tout cœur, nous nous bornons à sourire. Mais la jeunesse qui ne voyait de lui que l'apparence, était moins indulgente et, de ses contacts malheureux avec elle sont nées sans doute les innombrables anecdotes que chacun sait et enjolive, mais que l'on doit pour la plupart considérer seulement comme symboliques. Le lecteur les connaît, il les attend, il les dirait au besoin. C'est l'histoire des deux trous percés côte à côte dans une porte pour laisser passer le grand et le petit chat ; l'aventure du calcul commencé sur le dos d'un fiacre et continué derrière lui en courant ; l'histoire d'une inspection, où il voulait aider un enfant dans un calcul numérique : « Voyons, mon enfant, 3 fois 7... Vous savez bien que cela fait 19 ; oh non, je me trompe, 22... », etc., etc...

Plus authentique et aussi plus typique est un joli récit de Joseph Bertrand : Ampère rencontrant un jour les deux cents élèves de l'Ecole Polytechnique qui allaient au bain froid et serrant joyeusement le bras d'un ami, avec ce cri du cœur : « Regardez, tous ces jeunes gens intègrent ! » Je ne parle pas des chapeaux échangés, des parapluies oubliés, ni même de l'épée glissée sous le coussin de madame Fontanes un soir où Ampère, à une soirée officielle, s'était aperçu qu'il avait seul gardé son épée d'uniforme. Remarquons seulement le contraste saisissant entre l'homme vu du dehors par ses contemporains, souvent passionnant mais parfois un peu comique et le génie profondément, constamment sympathique, dans l'intimité duquel l'examen indiscret de ses papiers vient de nous faire pénétrer [1].

Voici, pour résumer, un jugement de Sainte-Beuve, qui l'avait personnellement connu et qui l'apprécie avec sa finesse de touche habituelle : « M. Ampère savait mieux les choses de la nature et de l'univers que celles des hommes et de la société. Il manquait essentiellement de calme et n'avait pas la mesure et la proportion dans les rapports de la vie. Son coup d'œil, si vaste et si pénétrant au delà, ne savait pas réduire les objets habituels. Son esprit immense était le plus souvent comme une mer agitée ; la première vague soudaine y faisait montagne ; le liège flottant ou le grain de sable y était aisément lancé jusqu'aux cieux...

« Quelques-uns, armés au complet, outre la pensée puissante intérieure, ont l'enveloppe extérieure endurcie, l'œil vigilant et impérieux, la parole prompte, qui impose et toutes les défenses. Qui a vu Dupuytren

---

1. On lit, dans les carnets intimes de Michelet une note assez fine à propos de Geoffroy Saint-Hilaire : « Cet homme toujours enfant (Ampère ne l'était qu'en apparence et par distraction)... »

et Cuvier comprendra ce que je veux rendre. Chez d'autres, une sorte d'ironie douce, calme, insouciante et égoïste, comme chez Lagrange, compose un autre genre de défense. Ici, chez M. Ampère..., c'est le pur savant, au sein duquel on plonge... M. Ampère aimait, ou parfois craignait les hommes ; il s'abandonnait à eux, il s'inquiétait d'eux, il ne les jugeait pas. Les hommes (et je ne parle pas du simple vulgaire) ont un faible pour ceux qui savent les mener... Jamais un esprit de cet ordre ne songea moins à ce qu'il y a de personnel dans la gloire. Pour ceux qui l'abordaient, c'était un puits ouvert. A toute heure, il disait tout... »

S'il fallait, pour conclure, trouver une ligne directrice constante dans cette vie aux manifestations sinueuses, je la chercherais dans son besoin inné de méthode intellectuelle et de classification.

Dès son installation à Bourg, nous avons remarqué qu'il choisissait ce sujet pour son discours d'inauguration. Plus tard, combien de lettres sont consacrées à ces tableaux psychologiques qu'il reprend sans cesse avec un enthousiasme nouveau, après les avoir déclarés chaque fois définitifs ! En chimie, il s'acharne à ranger les éléments dans un ordre méthodique, à montrer l'unité fondamentale des lois qui régissent leurs atomes. En physique, il ramène le magnétisme à l'électricité en supprimant une cloison factice. Enfin la classification des sciences l'a occupé presque constamment jusqu'à sa mort depuis l'hiver 1829-30 passé à Hyères, où on lui défendait de travailler, mais où on ne pouvait lui interdire de penser.

Les hommes sont souvent bien différents de ce qu'ils paraissent. Parmi les grands noms de la science universelle, voilà Descartes et Ampère, tous deux algébristes, physiciens et philosophes catholiques ! Allons au fond ! Pour tous deux d'abord l'algèbre ne compte pas. Ils s'y sont adonnés dans leur jeunesse ; ils en tirent parti plus tard ; mais ne la regardent plus que comme un amusement de gymnastique intellectuelle. La physique théorique tient-elle donc le premier rang dans leur esprit ? Non plus, malgré toute la valeur qu'ils lui attribuent. Aux yeux de Descartes, tout se résume dans l'application pratique, dans l'amélioration et le prolongement de la vie. La philosophie n'a pour but que de le conduire à la physique et celle-ci ne vaut, à son gré, que par ses applications. Avant tout, il se croit médecin. Dans l'esprit d'Ampère, au contraire, la métaphysique compte seule et le point culminant de cette existence, où nous apercevons d'abord tant de manifestations géniales en physique et en chimie, c'est presque, à ses yeux, son dernier ouvrage, médité pendant toute sa vie, sur la classification des sciences.

Mais ce qui a permis à Ampère ses découvertes, c'est qu'il était aussi un « curieux » et notre science n'est au fond, comme lorsqu'Eve cueillait sa pomme, qu'une curiosité à peu près satisfaite. Le philosophe se détournait volontiers de son travail pour examiner avec sympathie le travail d'autrui. Une nouveauté l'attirait, au lieu de l'effarer par le fait seul qu'elle était nouvelle. D'où son admiration ardente devant tous les grands inventeurs de son temps, en chimie, en physique, en histoire naturelle. Il s'est immédiatement passionné pour la découverte d'Oersted, de même qu'il l'avait fait pour les travaux de Davy, de Gay-Lussac, de Cuvier, d'Elie de Beaumont et, ce jour-là, comme il avait reçu le don inné du génie, il a été merveilleusement récompensé de s'être laissé distraire.

CHAPITRE X

AMPÈRE PHILOSOPHE

Ampère est, d'abord, pour nous, le créateur de l'électro-dynamique ; en second lieu, l'auteur de la loi chimique qui porte, avec son nom, celui d'Avogadro ; accessoirement, un mathématicien éminent. Sa philosophie, qui l'a occupé principalement pendant toute sa vie, n'a guère contribué à sa gloire et les philosophes de profession, qui ne la trouvaient pas toujours conforme à leurs habitudes d'esprit, n'en ont généralement parlé qu'avec une certaine affectation de supériorité. Venant d'un tel homme, elle ne saurait pourtant nous paraître négligeable ; et, puisque nous nous sommes bornés à la mentionner jusqu'ici, le moment est venu de la résumer. On l'a assez vu au cours de cet ouvrage, la métaphysique n'a pas seulement tenu, dans la pensée d'Ampère, cette place incidente que lui réserve tout homme susceptible de réflexion, mais elle a provoqué, chez lui, un labeur professionnel et continu de plusieurs années : notamment dans les périodes de 1803 à 1814 et de 1829 à 1836. Cette œuvre occupe « l'Essai sur la Philosophie des

Sciences » en deux volumes, dont l'un posthume (1834, 1843) et « la Philosophie des deux Ampère » publiée par Barthélemy Saint-Hilaire en 1866. Dans cet ensemble, nous choisirons seulement, pour y insister, les deux points que lui-même considérait comme ses titres de gloire : la réalité de la physique démontrée par les rapports, et la classification des sciences.

Le premier objet essentiel de la métaphysique est, pour Ampère, de démontrer la possibilité d'une science, la certitude des connaissances humaines : en deux mots, l'existence absolue et objective d'une physique. Par là, notre savant se rapproche de Descartes qui, lui aussi, cherchait, avant tout, dans sa métaphysique, je l'ai expliqué ailleurs [1], une base solide à sa physique. Il se montre également cartésien par la valeur qu'il attribue à la raison, à la logique humaine, par sa foi dans le progrès basé sur la science, progrès intellectuel et moral aussi bien que matériel. Mais il se rapproche bien plus de Pascal par son angoisse et son tremblement.

Ampère nous apparaît, au plus haut degré, comme un être de foi. Il avait instinctivement un besoin ardent de croire, qu'il a appelé la crédibilité, et l'état de doute lui était cruellement intolérable. « Le doute, a-t-il écrit, est l'état le plus pénible pour l'intelligence, parce que Dieu a voulu que l'homme souffrît quand il s'écarte de la vérité, comme quand il s'écarte du devoir. » Et ailleurs : « Ce qui est probable ou douteux, pour nous êtres bornés, est vrai ou faux réellement... Ce qui n'est que probable pour une intelligence finie est vrai ou faux... D'où il suit que,

1. *Descartes* (Payot, 1923).

tant que nous restons dans le doute, nous sommes sûrs de nous tromper ; car il y a erreur toutes les fois que ce que nous jugeons n'est pas tel que nous le jugeons ; et douter, c'est juger... »

En particulier, le besoin qu'Ampère éprouvait d'un espace réel, absolu, s'est traduit un jour par ce cri désolé de protestation contre son fils, plus imprégné d'idées kantiennes après son séjour en Allemagne : « Eh quoi, il n'y aurait pas un espace réel, où les astres décrivent leur orbite, selon les belles lois de Képler ?... .» A ceux qui voulaient lui nier la réalité de la connaissance : « Alors toute vérité s'éclipse, répondait-il ; dès lors, plus de science des faits ! L'histoire naturelle, la physique, la chimie disparaissent !... La poussière des étamines ne fécondera plus les germes cachés au fond du calice de la fleur ; mais *il me semblera seulement que cela est ainsi.* »

Qu'aurait-il dit, si on avait émis devant lui l'idée que chacun de nous emporte son temps et son espace avec lui ; si on lui avait soutenu seulement que, tous les rayons lumineux étant déviés sur leur parcours par l'attraction d'innombrables astres inconnus ou invisibles, l'image conçue par nous du monde sidéral n'est probablement par conforme avec la réalité, sans que jamais nous puissions arriver à corriger notre erreur ?

On imagine l'état d'esprit du savant qui a consacré sa vie à la physique et auquel on vient prétendre qu'il n'y a pas d'univers réel, mais seulement une conception de son esprit, une vaine fumée. A tout prix, il voudra échapper à cette angoisse.

Aussi il fallait à Ampère (Et à qui n'en faut-il pas ?) des affirmations. Mais, comme il était logicien, il lui fallait aussi des arguments pour se démontrer ration-

nellement ce qu'il affirmait et, ces arguments, il
était amené, comme tous les philosophes, fussent-ils
pyrrhoniens, à les fonder au début sur un caractère
d'évidence, assimilable dans son principe à ce que l'on
appelle le bon sens : faute de quoi, nous ne pourrions
tous que nous taire. Là est le point critique, où se
produit la bifurcation entre les systèmes et où on peut
tous les contester. Cette notion d'évidence, si variable
déjà suivant les individus humains, malgré leur si-
militude d'organisation, leur communauté d'atavisme, d'éducation et de préjugés tenant à ce qu'ils
sont tous des hommes (Vérité en deça des Pyré-
nées...), apparaîtrait sans doute encore bien plus di-
verse si nous avions le moyen de connaître, ou même
de concevoir, une autre logique que la logique humaine. Admettre l'unité et la rigueur impeccable de
la raison, c'est une survivance inconsciente de la théologie. Cela revient implicitement à la supposer tout
d'abord d'essence divine ! C'est, par conséquent, prendre comme point de départ ce que les uns considèrent
d'instinct comme la conclusion essentielle, ce que les
autres nient avec une égale obstination. Ce postulatum
est purement gratuit, mais il est indispensable du moment que l'on prétend philosopher.

Ne nous y trompons pas ! Les tentatives métaphysiques les plus hardies ne se laissent entraîner qu'un
moment par le tourbillon confus des idées. Alors, autour de l'esprit inquiet, tout se meut, tout roule, tout
fuit, tout évolue. Dans ce vertige croissant, on doit
renoncer à découvrir un point fixe, un phare éclairé
par l'absolu. Mais, après s'être ainsi livré au cyclone
plus ou moins longtemps, suivant son tempérament,
suivant sa race, chacun, à un moment donné, jusqu'au plus nihiliste, éprouve le besoin désespéré de

se raccrocher à une certitude et il le fait, consciemment ou non, par un appel à une évidence, tout aussi discutable pour d'autres esprits que les principes antérieurement renversés par lui. La différence entre les esprits ou les races s'accuse seulement en ce que ce cri d'appel est poussé plus ou moins vite et après avoir laissé rouler dans l'abîme plus ou moins de ces bonnes vérités apparentes, sur lesquelles·s'endort sans tant de souci l'opinion vulgaire. En général, l'esprit latin s'arrête plus tôt que les esprits germanique, slave, ou sémitique, qui supportent volontiers un peu plus de relativité, de subjectivité. Néanmoins, si paradoxale, si étrangère aux communs préjugés qu'apparaisse une théorie, on la voit toujours finir par regagner la rive solide en quelques brassées et s'efforcer de reprendre pied sur un dernier îlot non submergé du « sens commun ».

L'îlot le plus généralement respecté, auquel commence par s'attacher Ampère, avec Descartes, avec l'immense majorité des philosophes, est la valeur absolue de la logique humaine. Là est, pour lui, la première évidence fondamentale. Toutes les défectuosités qu'il constate en se dédoublant dans ce misérable instrument de notre raison, ne l'empêchent pas d'admettre qu'il puisse mener à la certitude, si on l'utilise bien, puisque nous avons précisément la faculté de nous dédoubler.

Ampère reprend également, sous une autre forme, le premier axiome cartésien, qui englobe le précédent, en même temps qu'il en résulte : « Les choses que nous concevons fort clairement et fort distinctement sont toutes vraies. » Le rapprochement n'est pas purement accidentel, puisque nous savons, par lui-même, que la lecture de l'*Eloge de Descartes* fit sur lui une impression comparable à celles de sa première communion ou de la prise de la Bastille.

Voici comment il énonce sa thèse :

« Si l'homme accoutumé, par l'étude des sciences abstraites, au sentiment de l'évidence, vient à replier son intelligence sur elle-même, il voit s'évanouir toutes ses opinions, tous les motifs de ses actions et, cherchant en vain, dans cet océan de doutes, la démonstration de tout ce qu'il a cru et voulu jusqu'alors, il tombe dans un état trop pénible pour pouvoir durer. Il faut qu'il prenne un parti, qu'il forme un système... Il s'enorgueillit de s'être fait, sur tout ce qui se rapporte à la méthode, des idées bien éloignées de celles du vulgaire ; mais en sont-elles plus justes ? J'ose croire, au contraire, que, plus il y a de diversité avec le vulgaire, moins il y a de vérité. Nous sommes organisés de manière que nos sensations et les jugements que nous portons sur elles, nous donnent, d'une vraie manière, toutes les notions métaphysiques et mathématiques nécessaires à la conservation personnelle et à celle de l'espèce... »

Cette thèse, Ampère la précise plus que Descartes, en mathématicien familier avec le calcul des probabilités. Pour lui, la recherche de la vérité métaphysique est comparable à celle de la vérité physique. Que fait-on en science ? On s'attache à découvrir l'hypothèse la plus simple et la plus vraisemblable, susceptible d'expliquer les faits déjà observés. On la vérifie ensuite par tous les recoupements que l'on peut imaginer et on la considère comme vraie tant qu'on n'a pas rencontré une observation de fait incompatible avec elle. Cette hypothèse ne sera jamais, à proprement parler, une certitude, sauf dans le cas exceptionnel où, le nombre des hypothèses étant limité par la nature, toutes les hypothèses, sauf une, ont été reconnues fausses. Mais, plus l'expérience aura été répétée par d'innombrables hommes et les aura tous conduits à la même conclusion ; plus les moyens employés pour la vérification auront été divers ; plus cette probabilité se rapprochera de la certitude. Nous pouvons ainsi croire à la matière, à l'espace et au temps de la même manière que nous croyons aux atomes et à l'attraction universelle, atteints par un second degré de notre investigation.

Avec cette restriction, nous nous rangeons volontiers à la théorie d'Ampère, comme à ces principes provisoires dont parle Descartes. Nos conclusions métaphysiques ou physiques n'atteignent pas rigoureusement l'absolu, mais l'immense probabilité du relatif.

C'est en vertu d'un raisonnement semblable, appuyé sur un élan instinctif, qu'Ampère, en religion, revient à la foi du charbonnier : non pas, remarquons-le bien, par un simple piétisme atavique, par un mysticisme indiscuté et purement sentimental ainsi qu'il arrive parfois, mais comme conclusion d'un long effort, très raisonné, très conscient, où s'était appliquée douloureusement toute la force de son génie. Il y revient, de même que nous allons le voir admettre la certitude de la connaissance et l'objectivité du monde extérieur, après avoir fait le tour des hypothèses, parce que cette hypothèse est, pour lui, la plus vraisemblable de toutes et, par conséquent, aussi scientifiquement démontrée par le calcul des probabilités que l'attraction universelle.

Mais, laissant de côté la religion, bornons-nous au simple problème métaphysique de la connaissance, base nécessaire de toute physique ! Lorsqu'on pré-

tend échapper au cercle vicieux en démontrant que
nous pouvons connaître un univers indépendant de
nous, on se trouve en présence de difficultés classiques : les erreurs de nos sens ; le sentiment du mou-
vant universel, au milieu duquel il est impossible de
trouver un repère immuable ni dans l'espace ni dans
le temps, et, par conséquent, d'admettre leur objectivité. On sait comment, dans une théorie moderne,
qui a poussé jusqu'au paradoxe la relativité de l'espace et du temps, on s'est imaginé retrouver l'absolu,
vers lequel l'esprit humain aspire, en envisageant le
rapport de l'espace au temps. Ampère avait déjà
cherché, dans les rapports, une échappatoire analogue
au sentiment douloureux du vertige et il considérait
cette notion du rapport comme sa plus grande découverte. Nous allons donc l'exposer.

Mais d'abord, précisons, en deux mots, les objections bien connues des sceptiques qu'Ampère prétend réfuter : « Nous ne connaissons le monde extérieur que par nos sens imparfaits et incomplets, résultat probable d'une évolution inachevée ; le monde
intellectuel que par notre propre intelligence limitée,
finie et tout au moins prisonnière d'un corps infirme,
impuissant, malade. Dans les deux cas, on doit considérer comme une folie notre prétention d'atteindre
la vérité objective (qui peut-être n'existe pas) par le
moyen d'instruments subjectifs, tels qu'en passant de
l'inconscience à une soi-disant conscience, nous re-
connaissons leurs constantes erreurs... »

Pour répondre, Ampère distingue trois manières
d'exister : le phénomène, le noumène (ou substance)
et le rapport, auquel on ne pensait pas avant lui.

1° Les phénomènes, modifications de notre âme,
n'existent que tandis que l'âme est modifiée ; ils ne

sont qu'en tant qu'ils apparaissent. Ces phénomènes comprennent : les sensations qui nous découvrent l'étendue apparente et le sentiment du Moi qui nous révèle la durée phénouménique relative à nous. Les objections des sceptiques les atteignent.

2° Les substances, ou noumènes de Kant, ne nous apparaissent pas immédiatement et nous ne pouvons pas directement constater leur existence ; mais elles nous sont révélées comme des causes : la matière, cause de la sensation ; l'âme, cause du Moi.

3° Les phénomènes présentent, entre eux, des rapports qui ne sont point, comme eux, une simple modification de notre âme, mais qui peuvent être conçus exister indépendamment de nous objectivement. J'entends deux sons. Le rapport deux n'est pas subjectif, comme le sont les sensations des deux sons perçus, comme le serait même la comparaison de leurs deux intensités. Ce rapport, il est vrai, nous ne l'apercevons qu'entre les phénomènes ; mais nous sommes conduits à l'étendre sans modification aux substances.

« Par cela seul que des choses coexistent ou se succèdent, elles ont des rapports ; les rapports seuls font donc qu'il y ait connaissance. On sent les phénomènes ; et, en même temps, on les connait par leurs rapports mutuels. »

Si nous dégageons l'idée de la couleur rouge commune à plusieurs objets rouges, ce n'est pas en isolant par abstraction l'idée générale, c'est en comparant des objets qui produisent sur nous la même sensation de rouge. Ainsi le rapport intervient. « Ce n'est pas ce qui est commun à plusieurs choses ; c'est le rapport qu'un acte intellectuel spécial découvre entre les choses qui constitue l'universel, et l'idée générale est la trace laissée dans l'âme par cet acte intellectuel. »

Nous ne pouvons, explique Ampère, prouver l'existence absolue, objective des phénomènes ni des substances. Les phénomènes n'ont point d'existence en dehors de nous. Les substances peuvent en avoir une, mais nous ne faisons que l'entrevoir... Au contraire, les rapports entre les phénomènes existent indépendamment de nous. Nous pouvons, sans en être certains, mais avec une grande probabilité, supposer que les mêmes rapports existent entre les substances et que les substances existent, la conception de leur existence nous étant donnée par un rapport. La causalité est un rapport entre la cause et l'effet ; l'étendue, un rapport de juxtaposition entre les sensations visuelles et tactiles ; le temps, un rapport de succession entre les phénomènes de notre activité, transporté par nous entre les faits réels que nous croyons s'accomplir autour de nous...

« L'hypothèse du monde réel, tel qu'il est conçu par le vulgaire, a suffi aux savants pour expliquer toutes leurs observations. C'est un fait que les savants croient à des rapports objectifs. Permis aux métaphysiciens de les désobjectiver. Mais c'est une immense probabilité contre eux. Voilà mon pont ! » Ce dernier passage précise bien la part attribuée dans la thèse d'Ampère au consentement universel, non pas seulement comme un recours cartésien au sens commun, mais aussi comme une application légitime de l'hypothèse scientifique.

Sa philosophie se résume donc en ceci : « Nous n'aurions jamais pu avoir la notion de la réalité si les phénomènes n'étaient en nous. Mais les phénomènes n'auraient pu se produire si les réalités correspondantes n'avaient préexisté. Dès lors, l'hypothèse des relations enter les substances devient d'autant plus probable que plus de relations entre les phénomènes qui ont en ont été déduits se vérifient par l'observation dans le monde subjectif ou apparent. La démonstration de la réalité objective se poursuit à travers les siècles... » Une conséquence importante est que la démonstration est exactement la même pour l'âme ou pour la matière. Il n'y a pas plus de raison pour nier l'une que l'autre. Etre purement matérialiste, admettre l'objectivité de la matière et nier l'existence de l'âme qui seule nous la révèle, est un non-sens.

Parmi les rapports ainsi mis en évidence, le plus important, sur lequel est fondée à vrai dire toute la science, est celui de causalité, auquel nous conduit, pour Ampère, la notion d'effort et qui nous prouve par cela même la réalité distincte du Moi, l'existence de la matière, de l'espace et du temps.

Nous levons le bras parce que nous le voulons. C'est là, pour nous, une évidence aussi claire que la certitude d'une addition arithmétique. Notre effort est arrêté. Nous transmettons alors au dehors le principe, le rapport de causalité découvert en nous-mêmes. Nous concluons qu'il y a une matière, cause de la sensation... Un rapport du même genre nous apparaît alors entre le phénomène et le noumène. Le phénomène implique, pour nous, une cause qui est le noumène (la substance) et nous attribuons à celui-ci une réalité.

Les rapports entre les noumènes ne dérivent que des rapports entre les phénomènes, seuls constatés. « Dès lors, remarque-t-il par une vue qui ouvre des horizons singulièrement lointains, que de rapports entre les noumènes sont et resteront ignorés ! »

Nos sens ne nous trompent pas, dit-il encore ; c'est nous qui nous trompons en interprétant nos sensations. Alors que l'animal est purement sensitif, l'homme a la notion du Moi. En respirant une rose, il n'est pas seulement odeur de rose, comme le prétend Condillac ; mais il a conscience de pouvoir être, d'avoir été, de rester autre chose. Notre supériorité sur un miroir est précisément de pouvoir nous tromper, de n'être pas seulement agis, mais agissants, de choisir librement l'erreur. Nous sommes un miroir sensuel, qui se meut volontairement. Nous sommes une balance, dont le Moi incline le fléau. Le Moi conscient de lui-même, cause de l'effort volontaire (phénomène), est une certitude.

Ici Ampère, avec Maine de Biran, son collaborateur, se sépare un peu de Descartes. Le principe cartésien : « Je pense, donc je suis », avait pour conclusion logique — et c'est son défaut — que, lorsque nous cessons de penser, nous cessons d'être ; en sorte qu'il serait irrationnel de dire : « J'ai dormi », le *je* cessant avec le sommeil. On serait ainsi amené à croire le Moi discontinu. Ampère ajoute que le Moi, tout en se traduisant par l'effort, peut subsister sans exercer d'effort ; la matière sans provoquer de sensation ; le noumène sans se traduire par un phénomène. La continuité du Moi à travers des sensations successives et variables conduit alors à la notion de durée.

Quant à l'espace, il ne se confond pas, pour Ampère comme pour Descartes, avec la matière. Suivant Descartes, l'espace ne peut comporter le vide. C'est pourquoi il baigne ses atomes dans une matière fluide, continue, dont on a longtemps fait cet « éther », auquel la mode semble renoncer aujourd'hui. Dans la physique d'Ampère moins scolastique, le vide existe. Prenez un cube géométrique et enlevez tout son contenu, l'espace géométrique du cube subsistera. Il y a un espace infini et vide. « L'étendue, dit-il, est une qualité dont la matière jouit nécessairement, quoique non exclusivement, puisque nous la concevons dans l'espace vide... »

Mais cette théorie métaphysique, dont nous venons d'indiquer le principe, n'est pas la seule œuvre philosophique d'Ampère, n'est même pas, je crois, la principale. Il revenait sur un terrain plus pratique en s'attachant à créer une langue idéologique nouvelle et une classification parfaite des sciences.

En cela aussi, il se montrait cartésien. Les deux services essentiels que nous a rendus Descartes sont : dans le domaine de la pensée, d'avoir imposé l'enchaînement rigoureux des arguments, d'avoir affirmé avec une force de conviction impressionnante, que tout effet avait nécessairement une cause ; dans la science, d'avoir créé l'écriture algébrique moderne et l'application de l'algèbre à la géométrie.

De même, la classification botanique de Linné, la nomenclature chimique ont provoqué des mouvements remarquablement féconds. Ampère prétendait obtenir des résultats comparables en philosophie. A cet égard, le point capital de sa thèse et qui explique la passion avec laquelle il a poursuivi ce genre de recherches, c'est que, suivant lui, ni la langue parfaite, ni la classification parfaite qu'il cherchait à atteindre ne devaient être considérées comme des combinaisons arbitraires, comme d'ingénieuses créations artificielles, mais comme la découverte, la constatation de vérités préexistantes.

Dans son opinion, il existe, à notre insu, une langue idéale, une classification où tous les rapports intimes et profonds des sciences entre elles se trouvent exprimés. Si nous les connaissions, toutes nos recherches seraient simplifiées, comme elles l'ont été, pour des sciences particulières, le jour où Descartes a imaginé la notation exponentielle, le jour où l'on a mis les phénomènes chimiques en équations. L'expression systématique des rapports connus entre les sciences doit nécessairement amener à en découvrir d'inconnus. Comparons, par exemple, ce qu'il espérait de son travail avec ce qui s'est produit assez récemment en chimie lorsqu'on est arrivé à classer rationnellement les éléments chimiques suivant la méthode imaginée par Chancourtois, précisée par Mendéléeff et lorsque les lacunes, ainsi constatées dans la série, ont pu être, de ce fait, progressivement comblées.

Ce but explique le soin extrême, avec lequel il a poursuivi la réalisation de ses tableaux et le besoin de symétrie qui l'y a constamment préoccupé. Peut-être toutefois y avait-il, dans sa thèse, une part d'illusion. Car les sciences partielles, auxquelles il était obligé de recourir, sont des subdivisions quelque peu arbitraires de la Science Une, qui existe seule et dont il prétendait précisément établir l'unité.

Et puis, cette conception d'un Ordre idéal auquel toutes les sciences seraient soumises, n'attribue-t-elle pas à la logique humaine une rigueur excessive ? La classification idéale, telle que la poursuivait Ampère, ne pourrait être dictée que par un Dieu. Un cerveau humain, si puissant qu'il soit, reste trop dominé par les conceptions provisoires et momentanées des sciences partielles. La science humaine ne saurait être, je crois, la connaissance absolue de la nature ; mais seulement celle de la nature telle qu'elle est vue, sentie et interprétée par l'homme. Pour arriver à cet idéal qu'il rêvait, il faudrait commencer par sortir de l'humanité et examiner du dehors l'instrument humain, ainsi que nous dressons la table de correction d'un thermomètre. C'est déjà beaucoup d'étudier l'univers dans ses rapports avec l'homme, comme nous cherchons, dans un paysage peint, l'impression ressentie par l'artiste ; mais c'est pourtant moins que ce que prétendait réaliser Ampère. Et lui-même a bien démontré combien son ambition était excessive par la manière dont, jusqu'à son dernier jour, il a constamment repris et remanié ses tableaux en s'imaginant chaque fois, pendant quelques jours, avoir atteint cette perfection rêvée et irréalisable.

Mais, après cette observation et en dépit de retouches locales imposées depuis un siècle par le progrès des sciences, la classification d'Ampère n'en conserve pas moins un très haut intérêt. Si on veut l'apprécier à sa juste valeur, il faut la comparer, non à la perfection vainement rêvée, mais à d'autres tentatives du même genre.

La première en date est celle des Encyclopédistes qui s'étaient fondés sur le travail de l'intelligence fonctionnant en quelque sorte à vide, sans tenir compte de son objet : « mémoire, raison, imagination ». Un autre essai du même genre, auquel des considérations très diverses ont fait attribuer une célébrité exagérée, est celui d'Auguste Comte qui classe les sciences par « le degré de généralité des phénomènes étudiés, d'où résulte leur dépendance successive et, en conséquence, la facilité plus ou moins grande pour leur étude »: mathématique, astronomie, physique, chimie, physiologie, morale, sociologie. Enfin, au lieu d'envisager, comme les Encyclopédistes, l'instrument intellectuel qui est appelé à fonctionner (la force en jeu), ou,

comme Comte, le point d'application de cette force,
Ampère étudie d'abord les traits communs au fonc-
tionnement de toutes les forces pour retrouver ensuite,
mais sur un palier inférieur, les points d'application
classés dans un ordre différent de celui de Comte.

On peut se demander, sans être en mesure de répondre nettement, si Ampère a influencé Auguste
Comte ou réciproquement. Les dates seules sont ins-
tructives.

Ampère était professeur à l'Ecole Polytechnique,
lorsque Comte y entra comme élève en 1814. Il
serait bien extraordinaire qu'Ampère, avec son
expansion habituelle, n'ait pas fait, dans son cours,
quelque allusion à un sujet étudié par lui depuis
son enfance. Le premier de ses tableaux imprimés
sur la classification des sciences date de 1817 ; son
premier cours de philosophie à la Faculté des Lettres
sur la classification générale des faits intellectuels
de 1819 à 1820. Les « Considérations philosophiques
sur les sciences et les savants » de Comte viennent
alors s'intercaler en 1825. Son « Cours de philosophie
positive » a lieu en 1826, puis, après sa période de
folie, en 1829 et est publié en 1830. La classification
d'Ampère, esquissée en 1832 dans la *Revue Encyclopédique*, paraît en 1834. Enfin, il est à remarquer que
Littré, disciple de Comte, a écrit un grand article sur
Ampère et rappelé, à propos de classification, celle des
Encyclopédistes sans faire allusion à celle d'Auguste
Comte.

Les deux classifications d'Ampère et de Comte offrent ce caractère commun de viser à établir une continuité entre toutes les sciences, qu'elles s'appliquent
à la matière, au monde organisé ou à l'homme, de
rattacher les sciences morales aux sciences naturelles,

d'envisager la physiologie comme une science sociale. Mais Comte se montre beaucoup plus un disciple du passé et un prisonnier de son éducation polytechnicienne par la part excessive qu'il attribue aux mathématiques. Ce positiviste raisonne comme un théologien dans l'abstrait, sans tenir compte des observations biologiques, où rien de mathématique n'apparaît. Il construit analytiquement un univers artificiel comme on aurait pu le faire au moyen âge. Ampère, naturaliste, algébriste, physicien, chimiste et poète à la fois, procède, lui, davantage par synthèse, en se basant sur l'expérimentation. Il envisage les sciences comme des opérations de notre esprit et analyse, par la psychologie, la manière dont procède nécessairement cet esprit : observer les faits matériels, puis les faits cachés ; grouper les phénomènes en lois élémentaires, simple codification des observations ; enfin chercher la loi profonde, qui relie entre elles ces lois particulières.

Toute classification, quand bien même elle aurait été imaginée par un ennemi-né de la métaphysique, se présente comme une interprétation et une explication : elle est une philosophie, reposant sur une base métaphysique. Elle a beau prétendre s'appliquer, se mouler sur la réalité ; c'est toujours la réalité envisagée sous un certain angle, par un certain cerveau. Ampère présente, sur Auguste Comte, cette immense supériorité qu'il est capable d'associer le concret à l'abstrait, la flexibilité de l'évolution biologique au mécanisme de l'astronomie.

En réalité, les sciences physiques ne sont pas, comme on a eu longtemps tendance à le croire, plus que les sciences naturelles, les servantes de la mathématique, mais se servent d'elle comme d'un instrument. La géométrie elle-même est soumise aux sens, qui lui fournissent ses bases. Si nous n'avions que le sens de la vue sans celui du toucher, tout se réduirait pour nous à de la géométrie plane. La géométrie dans l'espace deviendrait, pour nous, une conception théorique, comme l'est actuellement l'espace à quatre dimensions. Quelle serait notre physique, si l'humanité n'avait jamais comporté que des aveugles ? Tel sens, que nous ne possédons pas encore et qu'il nous est par suite impossible d'imaginer, modifierait peut-être du tout au tout notre conception de l'univers.

J'ai dit, cependant, qu'Ampère attribuait à la classification idéale une valeur absolue.

Son ambition était d'ailleurs extrême et c'est une véritable encyclopédie qu'il aurait rêvé d'écrire : « Si le temps m'eût permis d'écrire un traité plus complet, dit-il..., je me serais appliqué à faire connaître les vérités fondamentales sur lesquelles (chaque science) repose... J'aurais signalé les nouvelles découvertes, indiqué le but et les principaux résultats des travaux des hommes illustres qui s'en occupent..., comparé les systèmes... Et celui qui s'intéresse aux progrès des sciences, et qui, sans former le projet insensé de les connaître toutes à fond, voudrait cependant avoir de chacune une idée suffisante pour comprendre le but qu'elle se propose, les fondements sur lesquels elle s'appuie, le degré de perfection auquel elle est arrivée, les grandes questions qui restent à résoudre..., c'est dans l'ouvrage dont je parle que cet ami des sciences trouverait à satisfaire son noble désir. »

Je n'entrerai pas dans le détail de la classification d'Ampère. Une œuvre de ce genre ne prend sa valeur réelle que lorqu'elle s'est imposée aux esprits, lors-

qu'elle domine le progrès scientifique d'une époque ;
lorsqu'elle a fourni, tout au moins pendant quelques
dizaines d'années, les casiers tout préparés où sont
venues s'enregistrer les nouvelles observations. Il nous
suffira ici d'indiquer plus précisément le système et
d'en donner une application.

Ampère commence par répartir l'effort humain
suivant les grandes catégories de phénomènes offertes
à son investigation : la matière (Cosmos) comprenant
deux sous-règnes, inorganique et organisé ; (cosmo-
logie et physiologie) ; l'esprit (noos) se subdivisant
en psychologie proprement dite (noologie) et psychologie des groupements humains (science sociale). Huit
embranchements primaires, analogues à ceux de l'histoire naturelle, vont nous donner : les sciences mathématiques (1) et physiques (2) (cosmologiques) ;
naturelles (3) et médicales (4), (physiologiques) ; philosophiques (5) et dialegmatiques (6) (glossologie, littérature, etc.), (noologiques) ; ethnologiques (7) et
politiques (8) (sociales). Une nouvelle dichotomie lui
donne des sous-embranchements et enfin ce qu'il dé-
finit des sciences du premier ordre : arithmologie,
géométrie, mécanique, uranologie, physique, etc...

Ici nous voyons apparaître une préoccupation pratique, encore peu manifeste pour les sciences qui n'em-
pruntent à l'observation que des notions de grandeur
et de mesure, mais bien caractérisée dans toutes les
autres. A la physique répondra la technologie « relative aux procédés par lesquels nous transformons les
corps de la manière la plus convenable à l'utilité ou
à l'agrément que nous nous proposons d'en retirer... »

Ayant ainsi défini les sciences du premier ordre :
d'après l'objet auquel elles s'appliquent et d'après le

but qu'on se propose (théorique ou pratique), Ampère fait maintenant intervenir un point de vue original. L'objet de chaque science ayant été limité, pour l'atteindre l'esprit humain suit un ordre méthodique, partant de l'observation, elle-même de plus en plus profonde, pour en déduire des lois de plus en plus générales et secrètes : ce qui correspond à l'histoire de chaque enfant, reproduisant la marche de l'humanité...

Appliquons ce système, pour le mieux comprendre, à un cas particulier. La *physique générale*, par exemple, commencera par la *physique expérimentale*, qui se borne à observer les propriétés extérieures des corps, en laissant de côté celles qui supposent, soit un changement interne dans la combinaison des éléments, soit la vie. Puis on pénètre dans les combinaisons internes des éléments pour les modifier à volonté et on fait de la *chimie*, qui est ainsi la partie cachée de la physique. Après quoi, on détermine suivant quelles lois mathématiques une propriété physique est fonction d'un certain nombre de variables, on l'établit en formules ; c'est ce qu'il appelle la *stéréonomie* (lois de Mariotte, de Gay-Lussac, etc...) Enfin, on cherche une interprétation générale de tous les phénomènes physiques et, comme Ampère attribue sans hésitation ces phénomènes aux forces exercées entre elles par les molécules de la matière, il l'appelle l'*atomologie*. Celle-ci n'est abordable qu'après les trois autres branches ; mais, inversement, elle doit, si elle est exacte, fournir le moyen de retrouver les lois numériques et de prévoir toutes les conditions apparentes des phénomènes...

On voit, aussitôt, une des conséquences du système : c'est d'amener à subdiviser la science en compartiments extrêmement nombreux, dont quelques-uns n'étaient pas, jusque là, apparus comme nécessaires. Cela ne veut pas dire qu'on méconnaisse l'unité, la continuité de la science ; mais on décompose, pour notre commodité, une courbe continue en éléments différentiels, comme on le fait pour intégrer ; on fait fonctionner les déclics d'un cinématographe. Il en résulte que l'attention peut être attirée sur certaines branches de la science, auxquelles on n'avait pas pensé précédemment et dont les problèmes n'en offrent pas moins leur intérêt.

D'autre part, même dans cet exposé très sommaire, le lecteur n'a pu manquer d'être arrêté par quelques noms inconnus et barbares, pour la compréhension desquels il faut recourir à ses souvenirs de grec. Il manque, en effet, des noms pour désigner certaines sciences, soit mal définies, soit même ignorées, qui prennent place dans ces tableaux. Une classification impose nécessairement une langue, pour que l'on puisse arriver à se comprendre sans périphrases. La création de cette langue a été une des grandes préoccupations d'Ampère. Mais, là encore, le fait que sa classification ne s'est pas vulgarisée a rendu son effort stérile. Les noms précis créés par un linguiste expert comme Ampère pour limiter et définir les branches de la science auraient pu rendre des services analogues à ceux des termes stratigraphiques créés par Brongniart et d'Orbigny pour les terrains géologiques. Il n'a pas réussi à les faire adopter en général, quoiqu'on puisse, ce semble, lui attribuer ceux de cinématique et de géométrie analytique, compris de tous aujourd'hui.

En dehors de ces dénominations grecques, le goût d'Ampère pour les langues classiques s'est manifesté dans ce même ouvrage par une longue dédicace en vers latins adressée à son fils, dédicace qui résume comme une table méthodique, tout l'ouvrage : « Optimo et carissimo filio, carmen mnemonicum ». Le tour de force réalisé là pour définir chaque science en un demi-vers latin fait honneur au talent d'Ampère autant qu'à la concision de la langue latine et, quoique ce genre de mérite soit assurément quelque peu démodé, on ne peut s'empêcher de penser qu'il aurait suffi à Ampère de naître deux cents ans plus tôt pour trouver là une autre petite source de gloire. Je citerai seulement, comme exemple, le début intitulé *Proemium* :

Ut mundum noscas, moles et vita notandæ :
(A) Mensura et motus primum, mox corpora et omne
(B) Viventum genus et vitam quæ cura tuetur.
Ad mentem referas quæ menti aut gentibus insunt :
(C) Nunc animum disces, animi quæ flectere sensus
(D) Ars queat, et populos et quâ ratione regendi.

« Pour connaître le monde, il te faut observer la matière et la vie : d'abord la mesure et le mouvement, puis les corps, les races des êtres vivants et la manière de protéger la vie.

« Etudie ensuite ce qui concerne l'âme et les nations. Apprends les opérations de l'esprit, l'art de modifier les pensées, les caractères et l'histoire des peuples et la manière de les gouverner. »

Nous avons là en six vers : les deux règnes (matière et vie, *moles et vita ;* puis leurs quatre subdivisions cosmologiques (A), physiologiques (B), noologiques (C), sociales (D) et les huit embranchements occupant chacun un demi-vers : *mensura* et *motus* mathématiques) ; *corpora* (physiques) ; *viventum genus* (naturelles); ; *cura vitae* (médicales) ; *animum* philosophiques) ; *ars flectendi sensus* (nootechniques, littérature, pédagogie, etc.) ; *populos* (ethnologiques); *quâ ratione regendi* (politiques). Ce *carmen mnemo-*

nicum continue, avec la même précision concise, à définir chaque science en un ou deux mots.

Il fallait, pour entreprendre et mener à bien une classification des sciences ainsi conçue, le génie encyclopédique d'Ampère. Sainte-Beuve a rappelé un jour, à propos de notre savant, la belle églogue de Virgile où le demi-dieu, enchaîné par les bergers, explique tout le système du monde. « On n'avait pas besoin, ajoute-t-il, de l'enchaîner, lui le distrait et le simple, pour qu'il commençât... »

TABLE DES PLANCHES HORS-TEXTE

TABLE DES MATIÈRES

E. GREVIN — IMPRIMERIE DE LAGNY